神通力修行の秘伝

神拝祭式 加持祈祷神伝

柄澤照覚

大教正　柄澤照覺述

神通力修行の祕傳

東京　神誠館發行

大教正 柄澤照覺

稲荷山神誠教會本院全景

開基、大教正　柄澤照覺

當山の開創

本教會は明治二十四年の開創にして其の拜殿を東京市本郷區湯島に置き信徒は茲に參拜せしが大神の御靈驗の著しきに依り信徒益々增加し祭典毎に拜殿の狭隘を感じ社殿建立の必要に迫られ、候補地選定中、不思議なる哉大神の御示現に依つて京濱の中央鶴見に稲荷山を買收し茲に御神殿、奉齋殿、神樂殿、奥の院、命婦詰所、神靈窟、五社宮、水行場、高島陰陽祭等を建設せり

大神の御靈驗

開創以來四十餘年一意專心、我豊受稲荷大神の神德を宣揚し幾萬人の指導に務め、其の熱烈の信仰は夙に大神の感應す

る所となり大正八年四月十五日神殿造營の際旭光未だ輝かず曉霧咫尺を辨ぜざる時不思議や老樹の下に一條の光明赫々と閃めき其の光明の中に畏くも穀神たる保食神の御姿を現じ給ひて御降臨あり、始めは神寶の感得、中頃は靈場の發見に神詑の奇瑞を蒙り又面のあたり御神體を拜するの御靈驗を受くるに至る、是を以て鎭座日を記念として毎年四月十五日、十月十五日に大祭を執行しつゝあり。

　當山は高靈にして數百の老樹に包まれ山內に清瀧あり、今や五ケ年の大工事も全く落成を告げぬ、人は一心岩を貫く熱烈なる信仰力と又偉大なる神明の加護力とに依らざれば大願は成就すべきものに非ず、依りて大神に報恩謝德の爲め玆に私財二十餘萬圓を投じて本教會を建立したる次第也。

奉齋殿

清瀧水行場

清瀧水行場

當山は高臺にして稲荷山と稱し近郷及東京灣を眼下に瞰み敷地廣大にして鬱蒼たる數百の老樹に包まれ以て神秘幽玄の趣を添へ是れ眞に大神の導びき靈地たるは疑ふの餘地なし、玆に不思議の事には山開築以前には山中に少しだに噴水等の箇所見えざりしが、荷稲大神の神勅に依て山の半腹の水行場より凡そ十八間程掘りしに不思議に水口に當り大噴水し、現に晝夜三千石の清水噴出し行者は此を以て屈竟の修行場と爲し朝夜水行に勤めつゝあり。

本殿正面

奥ノ院命婦宮

命婦宮の建設

當山奥の院命婦大明神の御宮は大正九年十月十五日建設す同宮は奥の院に登る坂のふもとに在り大樹鬱蒼たる眞に幽玄の仙境たる感あり神勅に依て此の靈場に神屋を營みたりしが參拜者一度此の靈場に入れば自から敬神崇仰の念を生じ、殊に命婦明神の御靈驗の新たかにして、一度大願あつて祈誓をかける時は、必ず其の願望成就するのである殊に子供のなき婦人或は夫が他に情婦をもちたる場合等は祈願かける時は不思議に其の願ひが成就するのである。

初午日大祭ノ寫眞

當山奥の院
神靈窟修行場

當山には古來神靈窟あり、吾人は此を天與の修行場と爲し、近來修行參籠者多數の爲めに參拜籠居し得べく設備を加へ入口修道門より右廻左廻して奥行き迄十六間、最奥には十六疊敷の神座を設け何人も茲に入れば深山幽谷の仙境に入るの感を生じ近來登山者三七の祈願斷食修行者益々多く殊に寒に入りて最も多く病氣平癒の祈願、商賣繁昌の祈願、又は神通力修行の祈願者等最も多し。

奥ノ院神靈窟修道門

夫れ神域に入り、神人交互の修養を爲さんとせば、先づ心身共に俗塵を脱し、神仙古聖の跡を追躡せんことを期すべし、凡そ苦行錬磨の道は得て説き易からずと雖も、主として外氣の塵垢を避け窟居瞑想して神氣の凝集淨化を將來するにある、然るに當山には古來神靈窟と稱する祭場あり、吾人之を天與の修行所として朝夕一心に錬磨を怠らず、人之を傳聞して、近時錬行の希望者多し、修道門より入り左折右曲して岩壁に達する迄奥行總て十六間、上下共に悉く自然石を以つて疊み上げ最奥幽闇の箇所に端嚴神聖なる神座あり行者之に參籠して木食或は斷食等の修行により、自ら心身を錬磨し、以つて病難を救ひ災厄を除き一意幸運に導くを仕となす。

身一たびこの靈窟に入るや宛も深山幽谷の巖窟中にあるが如く、人をして神秘の靈感に打たれしめ、六根自ら淨化して法性自然の大祕奥に通ぜしむ、故に大願ありて此の靈窟に入り、信をこめて熱禱せば、精神澄徹して明鏡止水の如く、能く事物の實相を照破し得て諸願成就すること疑ひなし、是所謂神靈の感應なり、至理玄妙言ふべからず(鎭魂修行の實寫)。

奥ノ院神靈窟修行場

祭官

序言

神通力等《じんつうりきなど》と云《い》へば、そんなことは絶對不可能《ぜつたいふかのう》とか、荒唐無稽《くわうたうむけい》とか、迷信《めいしん》であるとかいふ者《もの》が多《おほ》いが、それは科學萬能《くわがくばんのう》に囚《とら》はれて、人間《にんげん》を器械視《きかいし》し、靈能《れいのう》の作用《さよう》を閑却《かんきやく》した謬見《べうけん》である、ラヂオでも飛《ひ》行機《かうき》でも、一世紀《せいき》前《ぜん》には不可能《ふかのう》として冷嘲《れいてう》せられたものであるが、今《こん》日《にち》では文化《ぶんくわ》の尖端《せんたん》に立《たつ》て、實用的活役者《じつようてきくわつやくしや》となつて居《を》る、又彼《またか》の輕業《かるわざ》の如《ごと》き小技《せうぎ》でも、練磨《れんま》の功《こう》を積《つ》めば、人《ひと》を驚倒《きやうたう》せしむる離《はな》れ業《わざ》を演《えん》ずることがある。

神祕《しんぴ》の世界《せかい》、靈《れい》の境域《きやうゐき》は、學問《がくもん》や器械《きかい》では測量《そくりやう》は出來《でき》ぬ、此《こ》れは汽《き》車《しや》は海《うみ》に浮《うか》ばず、汽《き》船《せん》は陸《りく》を駛《はし》らぬと同《おな》じで、物《もの》を用《もち》ふるには各々其道《おの〱そのみち》を以《もつ》てすべきである、從《したがつ》て靈《れい》の事《こと》を談《だん》ずるには、靈《れい》の軌道《きだう》、靈《れい》の羅針盤《らしんばん》に據《よ》らねばならぬ、尤《もつと》も近頃《ちかごろ》は靈《れい》の現象作用《げんしやうさよう》も、或程度《あるていど》までは科學的《くわがくてき》に說明《せつめい》し得《う》るが、一般的《はんてき》の證驗《しようけん》が困難《こんなん》であるから、矢張《やは》り各自《かくじ》の體驗《たいけん》に待《ま》つ他《ほか》はない。

吾人《ごじん》は三十年《ねん》の久《ひさ》しきに亙《わた》り、剝肉刺骨《はくにくしこつ》の苦《く》に堪《た》へ、專心《せんしん》一意《い》靈《れい》の研究《けんきう》と交靈靈感《かうれいれいかん》の實《じつ》修體驗《しつたいけん》をやつて居《を》る、而《しか》してそれに依《よつ》て多少《たせう》なれ得《う》る所《ところ》のあつたことや、又《また》それを人生《じんせい》の實生活《じつせいくわつ》に應用《おうよう》して、幾何《いくら》かの效果《かうくわ》を實現《じつげん》したことは、旣《すで》に幾多《いくた》人士《じんし》の認《みと》むる所《ところ》である。

左《さ》れば本書《ほんしよ》に述《の》ぶる所《ところ》は、三十年間體驗《ねんかんたいけん》の結晶《けつしやう》であり、又實地活用《またじつちくわつよう》の事實《じじつ》であるから、萬《まん》に一《ひと》つも間違《まちが》ひはないが、或《あるひ》は一方《はう》には不《ふ》所存者《しよぞんもの》があつて、濫用《らんよう》他《た》を誤《あやま》ることがないとも限《かぎ》らぬけれども、又《また》一方《はう》には斯《かく》の如《ごと》き神法妙術《しんはふめうじゆつ》を私《わたくし》することも、如何《いかゞ》かと思《おも》はるゝ、そこで寧《むし》ろ弘《ひろ》く同好《ごうかう》の士《し》に頒《わか》ち、倶《とも》に共《とも》に神秘《しんぴ》靈界《れいかい》の開拓《かいたく》に努《つと》め、飜《ひるがへ》つて又人世《またじんせい》の福祉《ふくし》に資《し》するのも、敢《あへ》て無用《むよう》の業《わざ》ではあるまいと考《かんが》へ、玆《こゝ》に之《こ》れを公開《こうかい》したのである。

昭和六年五月

著者識

神通力修行の祕傳 目次

附篇 神使靈狐應用法

神通力修行の祕傳

大教正　柄澤照覺述

第一段　神通力と神祕界

神通力《じんつうりき》といふのは、神變不思議《じんぺんふしぎ》の通力《つうりき》といふことである。科學《くわがく》の上《うへ》から見《み》れば出來《でき》ない筈《はず》の事《こと》、普通《ふつう》の人間《にんげん》の力《ちから》や智慧《ちゑ》では、どうしても出來《でき》ぬ事柄《ことがら》を、立派《りつぱ》にやるのが神通力《じんつうりき》である。昨今《さくこん》までは神通力《じんつうりき》などと云《い》へば、それは迷信《めいしん》であるとか、全然《ぜん〳〵》荒唐無稽《くわうたうむけい》であるとして、排斥《はいせき》し冷笑《れいせう》して居《を》つたが、現在《げんざい》では有名《いうめい》な歐米《おうべい》の理學者《りがくしや》でも、英國《えいこく》のミルの如《ごと》き大經濟學者《だいけいざいがくしや》さへも、どうも科學《くわがく》の力《ちから》のみで宇宙《うちう》の解釋《かいしやく》は出來《でき》ぬ、なんとなく神《かみ》の存在《そんざい》、神祕界《しんぴかい》なるものを認《みと》めねばならぬと云《い》ふやうになつて居《を》る。

天《てん》に日月星辰《じつげつせいしん》があり、地《ち》に山河江海《さんかこうかい》があり、草木繁《さうもくしげ》り、禽獸蟲魚《きんじうちうぎよ》が生息《せいそく》し、人間《にんげん》が萬物《ばんぶつ》の靈長《れいちやう》として存在《そんざい》して居《を》るといふ現實《げんじつ》の世界《せかい》は、誰《た》れも目睹《もくと》する所《ところ》であるが、此《こ》の現實界《げんじつかい》の奥《おく》に、又其半面《またそのはんめん》に神祕界《しんぴかい》、換言《くわんげん》すれば心靈界《しんれいかい》の存在《そんざい》することを認《みと》むるものは少《すく》ない。此《こ》れは恰《あだ》かも人間《にんげん》の四肢《し》五官《くわん》即《すなは》ち肉體《にくたい》は、誰《た》れでも認《みと》め得《う》るが、其精神作用《そのせいしんさよう》や精神《せいしん》の所在《しよざい》を認《みと》むることは困難《こんなん》であると同《おな》じである。併《しか》し肉體《にくたい》は形式《けいしき》であり器械《きかい》であり、從屬《じうぞく》であつて精神作用《せいしんさよう》がなければ肉體《にくたい》は働《はたら》かぬ如《ごと》く、現實界《げんじつかい》は其實《そのじつ》は神祕界即《しんぴかいすなは》ち心靈界《しんれいかい》の發動《はつどう》の形《けい》式に過《す》ぎぬのであつて、心靈界《しんれいかい》の方《はう》が主《しゆ》であり、根本《こんぽん》であることは云《い》ふまでもない所《ところ》である。

又既《またすで》に心靈界《しんれいかい》の實在《じつざい》は之《こ》れを認《みと》めても、其《そ》の眞相《じんさう》を確《たし》かめ、之《こ》れを體驗化《たいけんくわ》し、活用化《くわつようくわ》することは至《いた》つて稀《まれ》である。此《こ》の心靈界《しんれいかい》に闖入《ちんにふ》して、此《こ》れを活用《くわつよう》し、現實化《げんじつくわ》するのが神通力《しんつうりき》である。

神通力《しんつうりき》といつても範圍《はんゐ》が廣《ひろ》いが、古來《こらい》の宗教《しうけう》には皆神通《みなしんつう》の事《こと》が說《とい》てあり、又有名《またいうめい》の宗教《しうけう》家《か》は皆多《みなた》少《せう》なれ神通力《しんつうりき》を得《え》て居《を》つたのである。基督教《きりすとけう》の奇蹟《きせき》といふのも、其《そ》の實《じつ》は神通力《しんつうりき》の發現《はつげん》である。波羅門教《はらもんけう》や佛教《ぶつけう》は神通力《しんつうりき》が中心《ちうしん》になつて居《を》るといつてよい位《くらゐ》である。仙術《せんじゆつ》といふのも畢竟神通力《ひつきやうしんつうりき》の一部《ぶ》である。更《さら》に又透視術《またとうしじゆつ》とか千里《り》眼《がん》、或《あるひ》は豫《よ》言《げん》等《とう》と云《い》ふが如《ごと》きことも、神通力《しんつうりき》の基礎《きそ》が無《な》ければ、遂《つひ》に出《で》鱈目《たらめ》になつてしまうのである。

今《いま》先づ神通力《しんつうりき》の手近《てぢ》かな實用向《じつようむき》のものを示《しめ》せば、第《だい》一に神眼通力《しんがんつうりき》、此《こ》れにも種々《しゆ〻》あつて(1)透視術《とうしじゆつ》のやうに、箱《はこ》の中《なか》に在《あ》る品物《しなもの》を當《あ》てるので、此《こ》れは紛失物《ふんしつもの》や隱匿物《かくしもの》を見出《みいだ》し得《う》るのである。(2)次《つぎ》は千里《り》眼《がん》のやうに、數《すう》千百里《り》を距《へだ》てたる他郷《たきやう》の狀況《じやうきやう》が判明《はんめい》するのである。(3)暗夜《あんや》にても濃霧《のうむ》の中《なか》にても能《よ》く物《もの》を判別《はんべつ》し得《う》ることである。(4)此《こ》れは透視術《とうしじゆつ》の進步《しんぽ》したものでX光線《エツキスくわうせん》と同《おな》じく、人《ひと》の體中《たいちう》を透視《とうし》して、病源《びやうげん》を知《し》るとか、或《あるひ》は胎兒《たいじ》の男女《だんぢよ》を判別《はんべつ》するといふ如《ごと》きものである。

第《だい》二に神耳通力《しんじつうりき》、此《こ》れは遠方《ゑんぱう》の者《もの》の話《はなし》を聞《き》くことが出來《でき》るのである。神眼《しんがん》では形狀《けいじやう》が分《わか》かるだけであるが、神耳力《しんじりき》になれば內情《ないじやう》まで判明《はんめい》するのである。此《こ》の神耳通力《しんじつうりき》は、神明《しんめい》や鬼神《きじん》や死人《しじん》の靈魂等《れいこんとう》との交話《かうわ》も出來《でき》るやうになるのである。

第《だい》三は他心通力《たしんつうりき》此《こ》れは一見《けん》して他人《たにん》の心《こゝろ》に思《おも》うて居《を》ることを知《し》り、又其《またそ》の人《ひと》の善惡《ぜんあく》や性癖《せいへき》や、吉凶《きよう》をも覺《さと》り得《う》る力《ちから》である。

第《だい》四は未《み》來《らい》豫《よ》知《ち》通力《つうりき》既《すで》に出來事《できごと》を豫知《よち》することが出來《でき》るのであるから、過去《くわこ》に在《あ》つた事《こと》は一層《そう》能《よ》く判明《はんめい》するのである。此《こ》れは一個人《こじん》の事《こと》でも、一家《か》でも、國家社會《こくかしやくわい》の事《こと》でも、大小《だいせう》に係《かゝ》はらず皆《みな》能《よ》く分明《ぶんみやう》するのである。

此《こ》の他《た》神足通力《しんそくつうりき》即《すなは》ち飛行《ひかう》だの、伸縮通力《しんしゆくつうりき》即《すなは》ち自己《じこ》の身體其他《しんたいそのた》を大小自在《だいせうじざい》にすることや、土石《どせき》を化《くわ》して金銀《きんぎん》とする等《とう》の法《はふ》があり、佛教《ぶつけう》では五神通《じんつう》、六神通《じんつう》、八神通《じんつう》、十神通等説《じんつうとうせつ》てあるが、それ等《ら》の總《すべ》てに通達《つうたつ》するのは、なか〳〵容易《ようい》でない、永《なが》い間《あひだ》の修行《しゆぎやう》、即《すなは》ち難行苦《なんぎやうく》行《ぎやう》を要《えう》することであつて、根氣《こんき》の弱《よわ》い今日《こんにち》の者《もの》には、到底實行《たうていじつかう》を望《のぞ》まれないから、比較的《ひかくてき》平易《へいい》であり、餘《あま》り時間《じかん》と苦行《くぎやう》を要《えう》せずして出來《でき》る。神眼通力《しんがんつうりき》の一種《しゆ》か二種《しゆ》か、神耳通力《しんじつうりき》の一種位《しゆぐらゐ》を心懸《こゝろが》けねばならぬ。併《しか》したとへ一種《しゆ》であつても、それに錬達《れんたつ》すれば、其《そ》の效果《かうくわ》は莫大無窮《ばくだいむきう》なものであることは云《い》ふまでもないのである。

第二段　神通力の骨目

科學《くわがく》の説《と》く所《ところ》は嘘《うそ》ではないが、科學《くわがく》の知《し》る所《ところ》は宇宙《うちう》の一局部に過《す》ぎぬ、科學萬能《くわがくばんのう》の時代《じだい》は既《すで》に過《す》ぎ去《さ》つた。哲學《てつがく》は神祕界《しんぴかい》の考研《かうけん》を試《こゝろ》みることはあるが、理窟《りくつ》を積《つ》み重《かさ》ねるだけであつて、吾人《ごじん》の實生活《じつせいくわつ》に沒交渉《ぼつかうせふ》であり、又安心立命《またあんしんりつめい》の上《うへ》にも生《い》きた力《ちから》を與《あた》ふることが少《すく》ない、そこで今日《こんにち》では歐米始《おうべいはじ》め我《わ》が國《くに》でも、心靈學《しんれいがく》といふものが起《おこ》つた。尤《もつと》も此《こ》の心靈研究《しんれいけんきう》は矢張《やは》り科學《くわがく》であるともいふが、それはどうでもよい、物質主義《ぶつしつしゆぎ》から心靈主義《しんれいしゆぎ》に進《すゝ》むのである。而《しか》して心靈《しんれい》の實在《じつざい》と其《そ》の活力《くわつりき》、死後《しご》に於《お》ける靈魂《れいこん》の不滅《ふめつ》や歸着點《きちやくてん》、物質界《ぶつしつかい》現實界《げんじつかい》以外《ぐわい》に於《お》ける神祕界《しんぴかい》、神靈人靈《しんれいじんれい》其《そ》の他《た》幾多《いくた》の靈魂《れいこん》の嚴存《げんそん》、竝《ならび》に此等《こら》の靈魂《れいこん》と人間《にんげん》とが交換《かうくわん》以上《じやう》に、交話《かうわ》し、或《あるひ》は死靈《しりやう》が姿《すがた》を現《あら》はして、歌舞音樂《かぶおんがく》を其《そ》の家人《かじん》と共《とも》にする等《とう》の事柄《ことがら》、卽《すなは》ち怪異《くわいい》とも不可思議《ふかしぎ》ともいふべき事實《じじつ》が、英國《えいこく》ロンドンの郊外《くわうぐわい》なる一實業家《じつげふか》の家庭《かてい》に實現《じつげん》して居《を》るのである。

神通力《しんつうりき》は心靈學上《しんれいがくじやう》にて、充分《じうぶん》の可能《かのう》を認《みと》められ、併《し》かも科學《くわがく》に於《おい》ても、今日《こんにち》では最早《はや》之《こ》れを疑《うたが》ふの餘地《よち》なきに至《いた》つて居《を》るのである。神通力《しんつうりき》の立脚地《りつきやくち》としては、先《ま》づ第一《だい》に宇宙《うちう》は靈《れい》の世界《せかい》である、卽《すなは》ち宇宙《うちう》には大靈《たいれい》がある。現象界《げんしやうかい》は畢竟《ひつきやう》此《こ》の大靈《たいれい》の映像《えいざう》である。而《しか》して吾人《ごじん》の心靈《しんれい》は此《こ》の大靈《たいれい》の派生《はせい》であつて、大靈《たいれい》と同一《どういつ》の效能作用《かうのうさよう》を具備《ぐび》して居《を》ると、同時《どうじ》に永遠《えいゑん》なものであるといふことを確信自得《かくしんじとく》せねばならぬのである。斯《か》く大靈《たいれい》と同一《どういつ》の效力《かうりよく》を有《いう》する吾人《ごじん》の心靈《しんれい》も、周圍《しうゐ》の事情《じじやう》や、肉體《にくたい》の束縛《そくばく》に依《よ》つて、其《そ》の作用《さよう》を充分《じうぶん》に發揮《はつき》することが出來《でき》ぬが、之《こ》れに一定《てい》の刺戟《しげき》卽《すなは》ち修行練磨《しゆぎやうれんま》を加《くわ》ふれば、必《かなら》ずや其《そ》の反應《はんおう》を呈《てい》し、大靈《たいれい》と同等《どうとう》までになり得《え》ぬとしても、刺戟相應《しげきさうおう》の神通力《しんつうりき》を活現《くわつげん》し得《う》るといふことを體信《たいしん》し、自《じ》覺《かく》するのが神通《しんつう》の眼目《がんもく》であり、又其《またそ》の入門《にふもん》の第《だい》一歩《ほ》である。

第三段　神通力の靈能

神通力《しんつうりき》の精神性能《せいしんせいのう》を指《さ》して、或《あるひ》は神祕意識《しんぴいしき》と云《い》ひ、超常態意識等《てうじやうたいいしきとう》と云《い》つて居《を》るが、要《えう》するに吾々人間《われ／＼にんげん》が其《そ》の五官《くわん》を超越《てうゑつ》して直《たゞ》ちに外界《げかい》と交通《かうつう》し得《う》、而《しか》して自己《じこ》の本性《ほんせい》も宇宙《うちう》の眞相《しんさう》をも知《し》り得《う》る一切《さい》の靈性《れいせい》があつて、人間《にんげん》と人間《にんげん》、乃至《ないし》は人間《にんげん》と動物《どうぶつ》、又人間《またにんげん》と宇宙《うちう》、人間《にんげん》と神佛《しんぶつ》との同性的關係《どうせいてきくわんけい》に由《よ》つて、互《たがひ》に交渉《かうせふ》し得《う》るといふのであつて、靈能即《れいのうすなは》ち通力性《つうりきせい》であり、神通力即《しんつうりきすなは》ち靈通《れいつう》である。

此《こ》の靈能《れいのう》は修行《しゆぎやう》に依《よ》つて始《はじ》めて現《あら》はるるものもあれば、生得即《しやうとくすなは》ち先天的《せんてんてき》もの、殊更《ことさら》に修行《しゆぎやう》せぬでも、其《そ》の鋒鋩《ほうばう》を現《あら》はすものもある、又積極的《またせつきよくてき》に神通力《しんつうりき》を發揮《はつき》して、此《こ》の方《はう》より他《た》に仕懸《しか》けてゆく發動性《はつどうせい》と、他《た》から仕懸《しか》けて來《く》るのを受《う》け容《い》るる感受性《かんじゆせい》とあるが、此《こ》れは通力靈能《つうりきれいのう》の兩面《りやうめん》であつて、其《そ》の現《あら》はれ方《かた》が違《ちが》ふまでゝある。

基督教《きりすとけう》で聖靈《せいれい》と云《い》ひ、佛教《ぶつけう》で佛性《ぶつしやう》とか靈《れい》一眞心《しんく》とか云《い》ひ、神道《しんだう》で神《かみ》の分靈《ぶんれい》とか奇魂《きこん》とかいふのも、皆此《みなこ》の靈性通力《れいせいつうりき》を指《さ》したものであつて、此《こ》の內《うち》に在《あ》る神性《しんせい》即《すなは》ち通力《つうりき》を活用《くわつよう》して大《だい》は宇宙《うちう》の靈元《れいげん》と同化《どうくわ》し、神人《しんじん》一致《ち》、佛凡《ぶつぼん》一如《によ》の境界《きやうかい》に達《たつ》し、中《ちう》は鬼神《きじん》初《はじ》め人靈《じんれい》其《そ》の他《た》と交涉《かうせふ》して、神祕界《しんぴかい》の現況《げんきやう》を明《あき》らかにし、小《せう》は透視《とうし》透覺《とうかく》等《とう》の靈感《れいかん》を實生活《じつせいくわつ》の上《うへ》に應用《おうよう》して、人世《じんせい》の福祉《ふくし》を增進《ぞうしん》するのが、神通力《しんつうりき》の目標《もくへう》であり、要諦《えうてい》である。宇宙《うちう》の心《こゝろ》を知《し》り、宇宙《うちう》の目的《もくてき》を證得《しようとく》し、神佛《しんぶつ》の實在《じつざい》を體驗《たいけん》し、靈魂《れいこん》の不滅《ふめつ》と永遠無窮《えいゑんむきう》の生命《せいめい》を自證《じしよう》し、神祕《しんぴ》の世界《せかい》即《すなは》ち理想《りさう》の天國淨土《てんごくじやうど》を現實化《げんじつくわ》して、自己《じこ》の作業場《さげふぢやう》と爲《な》し、更《さら》に神通力《しんつうりき》の一業動《げふどう》を以《もつ》て、一般《はん》信者《しんじや》の治病開運《ちびやうかいうん》を扶導《ふだう》するのが、吾人《ごじん》の本來《ほんらい》の天分《てんぶん》であり、欣快《きんくわい》とする所《ところ》であるのである。

第四段　神通の先後自他

神佛《しんぶつ》を信賴《しんらい》するのは善《よ》いことである。併《しか》し一も二も神佛《しんぶつ》にたよりきりで、自己《じこ》の靈性通力《れいせいつうりき》を閑却《かんきやく》するのは、餘《あま》りに意氣地《いくぢ》のない話《はなし》である。何人《なにびと》も神佛《しんぶつ》と同性的關係《どうせいてきくわんけい》の靈力《れいりよく》を具有《ぐいう》する以上《いじやう》は、自然《しぜん》の責任《せきにん》として之《こ》れを練磨向上《れんまかうじやう》せしめて、實用《じつよう》に供《きよう》し、進《すゝ》んでは人《ひと》として神《かみ》に至《いた》ることに勉《つと》めねばならぬのは、云《い》ふまでもない所《ところ》である。

然《しか》るに前《まへ》にも述《の》べたる如《ごと》く、人間《にんげん》は種々《しゆく》の境遇《きやうぐう》やら、過去《くわこ》の因習業果等《いんしふごふくわとう》に依《よ》つて、此《こ》の靈力《れいりき》が生《う》まれながらに、充分《じうぶん》に發達《はつたつ》して居《を》るもの、即《すなは》ち先天的靈覺者《せんてんてきれいかくしや》、所謂生得的《いはゆるしやうとくてき》のものと、後天的《こうてんてき》に充分《じうぶん》の修行《しゆぎやう》を加《くわ》へねば、其《そ》の靈力《れいりき》を發揮《はつき》することの出來《でき》ないものとある。併《しか》し靈能《れいのう》そのものは本來同《ほんらいどう》一性《せい》であるから、先天的《せんてんてき》にせよ後天的《こうてんてき》にせよ、既《すで》に發動《はつどう》するに至《いた》つては、其《そ》の作用效果《さようかうくわ》に差異《さい》のあるべきものではない。

それから既《すで》に神通力《しんつうりき》の發動《はつどう》が可能《かのう》となつても、發動性《はつどうせい》の方《はう》が強《つよ》くて、進《すゝ》んで神佛《しんぶつ》なり諸靈《しよれい》なりに交渉《かうせふ》を求《もと》むる傾向《けいかう》のものと、他《た》から交渉《かうせふ》して來《く》るのを感受《かんじゆ》するに適《てき》したものとある。さうして又自力的《またじりきてき》と他力的《たりきてき》とに分《わ》かれて來《く》るのである。

自力的神通《じりきてきしんつう》といふのは、先天靈覺的《せんてんれいかくてき》のものでも、又《また》は自己《じこ》が一定《てい》の修行《しゆぎやう》に依《よ》り、精神統《せいしんとう》一の結果《けつくわ》、靈力《れいりよく》の發動《はつどう》を見《み》るに至《いた》り、主動者《しゆどうしや》となつて活動《くわつどう》を爲《な》すことである。即《すなは》ち自己《じこ》が進《すゝ》んで神靈死靈等《しんれいしれいとう》と交渉《かうせふ》し、又透視透覺《またとうしとうかく》を行《おこな》ひ、或《あるひ》は病源《びやうげん》や相場《さうば》や勝負事《しようぶごと》や、吉凶禍福等《きつきようくわふくとう》を直觀《ちよくくわん》し、教示《けうじ》するのである。

他力的神通《たりきてきしんつう》とは、自分《じぶん》は受動的立場《じゆどうてきたちば》に居《を》つて、或《あるひ》は信念冥想《しんねんめいさう》に依《よ》つて神勅《しんちよく》を受《う》け、豫言《よげん》や吉凶《きつきよう》を判定《はんてい》するといふ如《ごと》きもので、之《こ》れを神感《しんかん》とも神勅《しんちよく》とも云《い》ひ、又《また》は天啓《てんけい》とか啓示《けいじ》といふこともある。それから又他力《またたりき》の中《うち》に靈媒者《れいはいしや》を使用《しよう》して神通《しんつう》を爲《な》すもの、此《こ》の靈媒者《れいはいしや》の靈能力《れいのうりよく》を利用《りよう》して、他靈《たれい》との交渉交話《かつせふかうわ》を爲《な》すが如《ごと》きもので、此《こ》れを交靈術《かうれいじゆつ》ともいひ、降靈《かうれい》降神《かうしん》、セアンス、口寄等《くちよせとう》いふのがそれである。又神憑《またかみがか》りといふのは神感《しんかん》とも云《い》ふことが出《で》來《き》るが、此《こ》れは突發的《とつはつてき》のことが多《おほ》く、別《べつ》に修行《しゆぎやう》した人《ひと》でもなく、又《また》は靈媒者《れいはいしや》といふやうなものでなく、靈界《れいかい》の都合《つがふ》で特定《とくてい》の人《ひと》に靈感《れいかん》が起《おこ》るのであるから、人間《にんげん》の方《はう》は全然器械的《ぜんぜんきかいてき》あるから、此方《こつち》から求《もと》めて神勅《しんちよく》を受《う》くるのとは大《おほい》に異《こと》なるのである。併《しか》し此《こ》の神憑《かみがかり》のあるといふことは、神靈《しんれい》の嚴存《げんぞん》、靈界《れいかい》と人間《にんげん》の交渉《かうせふ》が明《あき》らかに成立《せいりつ》する一つの徵證《ちようしよう》と見《み》るべきである。

第五段　神通の修行法

他力的《たりきてき》の神通《しんつう》卽《すなは》ち神感《しんかん》や、靈媒者《れいはいしや》を利用《りよう》する問題《もんだい》は暫《しばら》く別《べつ》として、自力的神通卽《じりきてきしんつうすなは》ち自己《じこ》が神通力《しんつうりき》を現《あら》はし得《う》るやうになるには、どういふ方法《はうはふ》に依《よ》ればよいかといふに、それには

一定《てい》の法則行規《はふそくかうき》といふものがある。其《そ》の先《ま》づ第《だい》一に心得《こゝろえ》べきことは、
野卑迷妄《やひめいもう》の小我的心念《せうがてきしんねん》を彈壓《だんあつ》し、肉體的《にくたいてき》の邪慾《じやよく》をも禁遏《きんあつ》し、自己本來《じこほんらい》の靈性《れいせい》を自在《じざい》に顯現活躍《けんげんくわつやく》せしむべしとの覺悟《かくご》。

第《だい》二には　我《わ》れには本來《ほんらい》の靈能《れいのう》がある。神通力《しんつうりき》を得《う》ることは毫《がう》も間違《まちが》ひない、必《かなら》ず成就《じやうじゆ》するものであるとの確信《かくしん》。

第《だい》三には　神通力《じんつうりき》を得《え》んとするのは、自己《じこ》一個《こ》の爲《た》めではない、又自己《またじこ》の利慾《りよく》を考《かんが》ふる等《とう》は毛頭《もうとう》ない。全《まつた》く靈界《れいかい》の眞相《しんさう》を明《あき》らめ、人世《じんせい》の福祉《ふくし》を增進《ぞうしん》する爲《た》めであるとの誓《せい》盟《めい》。

第《だい》四には　具體的準備《ぐたいてきじゆんび》、

(イ)　場所《ばしよ》　海邊《うみべ》よりは林間《りんかん》がよい、幽靜《いうせい》なる神社《じんじや》や堂宇《だうう》なれば理想的《りさうてき》である。世間《せけん》の雜音俗聲《ざつおんぞくせい》の聞《きこ》えぬ室《へや》がよい、人《ひと》が侵入《しんにふ》せぬ所《ところ》が尤《もつと》もよい、室《へや》は誘惑物《いうわくぶつ》を悉《こと〴〵》く取拂《とりはら》ひ、寒《さむ》からず暑《あつ》からずといふことにするがよい。

(ロ)　衣食《いしよく》　衣服《いふく》は綿布《めんぷ》で垢《あか》の付《つ》かぬ清淨《せいじやう》なもの、座蒲團夜具《ざぶとんやぐ》も之《こ》れに準《じゆん》ずること、食《しよく》物《もつ》は五辛酒肉《ごしんしゆにく》を禁《きん》じ、節食主義《せつしよくしゆぎ》のこと、斷食《だんじき》もよければ、それは危險《きけん》あれば、強《しひ》てす

るに及《およ》ばぬ。

（ハ）身體座式《しんたいざしき》　身體《しんたい》は清潔《せいけつ》にし、朝夕《てうせき》二回《くわい》入浴《にふよく》又《また》は行水《ぎやうずゐ》、又《また》は冷水摩擦《れいすゐまさつ》を行《おこな》ふべし、座法《ざはふ》はあぐらをかくこと、佛教《ぶつけう》の結跏趺座《けつかふざ》、半跏趺座《はんかふざ》と同《おな》じ、手《て》は堅《かた》く組《く》み合《あは》すこと、姿勢《しせい》は總《すべ》て體操《たいさう》の氣《き》を付《つけ》の通《とほ》りにて、半眼《はんがん》にて一點處《てんしよ》を注視《ちうし》するか、又《また》は冥默法《めいもくはふ》に依《よ》ること。

（ニ）精神態度《せいしんたいど》　野卑《やひ》な妄念《もうねん》を去《さ》ること、無我恬淡《むがてんたん》になること、心神《しんしん》を爽快清澄《さうくわいせいちよう》にして感情《かんじやう》の爲《た》めに亂《みだ》されぬやう注意《ちうい》すること、嚴肅《げんしゆく》を尙《たつと》ぶが、硬《かた》くなつてはいけぬ、座興《ざきよう》や氣《き》まぐれにやつて見《み》る等《とう》の考《かんが》があれば、絕對《ぜつたい》に成功《せいこう》せぬ、併《しか》し初《はじ》めだけ餘《あま》り意氣《いき》込《ごみ》み過《すぎ》るのもよくない、要《えう》は耐久的《たいきうてき》の決心《けつしん》と努力《どりよく》が肝心《かんじん》である。

第《だい》五には　順序方法《じゆんじよはうはふ》、

修行《しゆぎやう》の期間《きかん》は、人《ひと》に由《よ》つて差別《さべつ》せねばならぬが、佛教《ぶつけう》の阿羅漢《あらかん》の修行《しゆぎやう》のやうに長期難《ちやうきなん》行《ぎやう》には及《およ》ばぬ、大體《だいたい》三週間《しうかん》を通例《つうれい》とし、それに準備期《じゆんびき》の一日《にち》、修行終了後《しうぎやうしうれうご》の仕末方《しまつかた》二日都合《かつがふ》二十五日位《にちぐらゐ》でよいのである。而《しか》して其《そ》の順序《じゆんじよ》は、

第一法　観念法

此《こ》れは自己《じこ》の觀念《くわんねん》に依《よ》つて、精神統一《せいしんとういつ》、神通可能《しんつうかのう》の自己暗示《じこあんじ》を主《しゆ》とするものであつて此《こ》の修法《しゆはふ》で完全《くわんぜん》に統一《とういつ》が出來《でき》る、毎日《まいにち》ダン／＼統一《とういつ》が深《ふか》くなるとの默心《もくしん》を行《おこな》ふ、此《こ》れは三週間中毎回最初《しうかんちうまいくわいさいしよ》に默念《もくねん》すべきものである。

此《こ》の修行《しゆぎやう》は初《はじ》めは何《なん》だか人《ひと》に賴《たの》まれてやるやうな氣《き》がして、身《み》が入《はい》らぬが、根氣《こんき》能《よ》く熱心《ねつしん》にやつて居《ゐ》ると、次第《しだい》に自分《じぶん》のものになつて、味《あぢ》が出《で》て來《く》る。尤《もつと》もその途中《とちう》に倦《けん》怠《たい》が生《しやう》ずるが、斯《か》かる場合《ばあひ》に無理《むり》をしては却《かへつ》ていけぬ。受《う》け身《み》になつて自然《しぜん》に任《まか》せるといふ風《ふう》に穩《おだ》やかにして居《ゐ》ると、そこに又更生的《またかうせいてき》の生氣勇力《せいきゆうりよく》が勃發《ほつはつ》してくる、内心《ないしん》から前《まへ》の默念《もくねん》の叫《さけ》びが湧《わ》くやうに感《かん》じられて、大《おほい》に妙味《めうみ》を覺《おぼ》えるものである。

第二法　靈息法

此《こ》の靈息法《れいそくはふ》には三階《かい》の別《べつ》がある。先《ま》づ第《だい》一は深息《しんそく》、即《すなは》ち深呼吸法《しんこきふはふ》である。鼻《はな》から吸《す》ふて口《くち》から吐《は》く、一呼吸《こきふ》を一分間位《ぶんかんぐらゐ》、五回《くわい》を一段《だん》とし、次《つぎ》に掌《てのひら》を胸腹《むねはら》の間《あひだ》を呼吸《こきふ》と共《とも》に上下《じやうげ》させる。腹式呼吸底《ふくしきこきふてい》のやり方《かた》をする、此《こ》の深息腹息《しんそくふくそく》を一寸汗《ちよつとあせ》かく位《くらゐ》にやる。

第《だい》二は任運息《にんうんそく》、又《また》は法爾呼吸《はふじこきふ》といつて、唯《た》だ自然《しぜん》に任《ま》かせて靜《しづ》かな呼吸《こきふ》をする、又數《またすう》息法《そくにふ》に由《よ》つて、息《いき》を十まで數《かぞ》へ、又《また》一に返《かへ》つて數《かぞ》へるといふやうにやつてもよい、古《こ》人《にん》は鴻毛《こうまう》を鼻端《はなはた》につけて動《うご》かざること三百息《そく》といひ、彭祖《はうそ》といふ仙人《せんじん》は、耳聞《みゝき》く所《ところ》なく、目見《めみ》る所《ところ》なしといつて居《を》るが、妄念《もうねん》を拂《はら》ひ、自然任運《しぜんにんうん》の調息《てうそく》である。

第《だい》三が靈息《れいそく》で、深息《しんそく》の如《ごと》く息《いき》を吸《す》ひ、吐《は》く時《とき》に、アと口《くち》を廣《ひろ》くあけ、ウと口《くち》を狹《せま》くしオと口《くち》を圓《まる》くあけて吐《は》き出《だ》す。之《こ》れを各三回宛《かくくわいづつ》アウオと繰《く》り返《かへ》し、腹《はら》の底《そこ》から聲《こゑ》と息《いき》を絞《しぼ》り出《だ》すのである。

以上《いじやう》の觀念法《くわんねんはふ》と靈息法《れいそくはふ》とを、毎日《まいにち》三時間宛位《じかんづつぐらゐ》一週間修行《しうかんしゆぎやう》するのが、第《だい》一期《き》である、此《こ》れにて大抵《たいてい》のものは精神統《せいしんとう》一の初歩《しよほ》に入《はい》ることが出來《でき》るのである。

第三法　靈　動　法

此《こ》の法《はふ》は第《だい》二週間目《しうかんめ》から、前《まへ》の二つの法《はふ》に加《くわ》へて行《おこな》ふべきものである。之《こ》れを行《おこな》ふには、先《ま》づ靜座《せいざ》して半眼《はんがん》の姿勢《しせい》を整《とゝの》へ、胸先《むなさき》で合掌《がつしやう》し、兩肘《りやうひぢ》を充分《じうぶん》に張《は》れば、合掌《がつしやう》が上下《げ》動《どう》を始《はじ》める。而《しか》して其《そ》の上下動《じやうげどう》が單《たん》に合掌《がつしやう》だけでなく、全身《ぜんしん》に波及《はきふ》するやうにならねばならぬ。此《こ》れは最初《さいしよ》は思念力《しねんりき》で動《うご》くが、それが次第《しだい》に自動的《じどうてき》の靈動《れいどう》となるのである。

前《まへ》の第《だい》一法第《はふだい》二法《はふ》は、靜止的《せいしてき》の修行《しゆぎやう》であるが、此《こ》の第《だい》三法《はふ》は活動的《くわつどうてき》である、靜的方面《せいてきはうめん》からのみでは、統《とう》一に入《はい》りにくいから、此《こ》の如《ごと》き動的刺戟《どうてきしげき》を加《くわ》へる必要《ひつえう》があるのである。此《こ》の合掌《がつしやう》や全身《ぜんしん》の上下動《じやうげどう》を以《もつ》て、神憑《かみがゝ》りと思《おも》ふものもあるかも知《し》れぬが、決《け》つしてさうではない、矢張《やは》り自分《じぶん》の内《うち》に在《あ》る靈力《れいりき》の發動《はつどう》であるから、決《けつ》つして迷《まよ》うてはならぬ。

此《こ》の靈動法《れいどうはふ》は長《なが》い時間續《じかんつゞ》けてやることは出來《でき》ぬから、短時間《たんじかん》で充分《じうぶん》である。此《こ》れを數《すう》分間《ふんかん》やれば、統《とう》一よりも第《だい》一着《ちやく》に健康法《けんかうはふ》の基礎《きそ》になるものである。

又此《またこ》の上下動《じやうげどう》は最初《さいしよ》は生理的《せいりてき》に、而《しか》して意念的《いねんてき》に動《うご》くのである、練達《れんたつ》すれば自然的《しぜんてき》の靈動《れいどう》となつて中止《ちうし》しやうと思《おも》うても、合掌《がつしやう》を解《と》かなければ微動《びどう》が止《や》まぬやうになる。

それまで達《たつ》すれば、此《こ》の第《だい》三法《はふ》は成就《じやうじゆ》したのである。

又靈動《またれいどう》の際《さい》には、手掌《てのひら》の内側《うちがは》に強《つよ》い熱《ねつ》が起《おこ》るものである。それは自分《じぶん》の頬《ほゝ》なり膝《ひざ》なりにあてゝ見《み》れば能《よ》く分《わ》かる、さうして此《こ》の掌《てのひら》にて患者《くわんじや》の痛《いた》む所《ところ》を摩擦《まさつ》すれば、直《ただ》ちに治癒《ちゆ》するのである。神經痛《しんけいつう》、齒痛《しつう》、胃腸病等《ゐちやうびやうとう》に尤《もつと》も效驗《かうけん》がある。靈力《れいりき》の强《つよ》いのになれば熱過《あつす》ぎて、直接皮膚《ちよくせつひふ》には着《つ》けられぬやうにある、新聞等《しんぶんとう》に廣告《くわうこく》のある、靈熱療法《れいねつれうはふ》といふのは此《こ》の略法《りやくはふ》で掌《てのひら》を擦《す》り合《あは》せ、炭火《すみび》にてあぶり、一種《しゆ》の電熱《でんねつ》と念力《ねんりき》とを起《おこ》し、それにて患部《くわんぶ》を强《つよ》く摩擦《まさつ》するのである。

第四法　寂　默　法

此《これ》は第《だい》三週間目《しうかんめ》から行《おこな》ふ法《はふ》であつて、意義《いぎ》も深遠《しんゑん》であり、尤《もつと》も愼重《しんちよう》に修《をさ》むべき高級《かうきふ》の規範《きはん》である。其《そ》の主旨《しゆし》は文字《もじ》に示《しめ》すが如《ごと》く、五官《くわん》の作用《さよう》を一切停止《さいていし》することが出發點《しゆつぱつてん》である。眼《め》は妄《みだ》りに見《み》ず、耳《みゝ》は妄《みだ》りに聞《き》かず、鼻《はな》は妄《みだ》りに嗅《か》がず、舌《した》は妄《みだ》りに言《い》はず、身《み》は妄《みだ》りに觸《ふ》れず、而《しか》して心《こゝろ》は妄《みだ》りに思《おも》はずといふ境地《きやうち》を目標《もくへう》として進《すゝ》むのである。佛敎《ぶつけう》では觀《くわん》は無觀《むくわん》を以《もつ》て正觀《せいくわん》と爲《な》し、多觀《たくわん》を以《もつ》て邪觀《じやくわん》とすといふが、それと同《おな》じく積極的《せつきよくてき》に何事《なにごと》にも觸《ふ》れぬ、何事《なにごと》をも思《おも》はぬといふ、無念無想《むねんむさう》が肝要《かんえう》である、此《こ》の無念無《むねんむ》我寂默《がじやくもく》の境地《きやうち》に入《はい》れば、そこで冥々裡《めいくり》に宇宙《うちう》の大我《たいが》と道交《だうかう》し、大靈《たいれい》大我《たいが》の刺戟《しげき》に依《よ》つて我《わ》れの靈力《れいりき》が發動《はつどう》し、忽然《こつねん》として靈感《れいかん》が自生《じしやう》するものである。元來吾人《ぐわんらいごじん》の生命《せいめい》は宇《う》宙大生命《ちうだいせいめい》の派生《はせい》であるから、個性《こせい》の小我《せうが》を沒却《ぼつきやく》し、之《こ》れを超越《てうゑつ》すれば、宇宙《うちう》の大我《たいが》大《たい》靈《れい》に直通《ちよくつう》するものであるから、此《こ》の道理《だうり》を能《よ》く諦信《ていしん》して寂默裡《じやくもくり》に靈感《れいかん》を得《え》れば、靈魂《れいこん》の實在《じつざい》と其《そ》の永劫不滅《えいごふふめつ》とを體得《たいとく》し、曠世不死《くわうせいふし》の活生命《くわつせいめい》を證得《しようとく》することが出來《でき》、從《したが》つて神靈《しんれい》の實存《じつそん》と之《こ》れに對《たい》する交渉《かうせふ》の可能《かのう》を發見《はつけん》するに至《いた》るのである。

此《こ》の法《はふ》は端座《たんざ》と整息《せいそく》とに依《よつ》て、身體《しんたい》を調制《てうせい》し、沈默寂然無我《ちんもくじやくぜんむが》の境《きやう》に入《い》り、其《そ》の妙味《めうみ》を自然《しぜん》と自得《じとく》するのであつて、以心傳心自修自得《いしんでんしんじしうじとく》の他《ほか》、筆舌《ひつぜつ》を以《もつ》て示《しめ》すことは出來《でき》ぬ。從《したが》つて時間等《じかんとう》も固《もと》より限定《げんてい》すべきでない。併《しか》し此《こ》の修行中雜念《しゆぎやうちうざつねん》が湧起《ゆうき》するのが人情《にんじやう》の弱點《じやくてん》であつて、眞《しん》の無念無想《むねんむさう》に入《はい》るのが困難《こんなん》であるから、次《つぎ》の專心《せんしん》一念法《ねんはふ》を加《くわ》ふるのが妙諦《めうてい》である。

第五法　專念法

專念法《せんねんはふ》といふのは專心《せんしん》一念《ねん》に、何《なに》か一事《じ》だけに精神《せいしん》を集注《しふちう》することである、元來人間《ぐわんらいにんげん》は無邊無數《むへんむすう》の觀念《くわんねん》の持主《もちぬし》であつて、此等《これら》の觀念《くわんねん》が精神界裡《せいしんかいり》で、常《つね》に競爭《きやうさう》して居《を》つて、何等《なんら》かの機會《きくわい》に外界《げかい》に表現《へうげん》せんことを求《もと》めて居《を》るから、身體《しんたい》を靜《しづ》かにしたり、精神《せいしん》に餘裕《よゆう》が出來《でき》ると、忽《たちま》ち雜念《ざつねん》が湧起《ゆうき》するものである。

此《こ》の雜念《ざつねん》は强《しひ》て抑止《よくし》しやうとすれば、益々《ます〳〵》湧起《ゆうき》するものであるから、自然《しぜん》に任《ま》かせて置《お》くと、突然清澄玲瓏《とつぜんせいちようれいらう》たる心境《しんきやう》に入《はひ》ることもあるが、それは萬人《まんにん》が萬人《ばんじん》といふ譯《わけ》にもゆかぬ。そこで寧《なし》ろ積極的《せつきよくてき》に雜念《ざつねん》を湧起《ゆうき》せしめるやうと努《つと》むると、却《かへ》つて雜念《ざつねん》が退《ひ》くといふ妙《めう》なこともあるが、第《だい》三週《しう》の半《なか》ばに至《いた》つては、一つの對象物《たいしやうぶつ》を目標《もくへう》とするなり何《なに》か一事《じ》に一念《ねん》を凝《こ》らし、それに精神力《せいしんりよく》を集注《しふちう》するのが終局地《しうきよくち》である、即《すなは》ち精神《せいしん》の統《とう》一法《はふ》は、一方《はう》に無念無想《むねんむさう》、一方《はう》に一念集中《ねんしふちう》といふことになるのである。而《しか》して此《こ》の專《せん》念法《ねんはふ》が成功《せいこう》すれば、そこが即《すなは》ち統《とう》一法《はふ》の完成《くわんせい》である、卒業《そつげふ》である。神通《しんつう》は無我《むが》と靜慮《せいりよ》に在《あ》りといつてあるのも、即《すなは》ち此《こ》の無念靜止《むねんせいし》と專念主動《せんねんしゆどう》とに在《あ》るのである。

此《こ》の思念集中法《しねんしふちうはふ》は、先《ま》づ思念《しねん》を自己《じこ》の眉間《みけん》に置《お》く、即《すなは》ち靈力《れいりき》で自分《じぶん》の眉間《みけん》に在《あ》るといふことに一念《ねん》になる。それから其《そ》の集點《しふてん》が移《い》動降下《どうかうか》して、胸《むね》の水《みづ》おちに來《く》る、更《さら》に次《し》第《だい》に降下《かうか》して、臍下《さいか》の氣海丹田《きかいたんでん》に靈力《れいりき》を集中《しふちう》させる、尤《もつと》も吾人《ごじん》の全身《ぜんしん》は靈《れい》で滿《み》たされて居《を》るから、靈力《れいりき》の所在《しよざい》が腦《なう》とか、胸《むね》とか、丹田《たんでん》とかに定《き》まつて居《を》るといふのではない、靈力《れいりき》の感應強《かんおうつよ》しと思《おも》はるゝ點《てん》に靈力《れいりき》を集中《しふちう》して、感受性《かんじゆせい》を誘導《うだう》すると、同時《どうじ》に發《はつ》動《どう》の便宜《べんぎ》に資《し》するのである。

此《こ》の集注法《しふちうはふ》は隨分困難《ずゐぶんこんなん》であるが、やつて居《ゐ》る中《うち》に、自然《しぜん》と超常態《てうじやうたい》の意識《いしき》が現《あら》はれて尋《じゆん》常《じやう》ではどうしても分《わか》らぬ事《こと》が、忽然《こつねん》として判明《はんめい》するやうになる。之《こ》れが即《すなは》ち靈感《れいかん》であり、神通《しんつう》の初級《しよきふ》である。

此《こ》の靈感《れいかん》があるやうになれば、一應《おう》の修行《しゆぎやう》は終《をは》つたのであるが、勿論練習《もちろんれんしふ》を怠《おこた》つてはならぬ、さうして順次共《じゆんじそ》の發達向上《はつたつかうじやう》に努力《どりよく》すべきである。

以上《いじやう》の修行《しゆぎやう》が終了《しうれう》して、多少《たせう》なり神通《しんつう》を得《え》、靈感《れいかん》があるやうになれば、それから實地《じつち》の應用《おうよう》に移《うつ》るのであるが、實地《じつち》の應用《おうよう》としては、先《ま》づ透視透覺《とうしとうかく》、即《すなは》ち神眼通力《しんがんつうりき》の第《だい》一階《かい》から始《はじ》むべきものである。

第六段　神通力の練磨

前《まへ》の修行法《しゆぎやうはふ》に由《よ》つて、靈感《れいかん》があるやうになつても、不斷常住其《ふだんじやうぢうそ》の練習《れんしふ》を怠《おこた》つてはならぬ而《しか》して此《こ》の練習《れんしふ》には一般的《はんてき》と特定的《とくていてき》の二様《やう》ある、一般的《はんてき》のは一生涯《しやうがい》朝夕《てうせき》二回《くわい》、拜神《はいしん》と同《どう》一の意味《いみ》にて行《おこな》ふもので、特定《とくてい》といふのは透視《とうし》とか、遠視《ゑんし》とか、透覺《とうかく》とか、豫言《よげん》とかいふやうな一つの事柄《ことがら》に就《つい》て、稽古《けいこ》を積《つ》み、練磨《れんま》を重《かさ》ぬるのである。特定《とくてい》の練習《れんしふ》は下《しも》の各段《かくだん》に之《これ》を述《の》べ、今《いま》先づ一般的《はんてき》の練習規《れんしふき》法《はふ》を示《しめ》すべし。

一、我《わ》の神通力《しんつうりき》は猶《なほ》一層《そう》の向上練達《かうじやうれんたつ》を要《えう》すと自省《じせい》する事《こと》

二、神通力《しんつうりき》の三字《じ》を一心不亂《しんふらん》に念願《ねんぐわん》する

三、神前《しんぜん》又《また》は祖靈《それい》の前《まへ》に祭壇《さいだん》を設《まう》け、朝夕《てうせき》先づ前《まへ》に示《しめ》した靈動法《れいどうはふ》を行《おこな》ひ、次《つぎ》に御祓《おはらひ》なり神號《しんがう》なり、祝詞《しゆくし》なりを念唱《ねんしやう》する事《こと》

四　靈動念唱《れいどうねんしやう》を終《をは》りたる上《うへ》は、無我《むが》一念《ねん》の法《はふ》を行《おこな》ふ事《こと》

以上《いじやう》は最短《さいたん》三十分間《ぷんかん》、成《な》るべく朝夕《てうせき》一時間宛位練行《じかんづつぐらゐれんかう》するがよい、左《さ》れば向上發達《かうじやうはつたつ》が確實《かくじつ》である。猶《な》ほ朝夕練行《てうせきれんかう》の前《まへ》には、必《かなら》ず水行《すゐぎやう》又《また》は冷水摩擦《れいすゐまさつ》を行《おこな》ふ必要《ひつえう》がある。食物《しよくもつ》は成《な》るべく淡白《たんぱく》なもの、特《とく》に野菜《やさい》を多《おほ》く用《もち》ひ、酒《さけ》は禁《きん》ずるがよいが、禁止《きんし》が出來《でき》ねば、寢《ね》る前《まへ》に少量《せうりやう》を用《もち》ふるがよい、又寢《またね》ても眠《ねむ》らぬ中《うち》は神通力《しんつうりき》といふ念願《ねんぐわん》を懷《いだ》き、道行《みちゆ》く時《とき》にても、其《そ》の他《た》何事《なにごと》をやつて居《を》つても、心《こゝろ》に閑《ひま》のある時《とき》は、神通力《しんつうりき》といふ念《ねん》を絶《た》たぬやうにするがよい。

さうすると道行《みちゆ》く中《うち》にも、夢裡《ゆめのうち》にも、突發的《とつはつてき》に靈感《れいかん》があるやうになり、人《ひと》の顔《かほ》を一見《けん》して話《はな》して居《を》る間《あひだ》にも、神通力《しんつうりき》が活躍《くわつやく》して來《く》るやうになるのである、

第七段　神通力の試驗

先《ま》づ第《だい》一に精神《せいしん》の統《とう》一が出來《でき》るか否《いな》やを試驗《しけん》するのが必要《ひつえう》である。それに至《いた》つて簡單《かんたん》な方法《はうはふ》は時計法《とけいはふ》といつて、時計《とけい》の針《はり》を見《み》詰《つ》めるのである。而《しか》して一分間《ぶんかん》とか、或《あるひ》は二分間《ふんかん》とか、更《さら》に他念《たねん》が起《おこ》らねば、其《そ》の時間《じかん》だけは精神《せいしん》の統《とう》一が出來《でき》たのである。

次《つぎ》には目前《もんぜん》の臺《だい》の上《うへ》に、何《なに》か品物《しなもの》を置《お》く、初《はじ》めは其《そ》の品物《しなもの》が見《み》えて邪魔《じやま》になるが、寂默《じやくもく》法《はふ》に由《よ》つて、其《そ》の品《しな》があれども見《み》えずといふやうになれば、確《たし》かに統《とう》一が進《すゝ》んだのである。

此《こ》の他《た》耳《みゝ》に聞《き》くもの、臭《にほひ》のあるもの等《とう》を以《もつ》てそれ〳〵試驗《しけん》すべきである。

次《つぎ》に神通力《じんつうりき》の有無《うむ》を試驗《しけん》するには、文字《もじ》を知《し》れる人《ひと》ならば、一讀《どく》しては容易《ようい》に分《わか》らぬ文《もん》句《く》を前《まへ》に置《お》て、專念法《せんねんはふ》にてそれを凝視《ぎようし》する、それが判然《はんぜん》と讀《よ》めて、意義《いぎ》も分明《ぶんみやう》するやうになれば、神通靈能《じんつうれいのう》の働《はたらき》が在《あ》ることが證明《しようめい》さるゝ譯《わけ》である。

次《つぎ》には兄弟《きやうだい》とか友人《いうじん》とか、自分《じぶん》の知《し》れる親《した》しい人《ひと》の寫眞《しやしん》を能《よ》く凝視《ぎようし》し、それから寫眞《しやしん》を棄《す》てゝ專念法《せんねんはふ》を行《おこな》ふ、さうすると其《そ》の人《ひと》の隱《かく》れて居《を》つた祕的《ひてき》の性行《せいかう》を發見《はつけん》することもあれば、丁度其《ちやうどそ》の時間《じかん》に何《なに》をやつて居《を》るかといふやうな事《こと》が判明《はんめい》する。さうして後日《ごじつ》それを尋《たづ》ねて見《み》て符合《ふがふ》すれば、神通《しんつう》の力《ちから》が大《おほい》に進《すゝ》んだのである。後《の》ちには知《し》らぬ人《ひと》の事《こと》も分《わ》かり、又寫眞《またしやしん》を用《もち》ひぬでもよいやうになる。

更《さら》に又進《またすゝ》めば、之《こ》れを死《し》んだ人《ひと》に應用《おうよう》すれば、死靈《しりやう》との交感交話《かうかんかうわ》が成立《せいりつ》するやうになる併《しか》し此《こ》れは充分進歩《じうぶんしんぽ》せねば六ヶ敷《し》い、又知《またし》らぬ人《ひと》では一層困難《そうこんなん》である。親子兄弟《おやこきやうだい》といふのが一番早《はんはや》く成功《せいこう》する。兄弟《きやうだい》も及《およ》ばぬ親友等《しんいうとう》に對《たい》しては意外《いぐわい》に得《う》る所《ところ》が多《おほ》いのである。

第八段　神通力の發達

神通力《しんつうりき》の發達《はつたつ》といつても、出來《でき》なかつたこと、出來得《できう》べからざることが出來《でき》るといふのではない、練習《れんしふ》を積《つ》み試驗《しけん》を重《かさ》ねてゆけば、段々《だん〴〵》と上手《じやうず》になり、所謂技術《いはゆるぎじゆつ》が進《すゝ》むと同《おな》じで骨折《ほねを》らず、手數《てすう》をかけずに、しかも手際能《てぎわよ》く出來《でき》るやうになるのである。精神《せいしん》の統《とう》一でも十分間《ぶんかん》か丶る所《ところ》が一二分《ぶん》で出來《でき》、病人《びやうにん》を見《み》ねば病源《びやうげん》の分《わ》からなかつたのが、寫眞《しやしん》とか衣類《いるゐ》を見《み》たゞけで分《わ》かるやうになり、終《つひ》には自分《じぶん》が主動者《しゆどうしや》となつて、神靈《しんれい》を招降《せうかう》して神勅《しんちよく》を求《もと》むることも出來《でき》れば、或《あるひ》は死者《ししや》の靈魂《れいこん》を呼《よ》び寄《よ》せて、自己《じこ》との交感交話《かうかんかうわ》は固《もと》より、死者《ししや》の親族等《しんぞくとう》と交話《かうわ》の仲立《なかだち》を爲《な》し、所謂靈媒以上《いはゆるれいばいいじやう》の作動《さくどう》を實行《じつかう》することが出來《でき》るのである。更《さら》に又遠感的《またゑんかんてき》に千里眼《せんりがん》の如《ごと》く、異郷《いきやう》の出來事《できごと》をも透覺《とうかく》し、或《あるひ》は個人《こじん》は固《もと》より國家社會《こくかしやくわい》の未來《みらい》の出來事《できごと》をも豫知《よち》することが出來《でき》る。例《たと》へば現内閣《げんないかく》は何年何月何日交迭《なんねんなんぐわつなんにちかうてつ》するとか、秋《あき》の收穫《しうくわく》は凶《きよう》とか豐《ほう》とか、幾《いく》千萬石《まんごく》とか具體的《ぐたいてき》に確言《かくげん》し、更《さら》に病者等《びやうしやとう》の死期月日《しきぐわつぴ》を明言《めいげん》すること容易《ようい》であり、一室《しつ》に座《ざ》して數里《すうり》數《すう》百里《り》を距《へだ》てたる者共《ものども》の話《はなし》を聞取《きゝと》り、或《あるひ》は其《そ》の日《ひ》より三日《か》間《かん》なり、一週間《しうかん》なりの相場《さうば》の高低《かうてい》を知《し》り、競馬馬《けいばうま》を一見《けん》して勝負《しようぶ》を判定《はんてい》し、受驗《じゆけん》の學生《がくせい》を願書《ぐわんしよ》に添《そ》へたる寫眞《しやしん》に依《よ》つて、及落《きふらく》を豫言《よげん》する等《とう》、孰《いづ》れも練磨《れんま》の功《こう》に依《よ》つて、容易《ようい》に的中《てきちう》し得《う》るものである。

更《さら》に又自分《またじぶん》の思《おも》ふ文字《もじ》や、友人《いうじん》の風采等《ふうさいとう》を寫眞《しやしん》に撮《うつ》すことも出來《でき》る。此《こ》れは念寫《ねんしや》といつて餘程《よほど》の發達練磨《はつたつれんま》を要《えう》し、又自動書記《またじどうしよき》とて自分《じぶん》の念《ねん》ずる文章《ぶんしやう》が、距離《きより》ある机上《きじやう》の紙《かみ》に寫《うつ》される、此等《これら》は乾板《かんばん》や、紙《かみ》やペンを備《そな》へて置《お》かねばならぬのは云《い》ふまでもない所《ところ》である。それから又念動《またねんどう》といつて、數尺《すうしやく》或《あるひ》は數十間《すうけん》を距《へだ》てたる所《ところ》に在《あ》る幾貫《いくくわん》又《また》は幾《いく》十貫《くわん》といふ重量《ちうりやう》の品物《しなもの》を動《うご》かしたり、或《あるひ》は動《うご》きつゝあるものを靜止《せいし》せしむるといふやうなことも出來《でき》るのである。

併《しか》し餘《あま》り種々《しゆく》なことを手品師《てじなし》見《ろ》たやうにやるのは宜《よろ》しくない、透視《さうし》とか透覺《さうかく》とかの一つを丹念《たんねん》に練磨《れんま》して、之《こ》れを病人等《びやうにんとう》に應用《おうよう》して、實地《じつち》の救濟《きうさい》に供《きよう》するといふのでなくてはいけぬ、神通力《しんつうりき》を玩弄的《ぐわんらうてき》に使《し》用《よう》するのは、甚《はなは》だ不都合《ふつがふ》であつて、本來《ほんらい》の誓約《せいやく》に背《そむ》くと、同時《どうじ》に又頗《またすこぶ》る危險《きけん》であるから、救病《きうびやう》、開運《かいうん》の二つに限《かぎ》つて、實地《じつち》應用《おうよう》するのが肝要《かんえう》である。

第九段　透視通力の練行

先《ま》づ三尺角位《じやくかくぐらゐ》の黑布《くろぬの》を壁《かべ》に掛《か》け、其《そ》の布《ぬの》の右《みぎ》の上端《じやうたん》に、小《ちひ》さな金紙《きんがみ》か銀紙《ぎんがみ》、又《また》は白紙《はくし》に光《ひかり》とか目《め》とかいふやうな文字《もじ》を書《か》いたのを張《は》り、四五尺距《しやくへだ》てた所《ところ》から、其《そ》の金銀紙《きんぎんがみ》か文字《もじ》を凝視《ぎようし》すると、五分《ふん》もたてば倦怠《けんたい》する、其《そ》の時《とき》は暝目《めいもく》してよい、さうすると上端《じやうたん》に在《あ》つた文字《もじ》なり金銀《きんぎん》の紙《かみ》が、次第《しだい》に布《ぬの》の中央《ちうあう》に移《うつ》るやうに心眼《しんがん》に映《えい》ずる。要《えう》は暝目《めいもく》でも、開目《かいもく》でも構《かま》はぬ、中央《ちうあう》に移《うつ》らせるのが目的《もくてき》である、それから又距離《またきより》を遠《とほ》くし、或《あるひ》は電燈《でんとう》を點《つけ》たり或《あるひ》は暗黒《あんこく》にしたり、或《あるひ》は襖《ふすま》を締《し》めて次《つぎ》の室《へや》より觀《くわん》ずる等《とう》して、何《なに》もない黑布《くろぬの》の中央《ちうあう》に光《ひか》るものがあるやうに心眼《しんがん》に映《えい》ずれば、それで一段《だん》の成就《じやうじゆ》である。

次《つぎ》は箱《はこ》に品物《しなもの》を入《い》れ、蓋《ふた》をせずに其《そ》の品物《しなもの》を凝視《ぎやうし》する。而《しか》して數分《すうふん》の後《の》ち蓋《ふた》をして凝視《ぎやうし》する、瞑目《めいもく》して心眼《しんがん》でやつてもよい、又目《またため》かくしを施《ほどこ》してやつてもよい、さうしてそれが蓋《ふた》の有無《うむ》に關《かゝ》はらず、內《うち》の品物《しなもの》があり〳〵と見《み》える練習《れんしふ》を積《つ》む、其《そ》の習慣《しふくわん》がつけば、空間《くうかん》も時間《じかん》も無礙《むげ》になつて、箱《はこ》といふ障害物《しやうがいぶつ》が消解《せうかい》されてしまつて、心眼《しんがん》と品物《しなもの》と相對《さうたい》になるから、どんなものでも、又《また》いくら距離《きより》があつても、透視《とうし》が出來《でき》るやうになるのである。

此《こ》の透視《とうし》の修行《しゆぎやう》は、先《ま》づ精神《せいしん》の統《とう》一をやるのは云《い》ふまでもない所《ところ》である。臆病《おくびやう》ではいけぬ、餘程《よほど》大膽《だいたん》に、さうして熱烈《ねつれつ》に、自信《じしん》が强《つよ》くなくては成就《じやうじゆ》せぬ、此《こ》の箱《はこ》の中《なか》の品物《しなもの》が透視《とうし》されるやうになれば、人體內部《じんたいないぶ》の透視《とうし》も出來《でき》るやうになり、治病上《ぢびやうじやう》の基礎《きそ》が確立《かくりつ》する次第《だい》である。

透視練習《とうしれんしふ》に就《つい》ては、常《つね》に實驗《じつけん》を怠《おこた》らぬやうにせねばならぬ、此《こ》の實驗《じつけん》は先《ま》づ手近《てぢか》な日用《にちよう》品等《ひんとう》から始《はじ》め、隱《かく》れてこそ〳〵やらずに、公然《こうぜん》と成《な》るべく多《おほ》くの人《ひと》の前《まへ》で、平氣《へいき》にやる習慣《くわん》を付《つ》けることが必要《ひつえう》である、若《も》し何《なん》となく落《お》ち付《つ》かぬやうな場合《はあひ》があれば、靈動法《れいどうはふ》や專《せん》念法《ねんはふ》に依《よ》つて、勇氣《ゆうき》を喚發《くわんはつ》し、自信《じしん》を强《つよ》め、又御祓《またおはらひ》等《とう》を念唱《ねんしやう》して、心氣《しんき》を弘恢《くわうくわい》清澄《せいちよう》ならしむるがよい。

第十段　遠感透覺の練磨

此《こ》の遠感透覺法《ゑんかんとうかくはふ》といふのは、つまり透視《とうし》の延長擴大《えんちやうくわうだい》であつて、遠感《ゑんかん》は千里《り》眼《がん》と同《おな》じ意味《いみ》になり、透覺《とうかく》は千里《り》眼《がん》ゝ透視《とうし》も包含《はうがん》して居《を》るが、他人《たにん》の心《こゝろ》に思《おも》ふことを覺《さと》つたり、體中《たいちう》の病源《びやうげん》や、姙娠《にんしん》の有無《うむ》、胎兒《たいじ》の男女如何《だんぢよいかん》、相場《さうば》の高低等《かうていとう》を知《し》る神通力《じんつうりき》をいふのである。

此《こ》の練行《れんかう》をやるには、暗黑《あんこく》の室《へや》に燈火《とうくわ》等《とう》を消《け》し、瞑目端座《めいもくたんざ》して、光明《くわうみやう》に接《せつ》したいといふ念願《ねんぐわん》を凝《こら》すのである。時期《じき》は夜《よる》の十時過《じすぎ》から始《はじ》め、成《な》るべく天地《てんち》の靜《しづ》まつた頃《ころ》が有效《いうかう》である、尤《もつと》も熟練《じゆくれん》すれば時期《じき》にかかはる必要《ひつえう》はない、初《はじ》め三四十分《ぶん》は隨分苦痛《ずゐぶんくつう》であるが、一意《い》專念《せんねん》になると、やがて薄《うす》ぼんやりとした光明《くわうみやう》が心眼《しんがん》に映《えい》ずる。併《しか》しそれが幻《まぼろし》の如《ごと》くではつきりしない、それから少《すこ》し進《すゝ》むと、光明《くわうみやう》が赤《あか》になつたり黄《き》になつたりする。それを段々《だん〳〵》

辛抱《しんばう》して實修實驗《じしつじつけん》を進《すゝ》めると、次第《しだい》に鮮明《せんめい》となり、一ケ月《げつ》も經《た》てば明々《めい〳〵》たる光明《くわうみやう》を認《みと》むるやうになつて、恰《あた》かも肉眼《にくがん》で太陽《たいやう》の光《ひか》りや、電燈《でんとう》の光《ひか》りを見《み》るやうになる。卽《すなは》ち心眼《しんがん》が開《あ》けたのである。

次《つぎ》に對象《たいしやう》を遠方《ゑんぱう》に取《と》つて、東京《とうきやう》から九州《しう》とか、北海道《ほくかいだう》とか、成《な》るべく遠方《ゑんぱう》に在《あ》る鄕里《きやうり》か又《また》は一二度《ど》往《ゆ》つたことのある溫泉《をんせん》とか都會等《とくわいとう》を凝念《ぎようねん》する、さうすると其《そ》の土地《とち》の山河《さんか》や草《さう》木《もく》の模樣《もやう》が映《えい》ずる、漸次《ぜんじ》進《すゝ》めば道路《だうろ》や家屋《かをく》があり〳〵と見《み》える。遂《つひ》には知《し》れる人《ひと》、知《し》らぬ人《ひと》の往來《わうらい》や作動《さくどう》が判《わか》る、話《はなし》をして居《を》る有樣《ありさま》も分《わ》かり、鍬《くわ》を揮《ふる》つて耕《たがや》して居《を》る樣子《やうす》も見《み》える。更《さら》に天耳通力《てんじつうりき》を得《え》れば、其《そ》の話《はなし》の意義《いぎ》も鑑別《かんべつ》が出來《でき》るやうになる。併《しか》し此《こ》れはなか〳〵容《よう》易《い》でない。

之《こ》れが遠感法《ゑんかんほふ》卽《すなは》ち千里《り》眼《がん》の練行《れんかう》である、此《こ》れを試驗《しけん》するには、其《そ》の土地《とち》に在《あ》る友人等《いうじんとう》に打《う》ち合《あは》せ、何月何日何時《なんげつなんにちなんじ》から何時《なんじ》までの間《あひだ》に於《お》ける、其《そ》の友人《いうじん》の行動《かうどう》や、其《そ》の土地《とち》の出來《でき》事《ごと》を記《しる》して置《お》て貰《もら》ひ、後《の》ちに自分《じぶん》の遠感《ゑんかん》した所《ところ》と對照《たいせう》して見《み》ればよいのである。此《こ》の旣見《きけん》の土地《とち》の事《こと》が成功《せいこう》すれば、追々《おひ〳〵》未見《みけん》の遠方《ゑんぱう》に進《すゝ》み、支那《しな》の奉天《ほうてん》とか南京《なんきん》とか、ロンドンか巴里《パリー》とかまで及《およ》ぼし得《う》るのである。

次《つぎ》に透覺《とうかく》の方《にふ》は、先《ま》づ姙婦《にんぷ》に對面《たいめん》して專念法《せんねんはふ》に由《よ》つて、胎兒《たいじ》の男女《だんぢよ》いづれかを判別《はんべつ》するやうな事《こと》も妙《めう》であり、或《あるひ》は病人《びやうにん》の病源《びやうげん》を透覺《とうかく》して、後《の》ちに醫師《いし》の診斷《しんだん》や、光線等《くわうせんとう》で檢診《けんしん》して對照《たいせう》するとか、或《あるひ》は隱匿物紛失物《いんとくぶつふんしつぶつ》を透覺《とうかく》するとか、練習實驗《れんしふじつけん》の方法《はうはふ》は澤山《たくさん》ある。而《しか》して之《こ》れが熟達《じゆくたつ》すれば、鑛物等《くわうぶつとう》の埋藏物《まいざうぶつ》が判明《はんめい》したり、處女《しよぢよ》であるか否《いな》か、姙娠《にんしん》の有無《うむ》、其《そ》の他《た》の種々《しゆぐ》の祕密《ひみつ》、不良者《ふりやうしや》の惡癖《あくへき》、不正者《ふせいしや》の邪念惡謀等《じやねんあくぼうとう》も明《あきら》かになり、相場等《さうばとう》は高低《かうてい》の罫《けい》線《せん》が、熱病患者《ねつびやうくわんじや》の熱度表《ねつどへう》と同《おな》じく、心眼《しんがん》に表《へう》となつて明白《めいはく》に映《えい》ずるのである。

又此《またこ》の遠感《ゑんかん》と透覺《とうかく》とが一致《ち》すれば、遠方《ゑんぱう》に在《あ》る病人《びやうにん》の病狀《びやうじやう》も判《わか》れば、逃走者《たうそうしや》や犯罪人《はんざいにん》の居所等《きよしよとう》も搜《さが》し出《だ》すことが出來《でき》るのである。

第十一段　神感豫言の祕啓

現實《げんじつ》の人間社會《にんげんしやくわい》に、善人《ぜんにん》あり惡人《あくにん》あり、高貴英明《かうきえいめい》のものあり、主君《しゆくん》あり、從屬《じうぞく》あると同《おな》じく、神祕《しんぴ》の靈界《れいかい》にも、善靈《ぜんれい》もあれば、邪靈《じやれい》もあり、神靈《しんれい》もある、而《しか》して神靈《しんれい》には、日本《にほん》の神社《じんじや》に等級《とうきふ》あるが如《ごと》く、高下《かうげ》の差別《さべつ》があり、それに幾多《いくた》の眷屬《けんぞく》が附隨《ふずゐ》して居《な》る。そこで少《すこ》し高等《かうとう》の神靈《しんれい》になれば、平常不斷《へいじやうふだん》に直接《ちよくせつ》又《また》は間接《かんせつ》に眷屬《けんぞく》卽《すなは》ち神使《しんし》を指揮《しき》して、人間界《にんげんかい》の大小正邪善惡《だいせうせいじやぜんあく》を考査《かうさ》し、正善《せいぜん》を冥護《めいご》し、邪惡《じやあく》を懲罰《ちようばつ》又《また》は矯正《けうせい》することに勉《つと》められて居《を》るのである。

自力自感《じりきじかん》の神通力《しんつうりき》が發達《はつたつ》すれば、未來《みらい》の出來事《できごと》を豫知《よち》し、或《あるひ》は人《ひと》の死期《しき》等《とう》を知《し》ることは不可能《ふかのう》ではないが、此《こ》の未來豫知《みらいよち》の事《こと》だけは、如何《いか》に神通力《しんつうりき》が向上《かうじやう》しても、人間《にんげん》として豫《よ》言《げん》するのは面白《おもしろ》くない、そこで此《こ》れは神感法《しんかんはふ》に依《よ》り、他力的神勅《たりきてきしんちよく》を受《う》くる方《はう》が妥當《だたう》である神勅《しんちよく》、天啓《てんけい》、啓示《けいじ》、又《また》は易斷《えきだん》に依《よ》つて、大本《おほもと》を體感《たいかん》し、之《こ》れに自力自己《じりきじこ》の神通判定《しんつうはんてい》を加《くは》ふれば、千に一つも誤《あやま》りはないのである。

神勅《しんちよく》を受《う》くるには、我《わ》が奉齋主神豐受稻荷大神《ほうさいしゆしんとようけいなりだいじん》竝《ならび》に神使靈狐《しんしれいこ》を勸請《くわんじやう》し、既《すで》に勸請《くわんじやう》しあれば、其《そ》の神前《しんぜん》に於《おい》て、先《ま》づ御祓《おはらひ》、次《つぎ》に靈動法《れいどうはふ》、次《つぎ》に寂默法《じやくもくはふ》を行《おこな》ひ、次《つぎ》に祈願祝詞《きぐわんしゆくし》を奏《そう》し、夫《そ》れより無我《むが》一念《ねん》の統《とう》一に入《はひ》れば、神靈《しんれい》又《また》は神使《しんし》が炳然《へいぜん》として心眼中《しんがんちう》に現《あらは》れ、念願《ねんぐわん》に關《くわん》する一種《しゆ》の暗示《あんじ》を與《あた》ふることもあり、或《あるひ》は又具體的《またぐたいてき》に明示《めいじ》することもあり、其《そ》の他種々《たしゆく》の方法《はうはふ》を以《もつ》て、其《そ》の事件《じけん》を解決《かいけつ》すべき資料《しれう》を啓示《けいじ》せらるるのである。

斯《か》くの如《ごと》き啓示《けいじ》を得《え》た上《うへ》は、それを基礎《きそ》として更《さら》に易斷《えきだん》に訴《うつた》へて、神勅《しんちよく》を審判《しんぱん》してもよし、又自己《またじこ》の神通靈能《しんつうれいのう》に依《よ》つて活斷《くわつだん》を下《くだ》してもよし、孰《いづ》れにしても適確《てきかく》に未來《みらい》の豫言《よげん》が出《で》來《き》るのである。此《こ》の豫言《よげん》が出來《でき》れば、人《ひと》に對《たい》して開運法《かいうんはふ》を示《しめ》し、凶《きよう》を轉《てん》じて福《ふく》と爲《な》し、又《また》如何《いか》なる事變《じへん》に對《たい》しても、豫《あらかじ》め適當《てきたう》の準備《じゆんび》を爲《な》し、其《そ》の場《ば》に臨《のぞ》んで周章狼狽失態《しうしやうらうばいしつたい》を演《えん》ぜぬですむ譯《わけ》である。

第十二段　靈媒憑依の神祕

　前《まへ》に述《の》べたる如《ごと》く、神祕《しんぴ》の靈界《れいかい》には、善惡高下《ぜんあくかうげ》種々《しゆ〴〵》の靈《れい》が嚴存《げんぞん》して、人間社會《にんげんしやくわい》と同《おな》じく彼此雜居同住《ひしざつきよどうぢう》して居《ゐ》る。而《しか》して下劣《げれつ》な邪靈程《じやれいほど》人間《にんげん》に近《ちか》づき、人間《にんげん》に憑依《つき》たがつて居《を》る、それが爲《た》めに人間《にんげん》は不時《ふじ》の凶災《きようさい》に遇《あ》つたり、或《あるひ》は醫藥《ゐやく》で治《ぢ》することの出來《でき》ぬ病患《びやうくわん》に罹《かゝ》ることがあるのである。

　此等《これら》の邪靈惡靈《じやれいあくれい》に對《たい》しても、此《こ》れと交靈交感《かうれいかうかん》して、其《そ》の希望《きばう》を聞《き》き、或《あるひ》は之《こ》れを慰《なぐさ》め、或《あるひ》は之《こ》れを呵責《かせき》する必要《ひつえう》がある、又更《またさら》に死者《ししや》の靈《れい》に對《たい》して交感交話《かうかんかうわ》するが如《ごと》きは、人生《じんせい》の半面《はんめん》を知《し》る絶大《ぜつたい》の妙味《めうみ》があるものである、殊《こと》に神靈《しんれい》と交感《かうかん》して啓示《けいじ》を仰《あほ》ぐが如《ごと》きは、人間《にんげん》社會《しやくわい》を天國《てんごく》に擴張《くわくちやう》するものであるから、神通力《しんつうりき》を以《もつ》て此等《これら》の各靈《かくれい》と交渉《かうせふ》し、他力他感《たりきたかん》の靈《れい》能《のう》を發揮《はつき》すべきである。

併《しか》し此《こ》の靈《れい》の交渉《かうせふ》は、自己《じこ》一人《にん》の神通力《しんつうりき》でやるよりは、それ相當《さうたう》の靈能《れいのう》を有《いう》する靈媒者《れいばいしや》即《すなは》ち中座《ちうざ》又《また》は神主《かんぬし》、或《あるひ》は乘代《じようだい》、又《また》は巫女《いちこ》等《とう》の仲介者《ちうかいしや》を置《お》き、自分《じぶん》は審神者《しんしんしや》即《すなは》ち前座《ぜんざ》としてやる方《はう》が適確《てきかく》である、靈媒者《れいばいしや》が靈《れい》の憑依《ひようい》に依《よ》つて、交話《かうわ》する事《こと》を自己《じこ》の神通靈能《しんつうれいのう》に依《よ》つて邪靈《じやれい》か正靈《せいれい》か、神靈《しんれい》か、將又《はたまた》普通《ふつう》の死者《ししや》の靈《れい》か、又其《またそ》の云《い》ふ所《ところ》、求《もと》むる所《ところ》が、果《はた》して理《り》か非《ひ》かを判斷《はんだん》し、以《もつ》て事件《じけん》を解決《かいけつ》する根本《こんぽん》を造《つく》るべきである。

此《こ》の靈媒憑依《れいばいひようい》を行《おこな》ふには、神前《しんぜん》又《また》は閑室《かんしつ》に於《お》て、靈媒者《れいばいしや》と倶《とも》に座《ざ》を定《さだ》め、降靈祈願《かうれいきぐわん》、統《とう》一專念法《せんねんはふ》を行《おこな》ひ、其《そ》の間《かん》琴《こと》又《また》は石笛《いしぶえ》を奏《そう》し、靈媒者《れいばいしや》をして次第《しだい》に無意識狀態《むいしきじやうたい》に入《い》らしむることもあれば、又《また》は靈媒者《れいばいしや》が自己《じこ》の神通靈能《しんつうれいのう》にて嚴然《げんぜん》として、人《ひと》と人《ひと》との對話《たいわ》の如《ごと》く、靈《れい》と交渉《かうせふ》を始《はじ》むるのである。審神者《しんしんしや》はそれを注意《ちうい》監視《かんし》し、或《あるひ》は質問《しつもん》を爲《な》し、或《あるひ》は詰責《きつせき》することも差支《さしつか》へないのである。

斯《か》く靈《れい》との交渉《かうせふ》が出來《でき》れば、一方《はう》には神意《しんい》を知《し》り、神勅《しんちよく》を受《う》けて、救世《きうせい》の活動《くわつどう》を爲《な》すことが出來《でき》、他方《たはう》には祟《たゝ》り障《さは》りの難病《なんびやう》を救《すく》ひ、或《あるひ》は死者幽靈《ししやいうれい》の希望《きばう》を達《たつ》せしめ、或《あるひ》は開運《かいうん》指《し》導《だう》の端的《たんてき》を獲《う》る等《さう》、其《そ》の效果《かうくわ》は甚大《じんだい》なものがあるのである。但《たゞ》し此《こ》れは自己《じこ》に神通靈能《じんつうれいのう》のないものが、妄《みだ》りにやれば迷信《めいしん》に墮《だ》し、又《また》は大《だい》なる危險《きけん》を招《まね》くから、餘程注意《よほどちうい》せねばならぬのである。

第十三段　神通と健康長壽

神通力《じんつうりき》を得《え》て、常《つね》に精神《せいしん》の統一《とう》が行《おこな》はるる者《もの》は、所謂仙人《いはゆるせんじん》とか阿羅漢《あらかん》といふものと同一《どう》の體質《たいしつ》になるのであるから、少々《せうせう》の寒暑《かんしよ》に屈《くつ》することもなく、又決《またけつ》して病氣《びやうき》に罹《かゝ》るといふことはない、一寸見《ちよつとみ》ただけでは弱々《よわよわ》しいやうにあつても、心身《しんしん》の平衡《へいかう》がとれて居《を》つて、筋肉《きんにく》と神經《しんけい》其《そ》の他諸官能諸臟腑《たしよくわんのうしよざうふ》の調節《てうせつ》が完全《くわんぜん》になつて居《を》るから、作動上無理《さくどうじやうむり》がなく、非常《ひじやう》に耐久力《たいきうりよく》が強《つよ》い、卽《すなは》ち眞《しん》の健康《けんかう》であり、又新陳代謝《またしんちんたいしや》の機能《きのう》が圓滿《ゑんまん》であるから、老衰《らうすゐ》することが、普通人《ふつうじん》の十年《ねん》と三年《ねん》といふ比較《ひかく》になるから、人生《じんせい》七十歳《さい》を定命《ぢやうみやう》とすれば、二百歳《さい》までの長壽《ちやうじゆ》を保《たも》ち得《う》るといふことになるのである。

又精神《またせいしん》の統一《とう》が出來《でき》て居《を》れば、少々空腹《せうせうくうふく》でも左程《さほど》苦痛《くつう》を感《かん》ぜぬ上《うへ》に、果物等《くだものとう》を米飯《べいはん》の代《だい》用《よう》としても差支《さしつか》へなく、一日《にち》に粥《かゆ》二杯《はい》と汁《しる》の多《おほ》い果物《くだもの》三つ、水《みづ》三合位《がふぐらゐ》でも結構《けつこう》に暮《くら》してゆけるのである、元來生命《ぐわんらいせいめい》は靈力《れいりき》であり、靈力《れいりき》は不滅《ふめつ》であるから、此《こ》の靈力《れいりき》を修養《しうやう》すれば、病魔《びやうま》の犯《をか》す餘地《よち》もなければ、不健康《ふけんかう》なる理由《りいう》もない、病患早老苦死《びやうくわんさうらうくし》は皆自分《みなじぶん》が自分《じぶん》の靈力《れいりき》を抑壓《よくあつ》し、神經《しんけい》を痛《いた》め煩悶苦惱《はんもんくなう》し、暴食無節制《ばうしよくむせつせい》で肉體《にくたい》を虐使《ぎやくし》するからである。而《しか》し斯《か》く亂《らん》暴《ばう》に心身《しんしん》を苦役《くえき》する隙《すき》に乘《じよう》じて、邪靈魔鬼《じやれいまき》が憑犯《ひようはん》するといふことになる。そこで無病强健《むびやうきやうけん》長壽《ちやうじゆ》は、精神《せいしん》の安和《あんわ》統《とう》一、肉身《にくしん》の節制正使《せつせいせいし》に在《あ》ることは云《い》ふまでもない所《ところ》である、支那《しな》の神仙彭祖《しんせんはうそ》は曰《いは》く、

和氣養神《わきやうじん》の法《はふ》は、當《まさ》に深《しん》に深《ふか》く密室《みつしつ》を鎖《とざ》し、體《たい》を安《やす》んじ席《せき》を暖《あたゝ》め、枕《まくら》の高《たか》さ二寸半《すんはん》、正身仰臥《しやうしんぎやうぐわ》し、瞑目《めいもく》して心氣《しんき》を胸腹《きやうふく》の中《なか》に閉《とざ》し、鴻毛《こうまう》を以《もつ》て鼻上《びじやう》につけ、動《うご》かざること三百息《そく》を經《へ》て、耳聞《みゝき》く處《ところ》なく、目見《めみ》る所《ところ》なく、斯《か》くの如《ごと》くなるときは則《すなは》ち寒暑《かんしよ》も侵《をか》すこと能《あた》はず、蜂蟲《ほうちう》も毒《どく》することと能《あた》はず、壽《じゆ》三百六十三歲《さい》、是《こ》れ眞人《しんじん》に近《ちか》しと。

第十四段　神通靈能の治療

統一《とう》精神《せいしん》と無我《むが》一念《ねん》の結晶《けつしやう》として神通力《しんつうりき》の發現《はつげん》を見《み》るに至《いた》り、其《そ》の通力《つうりき》が充分《じうぶん》に發達《はつたつ》すれば、遂《つひ》に六種《しゆ》の靈力《れいりき》が活躍《くわつやく》するやうになる、六種《しゆ》とは第《だい》一が靈眼《れいがん》即《すなは》ち天眼《てんがん》又《また》は神眼力《しんがんりき》である、透視《とうし》千里《り》眼《がん》隱匿《いんとく》埋藏物《まいざうぶつ》の發見《はつけん》、第《だい》二が靈耳《れいじ》で、遠方《ゑんぱう》の音聲《おんせい》や祕密《ひみつ》の話《はなし》が聞《きこ》える、鳥《てう》音獸語《おんじうご》も判《わ》かる、第《だい》三が靈手《れいしゆ》、一度《ど》手《て》を觸《ふる》れば病者《びやうしや》も起《た》つとか、猛獸《もうじう》も慴伏《しふふく》するとか、名《めい》匠《しやう》も及《およ》ばぬ書畫《しよぐわ》細工《さいく》も出來《でき》るとかいふこと、第《だい》四は靈言《れいごん》で、神靈《しんれい》幽靈《いうれい》との交話《かうわ》、其《そ》の他《た》一言《ごん》で兇賊《きようぞく》猛獸《もうじう》でも屈伏《くつぷく》するとかいふやうなこと、第《だい》五は靈嗅《れいしう》で、嗅《か》いて病氣《びやうき》でも、何《なん》でも判定《はんてい》すること、第《だい》六は靈覺《れいかく》で、人《ひと》の胸中《きようちう》でも、未來《みらい》の事《こと》でも豫知《よち》することが出來《でき》るのである。

以上《いじやう》の如《ごと》く六靈力《れいりき》が完全《くわんぜん》に揃《そろ》はぬでも、靈眼《れいがん》の一部《ぶ》の透視《とうし》や、靈覺《れいかく》の一つの透覺《とうかく》が出來《でき》ればそれで大抵《たいてい》な應用《おうよう》は出來《でき》る、此《こ》の透視《とうし》透覺《とうかく》を患者《くわんじや》に應用《おうよう》するには、直接《ちよくせつ》と間接《かんせつ》とある直接《ちよくせつ》は患者《くわんじや》に接《せつ》して見《み》るもの、間接《かんせつ》は遠方《ゑんぱう》に在《あ》つて患者《くわんじや》の寫眞《しやしん》や衣類等《いるゐとう》を見《み》るか、又《また》は話《はなし》を聞《きい》て判定《はんてい》するのである。

精神統《せいしんとう》一をやつて患者《くわんじや》に對《たい》すれば、患者《くわんじや》の體內《たいない》は透《す》き通《とほ》つて能《よ》く見《み》える、或《あるひ》は胃《ゐ》の下垂《かすゐ》或《あるひ》は子宮《しきう》鬱血《うつけつ》、或《あるひ》は胎兒《たいじ》の動作《どうさ》、或《あるひ》は腎臟《じんざう》の固形物《こけいぶつ》等《とう》X光線《くわうせん》以上《いじやう》に明瞭《めいれう》である。それで此《こ》の透視《とうし》に由《よ》つて病源《びやうげん》を決定《けつてい》し、或《あるひ》は醫藥《いやく》、或《あるひ》は溫浴等《おんよくとう》それ〳〵適切《てきせつ》の方法《はうはふ》を指示《しじ》し、又神《またしん》經病《けいびやう》や邪靈等《じやれいとう》の祟《たゝ》り障《さは》りのある場合《ばあひ》は、神力加持《しんりきかぢ》の修法《しつはふ》に由《よ》つて、直接祈禱又《ちよくせつきたうまた》は間接祈禱《かんせつきたう》を行《おこな》へば、百中《ちう》百發《はつ》一つも誤《あやま》ることはないのである。

又狂人《またきやうじん》とか惡癖《あくへき》のあるものは、腦《なう》のいづれの部分《ぶぶん》に故障《こしやう》があるとか、或《あるひ》は如何《いか》なる祟《たゝ》りがあるとかいふことを透視《とうし》透覺《とうかく》して、從來《じうらい》の加持祈禱者《かぢきたうしや》のやうに、打《う》つとか監禁《かんきん》するとかいふやうな、無理《むり》亂暴《らんばう》なことをせずに、極《きは》めて平穩妥當《へいおんだたう》の方法《はうはふ》で治術《ちじゆつ》を行《おこな》ふと、同時《どうじ》に又《また》一方《はう》には靈動《れいどう》一念法《ねんはふ》を授《さづ》けて、自感的《じかんてき》治癒《ぢゆ》の道《みち》を執《と》らしむるやうにするのである。

第十五段　靈覺活現と開運

善良英明《ぜんりやうえいめい》であつても、不幸不運《ふかうふうん》の人《ひと》が澤山《たくさん》ある、一寸見れば如何《いか》にもお氣《き》の毒《どく》であるが併《しか》し能《よ》く探究《たんきう》すれば、不幸《ふかう》には不幸《ふかう》になるだけの因由《いんゆ》がある。卽《すなは》ち自己《じこ》の心身《しん〳〵》のいづれにか缺陷《けつかん》があるとか、家庭又《かていまた》は周圍《しうゐ》に何等《なんら》かの故障《こしやう》があるとか、祖先以來《そせんいらい》の惡因緣《あくいんねん》とか、或《あるひ》は不用意《ふようい》から起《おこ》る祟《たゝ》り障《さは》りとかいふやうな、普通《ふつう》のものでは多《おほ》く氣《き》の付《つ》かぬ厄介物《やくかいもの》が、蔭《かげ》に隠《かく》れて人《ひと》の運命《うんめい》を操《あやつ》て居《を》るのである、それを神通力透覺《しんつうりきとうかく》に達《たつ》したものが見《み》れば、一見《けん》して直《たゞ》ちに其《そ》の不幸不運《ふかうふうん》の原因《げんいん》が判明《はんめい》するのである。勿論此《もちろんこ》の透覺《とうかく》にも直接其《ちよくせつそ》の人《ひと》や、其《そ》の家庭《かてい》を見《み》て判定《はんてい》するのと、寫眞《しやしん》や記錄文書等《きろくぶんしよとう》に依《よ》つて、遠方《ゑんはう》から鑑定《かんてい》するのとあるが、それはどちらでも効果《かうくわ》に差異《さい》はない、又判定《またはんてい》の方法《はうはふ》としても、自感自力《じかんじりき》の神通靈能《しんつうれいのう》でやつてもよければ、他力神感神啓法《たりきしんかんしんけいはふ》を以《もつ》てしてもよい、或《あるひ》は靈感交話《れいかんかうわ》の方法《はうはふ》を用《もち》ひ、更《さら》に之《こ》れを易占神勅《えきせんしんちよく》に訴《うつた》へて見《み》てもよい。

斯《か》く神通靈感《しんつうれいかん》に依《よ》つて、不幸不運《ふかうふうん》の人《ひと》を透覺《とうくわく》すれば、本人《ほんにん》なり家庭《かてい》なりに何等《なんら》かの缺陥《けつかん》があるか、又《また》は祖先《そせん》の惡因緣《あくいんねん》があるか、祟《たゝ》り障《さは》りがあるか、或《あるひ》はそれ等《ら》の二つも三つも重《かさ》なり合《あつ》て居《を》ることもある。それで其《そ》の原因《げんいん》を明《あき》らかにして、其《そ》の災厄《さいやく》の消解《せうかい》する方法《はうはふ》を講《かう》じ、或《あるひ》は神力加被冥護《しんりきかひめいご》の祈禱《きたう》をするとか、或《あるひ》は自家矯正術《じかけうせいじゆつ》を勵行《れいかう》するとか、怨念退散法《えんねんたいさんはふ》を修《しう》するとか、それ〳〵適合《てきがふ》の手段《しゆだん》を盡《つく》し、更《さら》に如何《いか》なる事業《じげふ》、如何《いか》なる方法《はうはふ》を以《もつ》てすれば開運成功《かいうんせいこう》すべきかといふ神啓《しんけい》なり、靈感《れいかん》なりを受《う》けて、更生《かうせい》一新《しん》すれば、其《そ》の人《ひと》は此《こ》れまでの不運《ふうん》に引《ひ》き代《か》へ、旭日昇天《きよくじつしようてん》の勢《いきほひ》で大《おほい》に發達繁榮《はつたつはんえい》するのである。

更《さら》に又此《またこ》の透覺法《とうかくはふ》を以《もつ》て、入學試驗《にふがくしけん》の及落《きふらく》を判定《はんてい》し、如何《いか》にすれば必《かなら》ず入學《にふがく》し得《う》るかの方策《はうさく》を指示《しじ》することも出來《でき》れば、相場《さうば》の高低《かうてい》、勝負事《しようぶごと》の必勝法等《ひつしようはふとう》をも明示《めいじ》するに難《かた》くない又學生《またがくせい》が如何《いか》なる學科《がくくわ》を修《をさ》むべきかを、其《そ》の性能《せいのう》と對照《たいせう》して決定《けつてい》することや、此《こ》の人《ひと》は如何《いか》なる業務《げふむ》に就《つ》けば成功《せいこう》する等《とう》の透覺《とうかく》は、尤《もつと》も人生世道《じんせいせだう》に益《えき》するものである。

第十六段　病氣全治の一班

一、前年暮《ぜんねんく》れ神前《しんぜん》に於《おい》て、神通練行中《しんつうれんぎやうちう》、忽然靈感《こつねんれいかん》あり、明日瀕死《あすひんし》の病人《びやうにん》の爲《た》め、易斷《えきだん》を求《もと》むる者《もの》あり、之《こ》れは醫師《いし》の誤診故《ごしんゆゑ》、醫《い》を代《か》へさすべしと、翌日正午果《よくじつしやうごはた》して易斷《えきだん》を乞《こ》ふものがあつた、卜筮《ぼくぜい》の示《しめ》す所《ところ》も亦前日《またぜんじつ》の靈感《れいかん》と同意義《どういぎ》であつたから、懇《ねんごろ》に諭《さと》して醫《い》を代《か》へさせた所《ところ》、流石《さすが》の病人《びやうにん》も忽《たちま》ち全快《ぜんくわい》し、十日《か》に自《みづか》ら參詣《さんけい》し、一ヶ月目《げつめ》には參籠《さんらう》して報賽《はうさい》の誠《まこと》を捧《さゝ》げたのである。

二、神誠教信徒川本氏《しんせいけうしんとかはもとし》の一子《し》、七歳《さい》の小兒《せうに》が、强烈《きやうれつ》の痙攣《けいれん》にかかり、醫藥《いやく》も何等其《なんらそ》の效《かつ》なく、兩親兄弟《りやうしんきやうだい》も小兒《せうに》の苦痛《くつう》を見《み》るのみにて、施《ほどこ》す術《すべ》なく、呆《あき》れ惑《まど》うて居《を》つたが、不圖神《ふとしん》助《じよ》を仰《あほ》ぐべしと心付《こゝろづ》き、兄《あに》が馳《に》せ來《き》たつて懇願《こんぐわん》するので、統一法《とういつはふ》に由《よ》り病因《びやういん》を判《はん》じ、間接《かんせつ》祈禱《きたう》を行《おこな》ひ神符《しんぷ》を授《さづ》けたが、兄《あに》が喜《よろこ》んで歸《かへ》り着《つい》た時《とき》は、弟《おとうと》は床上《とこうへ》に起《おき》て笑《わら》ひ居《を》り、一時間《じかん》前卽《ぜんすなは》ち丁度《ちやうど》祈禱《たう》の頃《ころ》より、苦惱《くなう》が去《さ》り、兄《あに》の足音《あしおと》を聞《き》くと倶《とも》に起《お》き出《で》たとのことで、兄《あに》は二度《ど》三度《ど》吃驚《びつくり》したのであつた。

三、東京市外落合住《とうきやうしぐわいおちあひぢう》の原田氏《はらだし》は、七年間《ねんかん》も呼吸病《こきふびやう》に惱《なや》まされ、昨冬《さくとう》は最早生存覺束無《もはやせいぞんおぼつかな》しと自覺《じかく》し、最後《さいご》の思出《おもひで》に、一度《ど》神助《しんじよ》を乞《こ》はんと決心《けつしん》せしも、參詣《さんけい》も自由《じいう》にならぬので、妻女《さいぢよ》が代《かはつ》て參拜《さんはい》せられた、依《よつ》て先《ま》づ易斷《えきだん》を以《もつ》て神意《しんい》を仰《あほ》ぎしに、全快《ぜんくわい》といふことであつたから、其《そ》の旨《むね》を告《つ》げ、統《とう》一專念祈願《せんねんきぐわん》を凝《こ》らせしに、一回毎《くわいごと》に生氣《しやうき》を回復《くわいふく》し、三日《か》に一回宛《くわいづつ》都合《がふ》七回《くわい》、二十一日目《にちめ》には、折柄《をりから》の寒風雨《かんぷうう》を冒《おか》して、本人自《ほんにんみづか》ら參詣《さんけい》し、其《そ》の夜《よ》は神殿《しんでん》に籠《こも》りて祈誦《きしやう》を凝《こ》らし、今日《こんにち》は根本的《こんぽんてき》に全快《ぜんくわい》し、日《ひ》々會社《くわいしや》に出勤《しゆつきん》せられて居《ゐ》る。

四、東京府下王子町《とうきやうふかわうじまち》の名家《めいか》、八島某《しよほう》の妻女《さいぢよ》五十八歲《さい》、兩《りやう》三年前《ねんぜん》より難治《なんち》の病氣《びやうき》に罹《かゝ》り、昨年《さくねん》十月《ぐわつ》には、名醫《めいい》も全然匙《ぜんくさじ》を投《な》げ、如何《いか》に手《て》を盡《つく》しても、最早《もはや》五日《か》以上《いじやう》の存命《ぞんめい》は六かしとて、親戚舊故《しんせききうこ》一同枕許《どうまくらもと》に寄《よ》り集《つど》ひ、涙《なみだ》を催《もよほ》して只《た》だ〳〵死期《しき》を待《ま》つのみであつた。折柄《をりから》予《よ》は他用《たよう》に見舞《みまひ》を兼《か》ねて同家《どうけ》を訪《と》ふ所《ところ》、かく〳〵の次《し》第《だい》ゆゑ、先生《せんせい》の神判《しんはん》を乞《こ》ふとの事故《ことゆゑ》早速神前《さつそくしんぜん》に向《むか》ひ統《とう》一法《はふ》を行《おこな》ひ、靈感《れいかん》を求《もと》めしに、病《やまひ》は平癒《へいゆ》す、七日目《かめ》より快復《くわいふく》の徵候現《ちようこうあら》はるとのことであつたから、其《そ》の報《はう》を告《つ》げたけれど、一同《どう》は容易《ようい》に信《しん》ぜなかつたが、三日《か》經《たつ》ても變調《へんてう》なく、五日《か》に至《いた》つても死《し》なず、果《はた》して七日目《かめ》より少《すこ》し元氣付《げんきづ》き、一ケ月《げつ》の後《の》ちには全快《ぜんくわい》して、今尚《いまな》ほ健在《けんざい》である。

五、靜岡縣沼津市《しづをかけんぬまづし》の高木氏《たかぎし》は、六十七歳《さい》の高齢《かうれい》であり、アルコール中毒《ちうどく》が原因《げんいん》で、中風《ちうふう》症《しやう》に罹《かゝ》り、全身不隨《ぜんしんふずゐ》と爲《な》り、言語《げんご》をも發《はつ》することが出來《でき》ず、飲食《いんしよく》も進《すゝ》まず、病床《びやうしやう》に在《あ》ること二ケ月《げつ》、身體《しんたい》は日《ひ》々衰弱《すゐじやく》し、精神《せいしん》は全《まつ》たく朦朧《もうろう》として、名醫《めいい》も最早《もはや》施《ほどこ》す術《すべ》なく、此《こ》の儘《まゝ》にて十日《か》保《たも》つか、二十日《か》もつか、要《えう》するに死《し》は決定的《けつていてき》で、只《た》だ日數時間《にちすうじかん》の問題《もんだい》であるといふことになつて居《を》つた。然《しか》るに其《そ》の次男《じなん》は非常《ひじやう》の敬神家《けいしんか》で、神力《しんりき》に依《よつ》て父《ちゝ》の病《やまひ》を癒《なほ》したいと祈念《きねん》し、本教會《ほんけうくわい》に態々《わざ〳〵》參詣《さんけい》して、其《そ》の旨《むね》を申出《まをしいで》たので、先《ま》づ神易《しんえき》に依《よ》つて、病氣平癒《びやうきへいゆ》の卦《け》を得《え》、更《さら》に神通靈能《しんつうれいのう》に依《よ》つて醫《い》を更《あらた》むべきを注意《ちうい》し、神力加被間接祈禱《しんりきかひかんせつきたう》を行《おこな》ふこと五日《か》にして、さしも半死《はんし》の大病人《たいびやうにん》も一日《いちにち》々々《〳〵》と元氣付《げんきづ》き、十日《か》よりは飲食《いんしよく》も進《すゝ》み、十七日《にち》よりは言語《げんご》も快活《くわいくわつ》に、視聽《しちやう》も舊《きう》に復《ふく》し、三十五日目《にちめ》には起《た》ちて室内《しつない》を歩行《ほかう》し、大小便《だいせうべん》にも自《みづか》ら通《かよ》ふやうになつて、今日《こんにち》では殆《ほと》んど全治《ぜんぢ》し、壯者《さうしや》と異《かは》りないまでになり、自《みづか》ら參詣報賽《さんけいはうさん》せられたのである。

第十七段　豫言的中の實證

一、大正《たいしやう》十一年《ねん》十二月《ぐわつ》、神靈法《しんれいはふ》に於《おい》て精神統一《せいしんとういつ》凝念《ぎねん》の折柄《をりから》、忽《たちま》ち靈感《れいかん》あり、明後夕刻《みやうごゆふこく》淺草某町《あさくさぼうちやう》に火災起《くわさいおこ》る、友人某宅危《いうじんぼうたくあやふ》しとのことに付《つ》き、其《そ》の趣《おもむき》を告《つ》げ知《し》らせるに、友人《いうじん》は嘲《あざけ》り笑《わら》つて居《を》つたが、それでも多少心《たせうこゝろ》に掛《か》かつたと見《み》え、幾分《いくぶん》か用意《ようい》して居《を》つた、果然同刻《くわぜんどうこく》に火災《くわさい》があつた、友人《いうじん》の家《いへ》も燒《やけ》たが、家財《かざい》も人命《じんめい》は無事《ぶじ》であつた。

二、或時門弟《あるときもんてい》の病氣《びやうき》に就《つい》て、靈感《れいかん》を求《もと》めたが、今《いま》は極《きは》めて輕《かる》いやうであるが、三日目《かめ》には死《し》ぬるとのことに付《つ》き、二三の者《もの》に其《そ》の旨《むね》を告《つ》げ、勉《つと》めて病人《びやうにん》を慰藉《ゐしや》せしめたるに、一同《どう》は口《くち》を揃《そろ》へて病氣《びやうき》は何《なん》でもない、只《た》だ頭《あたま》の工合《ぐあひ》が少《すこ》し惡《わる》いだけで、飯《めし》も食《く》ひ、歩行《ほかう》も出《で》來《き》、就褥《しうじよく》するまでになつて居《を》らぬ、然《しか》るを三日限《かかぎ》りの生命《いのち》とは怪《あや》しいと云《い》つて信《しん》じなかつたが、俄然《がぜん》三日目《かめ》の朝《あさ》から急變《きふへん》して、其《そ》の夕刻遂《ゆふこくつひ》に死《し》んだ、併《しか》し靈感《れいかん》の爲《た》め、遇《あ》ふべき者《もの》にも遇《あ》ひ、言《い》ふべきことも言《い》ひ、用意《ようい》はして居《を》つたので、安心《あんしん》して瞑目《めいもく》したのである。

三、一月始《ぐわつはじ》めに相場師《さうばし》の依頼《いらい》に應《おう》じて、米價《べいか》の騰落《たうらく》を判《はん》じ、序《つひで》に天地《てんち》の變異《へんい》を伺《うかが》ふた所《ところ》三四日《か》の間《あひだ》に北陸《ほくりく》海邊《いへん》が大《おほい》に荒《あ》れるといふので、急《いそ》いで書《しよ》を飛《と》ばし、郷里《きやうり》の知人《ちじん》に告《つ》げたが、その書面《しよめん》の到著《たうちやく》した時《とき》は、既《すで》に暴風《ばうふう》が襲來《しうらい》しやうとする頃《ころ》であつたけれど、之《こ》れに由《よ》つて一層《そう》警戒《けいくわい》を嚴重《げんぢう》にした爲《た》め、知人等《ちじんら》は他《た》よりか損害《そんがい》が少《すく》なかつたといつて、其《そ》の後《こ》態《わざ》態《わざ》出京《しゆつきやう》して報賽《はうさい》した。

四、又《また》其《そ》の頃《ころ》大阪在《おほさかざい》の未知《みち》の人《ひと》から、長々《なが〱》曰《いは》く因縁付《いんねんつき》の書状《しよじやう》を寄《よ》こし、出京入門《しゆつきやうにふもん》したいといふので、易斷《えきだん》と倶《とも》に靈感《れいかん》を試《こゝろ》みた所《ところ》、其《そ》の人《ひと》には惡意《あくい》があるといふので、早速謝斷《さつそくしやだん》の返事《へんじ》を出《だ》したが、行違《ゆきちが》ひに本人《ほんにん》は上京《じやうきやう》して、強《しひ》て賴《たの》むので、其《そ》の儘置《まゝお》いた所《ところ》が、六日目《かめ》の夕刻《いふこく》何《なん》の挨拶《あひさつ》もなく立《た》ち去《さ》つて歸《かへつ》て來《こ》ぬ上《うへ》、紛失物《ふんしつもの》も二三あつた、併《しか》し注意《ちうい》して居《を》つたから大《たい》したことはなかつた。

五、一月下旬《ぐわつげじゆん》神前《しんぜん》で統《とう》一法《はふ》をやつて居《を》ると、明後日夜《みやうごにちよ》中信者某家《なかしんじやぼうけ》に盜難《たうなん》がある、財《ざい》を與《あた》へなければ傷《きず》つくとの靈感《れいかん》があつた。併《しか》し此《こ》れは公表《こうへう》するのも如何《いかん》と思《おも》つて居《を》つた所《ところ》に、其《そ》の日《ひ》の朝《あさ》に至《いた》り同家《どうけ》の子息《しそく》が參詣《さんけい》したのだ、それとなく注意《ちうい》したが、子息《しそく》は一向信《かつしん》ぜぬ様子《やうす》であつた。然《しか》るに果《はた》して其《そ》の夜《よ》竊盜《せつたう》が這入《はい》つて、財《ざい》を持《も》ち去《さ》らうとした所《ところ》に、例《れい》の悴《せがれ》が丁度他《ちやうどた》から歸《かへ》り合《あは》せたので、忽《たちま》ち居直《ゐなほ》り強盜《がうたう》と變《へん》じ、悴《せがれ》を傷《きず》つけた上《うへ》に、財《ざい》をも奪《うば》うて去《さ》つた。

六、其《そ》の頃又信者《ころまたしんじや》であり、且《か》つ懇意《こんい》な家《いへ》の娘《むすめ》の結婚《けつこん》に就《つい》て、吉凶《きちきよう》を見《み》て呉《く》れとのことで易断《えきだん》を求《もと》めた所大凶《ところだいきよう》と出《で》たので、其《そ》の趣《おもむき》を告《つ》げた所《ところ》、凶《きよう》なる筈《はづ》はない、非常《ひじやう》に釣合《つりあひ》のよいこと、婿《むこ》の立派《りつぱ》なことを具體的《ぐたいてき》に述《の》べるので、今度《こんど》は統《とう》一法《はふ》に依《よ》り神感《しんかん》を乞《こ》うた所《ところ》、矢張《やは》り易断《えきだん》と同《おな》じく大凶《だいきよう》とあつたが、結局結婚《けつきよくけつこん》してしまつた。然《しか》るに十日餘《かあま》りで、夫《をつと》は不慮《ふりよ》の事件《じけん》から入獄《にふごく》し、妻《つま》は不治《ふち》の病《やまひ》をうけて、今尚《いまな》ほ入院中《にふゐんちう》である。

七、一月中頃《ぐわつなかごろ》、一富豪《ふがう》がやつて來《き》て、某會社《ぼうくわいしや》の創立委員長《さうりつゐゐんちやう》となるの可否判断《かひはんだん》を求《もと》められたので、幾《いく》百萬《まん》といふ金《かね》に關《くわん》する事《こと》であるから、非常《ひじやう》に大事《だいじ》を取《と》つて、易断《えきだん》と靈感《れいかん》と兩方《りやうはう》やつたが、いづれも大損害《だいそんがい》、全財産《ぜんざいさん》の半分以上《はんぶんいじやう》を失《うしな》ふといふので、其《そ》の趣《おもむき》を明示《めいじ》した所《ところ》、某《ぼう》は大《おほい》に驚《おどろ》き、百方委員長《はうゐゐんちやう》を辭《じ》したが、機既《きすで》に遅《おく》れ、止《や》むを得《え》ず就任《しうにん》した、然《しか》る所《ところ》一方《はう》には不景氣《ふけいき》、一方《はう》には惡委員《あくゐゐん》といふ工合《ぐあひ》で、創立費《さうりつひ》の五萬餘圓《まんよゑん》と、引受株金《ひきうけかぶきん》の八萬餘圓《まんよゑん》を全《ぜん》部棒《ぶぼう》に振《ふ》つてしまつた。

八、岩城國氣仙郡越喜村葦澤長次郎氏《いはきのくにきせんぐんこしきならゐざはちやうじらうし》は我《わ》が神誠教會《しんせいけうくわい》の布教師《ふけうし》であつたが、前年九月出京《ぜんねんぐわつしゆつきやう》して、鶴見海岸安藤格衞氏宅《つるみかいがんあんどうかくゑしたく》に滯在《たいざい》して居《を》つた、其《そ》の十月一日午前四時予《ぐわつにちごぜんじよ》は靈感《れいかん》に依《よ》つて、來《きた》る五日《か》に葦澤氏《ゐざはし》が死去《しきよ》するといふことを知《し》つたので、其《そ》の翌日安藤氏《よくじつあんどうし》の店員《てんゐん》が來《き》たから、其《そ》の事《こと》を話《はな》して、葦澤氏《ゐざはし》の様子《やうす》を聞《きい》た所《ところ》、同氏《どうし》は非常《ひじやう》に元氣《げんき》で、昨日種々《さくじつしゆ〲》の買物《かひもの》を爲《な》し、今朝歸郷《こんてうきゝやう》せられたとのことであつたが、三日《か》に至《いた》り急病《きふびやう》の電報《でんぽう》が來《き》たり、五日《か》には遂《つひ》に死去《しきよ》したのである。

第十八段　佛教の神通說

神通《しんつう》といふ語《ことば》は、佛教《ぶつけう》の八千餘卷《よくわん》の經論《きやうろん》に、どれにも見《み》えて居《を》る、支那《しな》の道教《だうけう》でも神通《しんつう》や神仙《しんせん》といふ語《ことば》が多《おほ》く用《もち》ひてある、佛教《ぶつけう》の神通《しんつう》はジンヅウと讀《よ》み、不測不障《ふそくふしやう》といふ意味《いみ》である、即《すなは》ち神變不思議《しんぺんふしぎ》、不障無碍《ふしやうむがい》の力《ちから》といふことになるのである、法華經《ほけきやう》の序品第《じよほんだい》一には深《ふか》く禪定《ぜんぢやう》を修《をさ》め、五神通《しんつう》を得《う》るとあり、大日經成就悉地品第《だいにちきやうじやうじゆしつちほんだい》七には、五神通《しんつう》を起《おこ》すとあり華嚴經《けごんきやう》や大毘婆娑論《だいいはしやろん》にも、五神通《しんつう》を擧《あ》げ、阿含經《あうんきやう》、倶舍論《ぐしやろん》、瑜伽師地論《ゆかしちろん》、大智度論等《だいちころんとう》には六神通《しんつう》を說《と》き、其《そ》の他各經論《たかくきやうろん》に五神通《しんつう》十明等《みやうとう》が說《とい》てある、併《しか》し一般《はん》に云《い》ふ所《ところ》は六神通《しんつう》である。

一、天眼智證通《てんがんちしようつう》、單《たん》に天眼通《てんがんつう》といふ、此《こ》の内《うち》に死生智《ししやうち》を含《ふく》む

二、天耳通《てんじつう》

三、宿命通《しゆくめいつう》

四、他心通《たしんつう》

五、神足通《しんそくつう》、神境《しんきやう》、身如意《しんによい》ともいふ

六、漏盡通《ろうじんつう》、此《こ》れは煩惱滅盡《はんなうめつじん》の證智《しようち》で、佛《ほとけ》より他《た》は出來《でき》ぬのである。

通《つう》とは智所成《ちしよせい》の德《とく》である、卽《すなは》ち智自所緣《ちじしよえん》の境《さかひ》に於《おい》て、無倒《むたう》に了達《れうたつ》し、妙用無礙《めうようむげ》なれば通《つう》と名《な》づくといひ、前《まへ》の五通《つう》は聲聞緣覺《ぜうもんえんかく》卽《すなは》ち阿羅漢《あらかん》等でも、又《また》は人間《にんげん》でも修行《しゆぎやう》に由《よ》つて出來《でき》るが、第《だい》六の漏盡通《ろうじんつう》だけは、成佛《じやうぶつ》の初位《しよゐ》に達《たつ》せねば成就《じやうじゆ》しない、其《そ》の他《た》は先天的《せんてんてき》に有《いう》する生得力《せいとくりき》と、後天的《こうてんてき》の加行力《かかうりき》、卽《すなは》ち勤修《ごんしう》とに由《よ》つて得《え》らるゝものとしてある、更《さら》に又神通《またじんつう》の直接動因《ちよくせつどういん》は禪定《ぜんぢやう》に依《よ》るべきものとし、禪《ぜん》は禪那《ぜんな》といひ、靜思寂靜《せいしじやくせい》と譯《やく》し、心一境性《しんいちきやうせい》の義《ぎ》で能緣《のうえん》の心《こゝろ》をして所緣《しよえん》の一境《きやう》に專注《せんちう》せしむる法《はふ》である。

又《また》俱舍論《ぐしやろん》には、前《まへ》五通《つう》は四禪《ぜん》卽《すなは》ち四靜慮《せいりよ》に依《よ》るが、漏盡通《ろうじんつう》に限《かぎ》りて、十一地《ち》四靜慮《せいりよ》、未《み》至《し》、中間《ちうかん》、四無色《むしよく》に依《よ》りてのみ起《おこ》るといつてある、要《えう》する第《だい》六は別《べつ》として、前《まへ》の五神通《しんつう》は

禪定《ぜんぢやう》即《すなは》ち精神統《せいしんとう》一、無我《むが》一念《ねん》に依《よ》つて、誰《た》れでも成就《じやうじゆ》し得《う》るといふのである。

大智度《だいちど》に曰《いは》く、先《ま》づ天眼《てんがん》を得《え》て衆生《しゆじやう》を見《み》るも、而《し》かも其《そ》の聲《こゑ》を聞《き》かざるが故《ゆゑ》に天耳通《てんじつう》を求《もと》む、已《すで》に天眼天耳《てんがんてんじ》を得《え》て、衆生《しゆじやう》の身形音聲《しんけいおんせい》を見知《みし》するも、而《し》かも語音種々愛喜苦樂《ごおんしゆ〴〵あいきくらく》の辭《じ》を解《かい》せず、故《ゆゑ》に辭無礙智《じむぎち》を求《もと》む、但《た》だ其《そ》の辭《ことは》を知《し》りて而《し》かも其《そ》の心《こゝろ》を知《し》らず、故《ゆゑ》に他心通《たしんつう》を求《もと》む、其《そ》の心《こゝろ》を知《し》り已《なは》れども未《いま》だ本所從未來《ほんしよじゆうみらい》を知《し》らず、故《ゆゑ》に宿命通《しゆくめいつう》を求《もと》む、已《すで》に所來《しよらい》を知《し》れども、其《そ》の心痛《しんつう》を治《ぢ》せんと欲《ほつ》す、故《ゆゑ》に漏盡通《らうじんつう》を求《もと》む、五通具足《つうぐそく》すれども變化《へんくわ》する能《あた》はず、故《ゆゑ》に所度《しよど》未《いま》だ廣《ひろ》からず、邪見《じやけん》と大福德《だいふくとく》の人《ひと》とを降化《かうくわ》すること能《あた》はず、是《こ》の故《ゆゑ》に如意神《によいしん》通《つう》を求《もと》む、應《おう》に是《か》くの如《ごと》く次第《しだい》すべし……何《なに》を以《もつ》ての故《ゆゑ》に先《ま》づ如意神通《によいしんしん》を求《もと》むるや、答《こた》へて曰《いは》く、衆生麁者《しゆじやうろくしや》多《おほ》く細者《さいしや》少《すくな》し、是《かく》の故《ゆゑ》に先《ま》づ如意神通《によいしんつう》を以《もつ》てす。

華嚴經《けごんきやう》に曰《いは》く、聖者《せいじや》は禪定《ぜんぢやう》を修《しう》するに依《よ》つて、五神祕力《しんひりき》を具《そな》へ得《う》、一は身體動作《しんたいどうさ》の自由《じいう》にて、能《よ》く世界《せかい》を動《うご》かし、又《また》一身《しん》より多身《たしん》を現《あら》はし、多身《たしん》を一身《しん》に攝《せつ》する等出沒自在《とうしゆつぼつじざい》にして、或《あるひ》は岩石《ぐわんせき》の中《うち》を過《す》ぎ、或《あるひ》は鳥《とり》の如《ごと》く空中《くうちう》を飛《と》び、或《あるひ》は水上《すゐじやう》を歩行《ほかう》し、或《あるひ》は地中《ちちう》に沒《ぼつ》し或《あるひ》は身《み》より火炎《くわえん》を出《いだ》し、變現出沒自在《へんげんしゆつぼつじざい》なるを神足《しんそく》といふ、二は聽覺《ちやうかく》の偉力《ゐりよく》で、天人《てんじん》に勝《まさ》る聽力《ちやうりよく》を得《え》て、人天《じんてん》一切《さい》の音聲《おんせい》の遠近《ゑんきん》を識別《しきべつ》する等《とう》を天耳通《てんじつう》といふ、三は優《すぐ》れたる讀心力《どくしんりき》で他人《たにん》の心《こゝろ》を自在《じざい》に觀破《くわんは》して誤《あやま》ることがない、之《こ》れを他心通《たしんつう》といふ、四は過去《くわこ》の宿命《しゆくめい》を知《し》る力《ちから》で、過去《くわこ》幾《いく》百萬年《まんねん》の盛衰興亡《せいすゐこうばう》や、自身及《じしんおよ》び一切生類《さいせいるゐ》の過去《くわこ》、生死流轉《しやうしるてん》のあと等《とう》を知《し》る、之《こ》れを宿命通《しゆくめいつう》といふ、五は眼力《がんりき》の優越《いうゑつ》で、一切生類《さいせいるゐ》の生死苦樂《せいしくらく》の相《さう》、貴賤美醜《きせんびしう》の狀《じやう》を透見《とうけん》する、之《こ》れを天眼通《てんがんつう》といふ。

又倶舍論《またぐしやろん》や華《け》嚴經等《ごんきやうとう》には、智《ち》に付《つい》て曰《いは》く、智《ち》とは何《なん》ぞやといふに、先《ま》づ智《ち》と識《しき》とを分別《ふんべつ》せねばならぬ、識《しき》は物《もの》を知《し》るといふだけのもので、體驗《たいけん》のない智識《ちしき》である。智《ち》は體驗智《たいけんち》で叡智《えいち》である、書物《しよもつ》を多《おほ》く讀《よ》んだのでは、單《たん》に物識《ものしり》といふに過《す》ぎぬ、識《しき》の及《およ》ばぬ所《ところ》を智《ち》が知《し》ると說《とい》て居《ゐ》る。

又《また》四靜慮《せいりよ》に就《つい》て、聖者《せいじや》は敎《をしへ》を聞《きい》て散亂《さんらん》する心《こゝろ》を制《せい》し、靜《しづか》に安座《あんざ》して默想《もくさう》し、聖旨《せいし》のままに修行《しゆぎやう》し、佛道《ぶつだう》を完《まつた》ふし得《う》るが、口說《くぜつ》の徒《と》はその門戶《もんこ》さへ窺《うかが》ひ得《え》ぬ、要《えう》は議論《ぎろん》を捨《す》てて實行《じつかう》を選《えら》ぶに在《あ》りとして居《を》る、全體《ぜんたい》四靜慮即《せいりよすなに》ち四禪《ぜん》といふのは、色界《しきかい》の四禪天《ぜんてん》、即ち天上界《すなはてんじやうかい》二十八天《てん》の中《うち》の第《だい》七天《てん》より二十四天《てん》までの十八天《てん》を指《さ》したもので、初禪《しよぜん》二禪《ぜん》三禪《ぜん》が各々《おのおの》三天《てん》宛《づつ》で九天《てん》、四禪《ぜん》が九天《てん》で合計《がふけい》十八天《てん》である、此等《これら》の天人《てんじん》は皆禪定《みなぜんぢやう》の力《ちから》に依《よ》つて、それ相當《さうたう》の天上界生活《てんじやうかいせいくわつ》をして居《を》るのである、今其《いまそ》の境界《きやうかい》を示《しめ》せば、

初禪《しよぜん》は　感覺情意《かんかくじやうい》の慾《よく》を捨《す》て、直觀推理《ちよくくわんすゐり》の二つで淨《きよ》め、意識《いしき》は明瞭《めいれう》に、身心《しんしん》の喜樂《きらく》のみを覺《おぼ》え、苦痛《くつう》はない。

二禪《ぜん》は　直觀《ちよくくわん》も推理《すゐり》も滅《めつ》し、心《こゝろ》を一境《きやう》に專注《せんちう》し、唯《た》だ喜樂《きらく》の感《くわん》のみある定境《ちやうきやう》に入《い》る。

三禪《ぜん》は　感情《かんじやう》や分別《ふんべつ》作用《さよう》を離《はな》れ、專《もつぱ》ら意志《いし》の活動《くわつどう》と情操《じやうさう》の樂《らく》を受《う》くるのである。

四禪《ぜん》とは　苦樂《くらく》一切《さい》の感情作用《かんじやうさよう》は放斷《はうだん》せられ、たゞ意思《いし》のみ動《うご》く、清淨平等《せいじやうびやうどう》の境地《きやうち》に進《すゝ》むのである。

又通力《またつうりき》の五種類《しゆるゐ》といふがある。

一、道通《だうつう》、中通《ちうつう》の理《り》を證《しよう》して後《の》ち能《よ》く大用《たいよう》を起《おこ》し、無心《むしん》にして物《もの》に應《おう》じ、萬有《はんいう》を化《くわ》すること、なほ影像水月《えいざうすゐげつ》の如《ごと》く定體《ちやうたい》あることなきをいふ

二　神通《しんつう》　神《かみ》は心神《しんしん》にして、靜心物《せいしんぶつ》を觀照《くわんせう》して、宿命《しゆくめい》を記持《きち》し、種々《しゆ〳〵》の分別《ふんべつ》皆《みな》定力《ちやうりき》に隨《したが》ふをいふ。

三　依通《いつう》　依《い》は憑依《ひようい》であつて、法術《はふじゆつ》に依《よ》りて自在《じざい》の事《こと》を爲《な》すのである。

四　報通《はうつう》　神仙《しんせん》に靈異《れいい》の術《じゆつ》ある如《ごと》く、果報《くわはう》として自《おのづか》ら有《いう》するもの、鬼神《きじん》が事《こと》を豫知《よち》し。諸天《しよてん》が形《かたち》を變化《へんくわ》するが如《ごと》きものである。

五　妖通《えうつう》、狐狸《こり》老《お》いて變化《へんくわ》し、木石《ぼくせき》の精《せい》、人神《じんしん》に附傍《ふはう》するが如《ごと》し。

此《こ》の他《た》、藥力《やくりき》に依《よ》る業通《げふつう》、修禪《しうぜん》に依《よ》る修通《しうつう》や、自性《じせい》あるものを變《へん》ずる、能變通《のうへんつう》とか、未《いま》だなきものを化作《くわさく》する、能化通等說《のうくわつうとうさい》てあるが、要《えう》は五神通《しんつう》で包含《はうがん》することになるのであるといつてよい。

元來佛敎《ぐわんらいぶつけう》は大乘《だいじよう》は固《もと》より、小乘《せうじよう》でも、神通《じんつう》の世界《せかい》を說《と》くものであるが、現在《げんざい》では神通《じんつう》と云《い》へば、佛敎家自身《ぶつけうかじしん》が第《だい》一に迷信《めいしん》であるとか、荒唐《くわうたう》であるとかいつて、近代科學《きんだいくわがく》にばかりお辭儀《じぎ》をして媚《こ》びて居《を》る、之《こ》れは論語讀《ろんごよ》みの論語知《ろんごし》らず位《くらゐ》ではない、孝經《かうきやう》を以《もつ》て親《おや》の頭《あたま》を擲《なぐ》るものである、佛敎《ぶつけう》には深遠《しんゑん》な哲理《てつり》はあるが、佛敎《ぶつけう》そのものは哲學《てつがく》ではなく、宗敎《しうけう》である、宗敎《しうけう》は實行勤修《じつかうごんしう》が本位《ほんゐ》であり中心《ちうしん》である、宗敎家《しうけうか》が哲學者《てつがくしや》にならねばならぬ理由《りいう》はない、それよりは神通《じんつう》の修行《しゆぎやう》をやつて、實際的活用《じつさいてきくわつよう》の妙諦《めうてい》を體得《たいとく》するのが肝要《かんえう》である。然《しか》らざれば經典《きやうてん》は飾《かざ》り物《もの》か、哲學者《てつがくしや》の遊戲的《いうぎてき》翫具《ぐわんぐ》と僞《な》り、又佛敎哲學家《またぶつけうてつがくか》はあるかも知《し》れぬが、活《い》きた力《ちから》のある宗敎家《しうけうか》は皆無《かいむ》となつて、佛敎《ぶつけう》そのものが全《まつ》たく殘骸《ざんがい》となるであらう。

吒《ダ》枳《ギ》尼《ニ》天《テン》祕《ヒ》法《ホウ》

先《マヅ》外《ゲ》五《ゴ》胋《コノ》印《イン》𑖮𑖳𑖽《ウン》𑖮𑖳𑖽《ウン》𑖮𑖳𑖽《ウントトナヘテ》唱二風《フウ》二空《クウ》二地開《チアヒラクナリ》也

次𑖮𑖳𑖽《ニウン》𑖨𑖺《ロ》𑖨𑖿𑖧《リヤ》𑖭《ソ》𑖎唱《トトナフ》

頓《トン》成《ジヨ》悉《シツ》地《チ》　如《ニヨ》意《イ》寶《ホウ》珠《シユ》法《ホウ》

先《マヅ》座《ザ》前《ゼンニテ》三禮《ライ》　普禮《フライ》眞言《シンゴン》

次《ツギノ》座《ザニ》登《ノボル》　可《カケ》莫《マク》茂《モ》賢《カシコキ》喜《キ》多《タ》喜《キ》仁《ニ》天《ウヅ》乃《ノ》廣《ヒロ》前《マヘ》仁《ニ》恐《オソレミ》美恐《オソレミ》美申《マウ》壽《ス》　拍手《カシワデ》大小《ダイシヨウ》

次《ツギニ》塗《ヅ》香《コウ》護《ゴ》身《シン》法《ボウ》　如常《ツネノゴトシ》

無《ム》所《シヨ》不《フ》至《シ》印《ノイン》　𑖭《ソ》　外《ゲ》五《ゴ》胋《コ》印《イン》　𑖪𑖽《バン》

八《ハチ》葉《ヨウ》印《イン》　𑖮𑖳𑖽《ウン》

次《ツギニ》金《コン》剛《ゴウ》合《ガッ》拿《シヨ》　祕《ヒ》文《ブン》

南無《ナム》本覺《ホンカク》法身《ホッシン》本有《ホンユウ》如來《ニヨライ》

自性《ジシヨウ》神壇《シンダン》内《ナイ》護摩《ゴマ》道場《ドウジヨウ》

神歌《ミウタ》　千早《チハ》ヤフル我心《ワカココロ》與《ヨ》里《リ》成《ナ》ス業《ワザ》ヲ何《イツ》レノ神《カミ》カ他所《ヨソ》ニ見《ミ》ル可《ベ》キ

次玉女禮《ツギニギヨクニヨライ》　其日《ソノヒ》ノ九目《ツメ》也《ナリ》　鉢印《ハチイン》

南無《ナム》天圓《テンエン》地方《チホウ》天地理《テンチリ》守護《シユゴ》五性《ゴシヨ》玉女《ギヨクジヨ》阿娑婆訶《アソワカ》

次鬼門禮《ツギニキモンレイ》　艮角《ウシトラノスミ》也　外縛《ゲハク》

南無《ナム》鬼門《キモン》類諸冥道等《ルイモロモロノメイドウナド》同《ドウ》心守護《シンシユゴ》　三反《ペン》

次加持供物《ツギニカチクモツ》　小三股印《シヨサンコイン》　逆三反《ギヤクペン》　順三反《ジユンペン》

《ヤリ〳〵バザラウンハッタ》

想此加《オモフニコノカ》持《ナ》依清浄廣大供《ニヨツテシヨウジヨウコウダイノク》具成《グトナル》正《マサニジ》受用給《ヨウシタモフ》

次施甘露《ツギニセカンロ》　右手《ミギテ》施《ラセ》無畏《ムイニン》供物《グモツ》三反《ペン》廻《エス》

《ソロハヤタタギヤタヤタニヤタソロ〳〵ハラソロ〳〵ソワカ》

想《オモヘ》甘露《カンロ》流出《ヲリユシユツソ》普《アマネク》以《モツテ》受用《ジユヨウシ》玉《タモフト》

次《ツギニ》幣帛《ヘイハク》印言《インゴン》　外縛印《ゲハクイン》

唵《オン》吠吠《ベイく》鈌《ケン》哩《リ》佉《キヤ》呵《カ》哩《リ》佉呵哩《く》娑《ソ》婆《ワ》訶《カ》

想《オモヘ》獻《ケンスル》處《トコロノ》幣帛《ヘイハク》淸淨《シヨジヨノ》受　明《ジユミヤウトナルト》

次《ツギニ》召請印《シヨセイイン》　內縛《ナイハク》二空召《タウマネクヿ》　三反《ベン》

想《オモヘ》本尊《ホンゾン》界會《カイヱ》部類《ブルイ》眷屬《ケンゾク》等《ナド》各《オノオノ》本誓《ホンゼイヲ》還念《ゲンネンソ》此《コノ》道場《ドウジヤウニ》降臨《コウリンシ》給《タモフト》

次《ツギニ》祭文《サイモン》　全二丁

謹《ツツシミ》敬白《ウヤマイテマオス》惟《コレ》何國《ナニノクニ》何郡《ナニゴウリ》何村《ナニムラノ》某甲《ソレガシ》　年《ネン》號《ゴウ》月《ツキ》日《ヒ》齋戒《サイカイ》沐浴《モクヨク》禮尊《ヨシレイソンヲ》役奉里《エキシタテマツリ》謹《ツツシミテ》五方《ゴホウ》天尊《テンソンニ》

申《マオス》夫《ソレ》天尊《テンソン》遮那《ハシヤナ》一化《イツケ》肝要《ノカンヨウヲ》顯《アラワシ》文殊《モンジユ》五字《ゴジノ》意根《イコンダリ》利益《リヤク》難レ計《ハカリガタク》貧氣《ヒンキヲ》除《ノゾキテ》福祐《フリユウヲ》授《サヅケ》感應《カンオウ》顯《アラワル》

易《ヤスキヿ》水月《スイゲツニ》影《カゲシ》谷響《ダニノヒキニ》似《ニタリ》其《ソノ》本誓《ホンゼイニ》日《イワク》若《モシ》人《ヒト》有《アツテ》堅固《ケンゴノ》信心《シンジンヲ》起《オコシ》此《コノ》法《ホウヲ》信行《シンコウセバ》吾《ワガ》三子《サンシ》及《オヨビ》一萬三《イチマンサン》

千《セン》七百《シチヒヤク》五十八《ゴジユウハチノ》眷屬《ケンゾクヲ》卒《ヒキヒ》晝夜《チウヤ》六時《ロクジ》恒《ツネニ》來《キタツテ》守護《シユゴセン》若《モシ》怖畏《フイ》急《キユウノ》七難《シチナン》有《アランニハ》明呪《ミヨジユウヲ》誦《ジユセバ》速《スミヤカニ》解脫《ゲダツスルヿヲ》

得所諸願一成就《エンモロ〜ネイウトコロヒトツトシテジヨウジユセザル》 云無殊《コトナシコトニ》此本誓《コノホンゼイ》仰《ヲアオイデ》禮供奉《ライクシテマツル》 所《トコロナリ》 願《ネガハクハ》 權念照所求成《ゴンネンテラシシヨキウヲジヨウ》
就《ジユセシ》 現世則權化聖財預群類利《ゲンゼニハスナハチゴンナノセイザイニアヅカリグンルイチリンニ》一世交後亦世眞如法水洗穢塵入性海《セチオワリテノチマタヨニハシンニヨノホウスイニエジンヲアラツテシヨウカイニイラン》

敬白《ケイハク》

次本尊印明《ツギニホンゾンインミヨウ》 右掌以伏左肩上《ミギノテノヒラヲモツテヒダリノカタノウヘニフス》

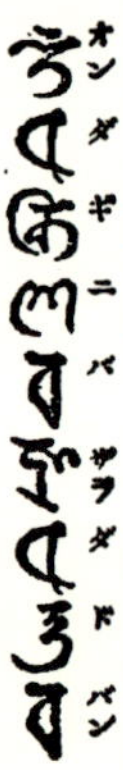《オンダギニバザラダドバン》

次左掌伏右肩上《ツギニサシヨウフセミギノカタノウヘニ》 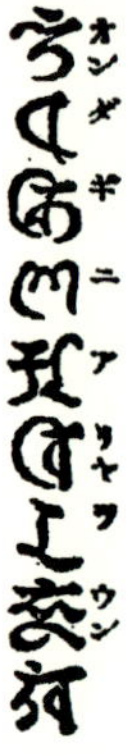《オンダギニアリヤフウン》

次金合《ツギニゴンガツ》 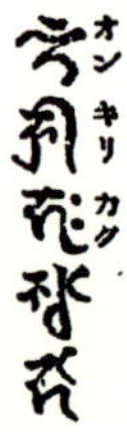《オンキリカク》

次神歌《ツギニミウタ》 我《ワ》レ賴《タノ》ム人《ヒト》乃願《ノネガイ》ヲ照《テラ》サント浮世《ウキヨ》ニ殘《ノコ》ル三ツノ燈火《トモシビ》

次寶珠印《ツギニホウシユウイン》 唵吒枳尼誐底誐賀禰曳娑婆訶《オンダギニギヤチギヤカネイエイソワカ》

是《コレ》ヨリ口授切紙《クジユウキリガミ》ニ入《イ》ル

次頓成愛敬印《ツギニトンシヨウアイケイイン》 合掌二中指交立《ガツシヨウチウシコウリツ》

唵吒枳尼室哩曳娑婆賀《オンダギニシリエイソワカ》

次所望成就印《ツギニシヨボウジヨウジユイン》 二手内縛二小交立《シユウナイハクシヨウコウリツ》

唵《オン》吒《ダ》枳《ギ》尼《ニ》印《イン》捺《ダ》羅《ラ》耶《ヤ》娑《ソ》婆《ワ》訶《カ》

次《ツギニ》所《シヨ》求《キウ》滿《マン》足《ゾク》印《イン》　八《ハチ》葉《ヨウ》印《イン》

唵《オン》吒《ダ》枳《ギ》尼《ニ》縛《バ》日《ザ》羅《ラ》誐《キヤ》斛《コク》　切紙是迄也《キリガミコレマデナリ》

次《ツギニ》外《ゲ》五《ゴ》鈷《コ》印《イン》

唵《オン》吒《ダ》枳《ギ》尼《ニ》誐《キヤ》底《テイ》誐《キヤ》賀《カ》彌《ニ》曳《エイ》娑《ソ》婆《ワ》訶《カ》

次《ツギニ》寶《ホウ》珠《シユ》印《イン》　明如前《ミヨマヘノゴトシ》　次《ツギニ》念《ネン》誦《ジユ》　千八百反

唵《オン》紇《キ》哩《リ》額《ガク》娑《ソ》婆《ワ》訶《カ》

次《ツギニ》拏《サツ》颯《ダ》呪《ジユウ》　所《シヨ》求《キユウ》祈《キ》念《ネン》拍《ハク》手《シユ》大《ダイ》小《シヨ》

唵《オン》吒《ダ》枳《ギ》尼《ニ》縛《バ》日《シ》里《リ》縛《バ》日《シ》里《リ》滿《マン》多《ダ》哩《リ》

某《ソレガシ》敬《ケイ》愛《アイ》セラルテ一味《ミ》和《ワ》合《ゴウ》ナラシメ給《タマ》へ娑《ソ》婆《ワ》訶《カ》

次《ツギニ》法《ホウ》施《セ》　任《マカス》レ意《ココロニ》　神《シン》力《リキ》偈《ゲ》　普《フ》門《モン》品《ボン》　光《コウ》明《ミヨウ》眞《シン》言《ゴン》

次《ツギニ》撥《ハツ》遣《ケン》　右《ユウ》手《シユ》彈《ダン》指《シ》一反《ベン》

唵《オン》吽《ウム》致《チ》多《タ》羅《ラ》娑《ソ》婆《ワ》訶《カ》

想《ネモ》本《ヘホン》尊《ソン》界《カイ》會《エ》部《ブ》類《ルイ》眷《ケン》屬《ゾク》等《ナド》本《ホン》所《シヨ》本《ホン》宮《グウ》還《ニクワン》歸《キシ》玉《タマフ》

護《ゴ》身《シン》法《ホウ》　　已《イ》上《ジヨウ》

生《セイ》活《クワツ》陀《ダ》羅《ラ》尼《ニ》

南《ナン》州《シウ》魂《コン》魂《〱》淸《セイ》都《ト》魄《ハク》魄《ハク》噫《キウ》噫《〱》菅《クワン》菅《〱》土《ドロ》神《ジン》散《サン》魂《コン》悉《シツ》赤《セキ》魂《コン》靈《レイ》發《ハツ》精《セイ》悉《シツ》破《ハ》龍《リウ》骨《コツ》魂《コン》古《コ》識《シキ》

位《イ》玉《ギヨク》玉《〱》鬼《キ》神《シン》愛《アイ》護《ゴ》愛護《〱》龍《リヨウ》穴《ケツ》龍穴《〱》沒《ボツ》生《シヨウ》魂《コン》精《セイ》精《セイ》狐《コ》神《シン》

次《ツギニ》無《ム》所《シヨ》不《フ》至《シ》印《イン》

ケイ ア イ マ タ ラ バ チ○ シツ チ リ○ マ カ ラ タラ バ タ リ ア リ ヒイ マ リ バ チ○ ア リ ディ ア

リ○ ディ ク ロ ペイ サク ケイ サン タ サン タ ア ラ バ ケイ〱○タラ タ チ バ サ ディ○ケイ〱 イ ラ キャ サ キク

ダ タ ニ ヤ バ テイ バン チ ナウ マク チ イ ケイ リ サ ア ラ ヤ リ ヤ ディ ソ 〱 タ リ バ サ タ チ

ク ロ 〱 〱 〱 〱 〱 〱 イ リ 〱 〱 ソ ケイ タ ア ラ ク チ マ ナ ク バ ケイ 〱 チ マ ソ セン タ

バン ラ セン タ イ マク セン タ ケイ リ ヤ バン サン セン チ バク キャ シ ラ セン チ● ア ク セン

神《シン》力《リキ》品《ホン》偈《ゲ》

諸《シヨ》佛《ブツ》救《ノ》世《セイ》者《シヤ》　住《ヂウ》於《シ》大《シン》神《ツウ》通《ニ》　爲《シユ》脱《ジヤウ》衆《ヲダツセン》生《ガタメ》故《ノユヘニ》　現《ムリヨウ》無《シンリ》量《キヲ》神《アラ》力《ワシ》　如《ニヨ》來《ライ》祕《ヒ》密《ミツ》

神《シン》通《ツウ》之《ノ》力《チカラ》　得《タイ》大《シン》神《ツウ》通《ヲエ》　心《ココロニ》垂《コウ》光《メウ》明《チメレ》　飛《ヒ》行《コウ》自《ジ》在《ザイ》

幣《ヘイ》帛《ハク》敷《シキ》守《モリ》内《ナイ》符《フ》

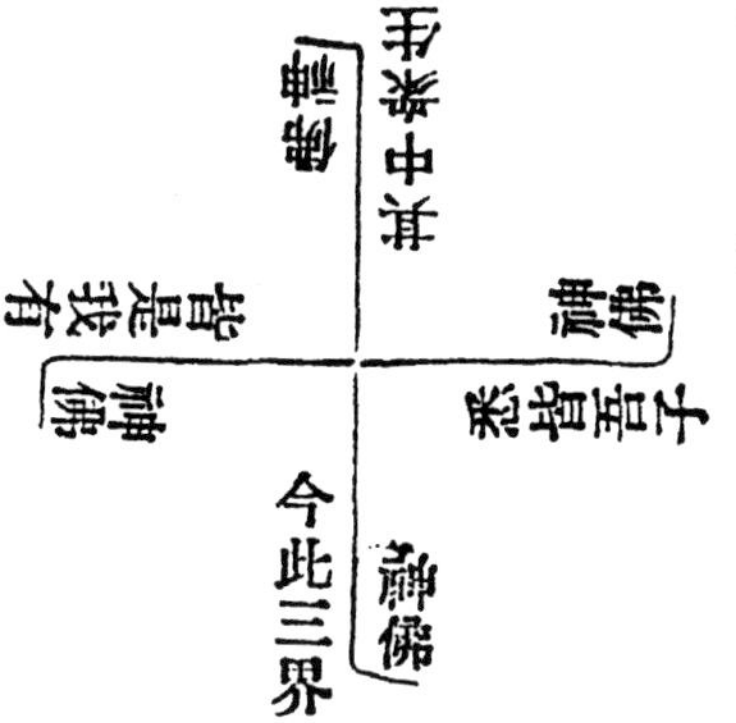

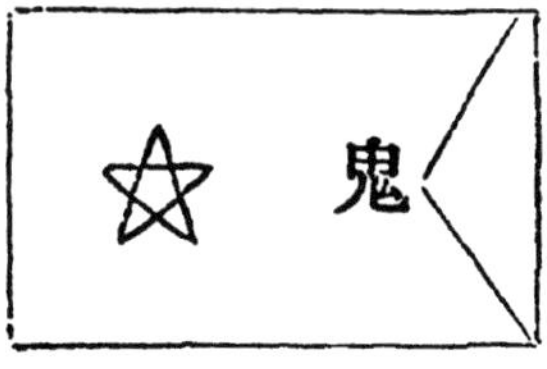

吒《ダ》枳《ギ》尼《ニ》天《テン》玉《ギヨ》女《クジヨ》禮《レイ》　其《ソ》ノ日《ヒ》ノ九《ココノ》ツ目《メノ》方《ホウ》也《ナリ》

南《ナ》無《ム》天《テン》靈《レイ》玉《ギヨク》女《ジヨ》地《チ》靈《レイ》玉《ギヨク》女《ジヨ》

神《シン》仙《セン》玉《ギヨク》女《ジヨ》　寶《ホウ》生《シヤウ》金《キン》玉《ギヨク》女《ジヨ》等《ラ》
南《ナ》無《ム》三《サン》世《ゼ》覺《ガク》母《ボ》大《タイ》聖《セイ》文《モン》殊《ジユ》師《シ》利《リ》菩《ボ》薩《サツ》示《シ》隨《ズヰ》類《ルイ》化《ケ》現《ゲン》辰《シン》狐《コ》王《オウ》菩《ボ》薩《サツ》
普《フ》印《イン》　隨《ズイ》意《イ》女《ニヨ》娑《ソ》婆《ワ》訶《カ》
普《フ》印《イン》　施《セ》寶《ホウ》童《ドウ》子《シ》娑《ソ》婆《ワ》訶《カ》
普《フ》印《イン》　四《シ》天《テン》王《オウ》子《シ》
頓《トン》遊《ユウ》行《コウ》式《シキ》神《シン》呪《ジユ》
唵《オン》阿《ア》羅《ラ》波《ハ》左《サ》曩《ナウ》頓《トン》遊《ユウ》行《ギヤウ》吒《ダ》枳《ギ》尼《ニ》誐誐《キヤ〱》寧《ネイ》吽《ウン》
須《ス》臾《ユ》馳《チ》走《ソ》式《シキ》神《シン》
唵《オン》吒《ダ》枳《ギ》尼《ニ》須《ス》臾《ユ》馳《チ》走《ソ》縛《バ》日《ザ》羅《ラ》吽《ウン》發《ハツ》吒《タ》
天《テン》女《ジヨ》子《シ》　唵《オン》吒《ダ》枳《ギ》尼《ニ》惹《ジヤ》耶《ヤ》蘖《ギヤラ》陛《ベイ》娑《ソ》婆《ワ》訶《カ》
赤《セキ》女《ジヨ》子《シ》　唵《オン》吒《ツ》枳《ギ》尼《ニ》拔《バ》頭《ト》那《ナ》那《ナ》耶《ヤ》娑《ソ》婆《ワ》訶《ク》
黑《コク》女《ジヨ》子《シ》　唵《オン》儞《チリ》底《チ》吒《ダ》枳《ギ》尼《ニ》娑《ソ》婆《ワ》訶《カ》

眷《ケン》屬《ゾク》總《ソウ》呪《ジウ》

唵《オン》所《シヨ》生《セイ》一萬《マン》八千七百五十八使《シ》者《シヤ》神《シン》娑《ソ》婆《ワ》訶《カ》

虚《コ》空《クウ》藏《ゾウ》寶《ホウ》珠《シユ》印《イン》

吒《ダ》天《テン》根《コン》本《ポン》印《イン》

別《ベツ》行《ギヨ》壇《ダン》

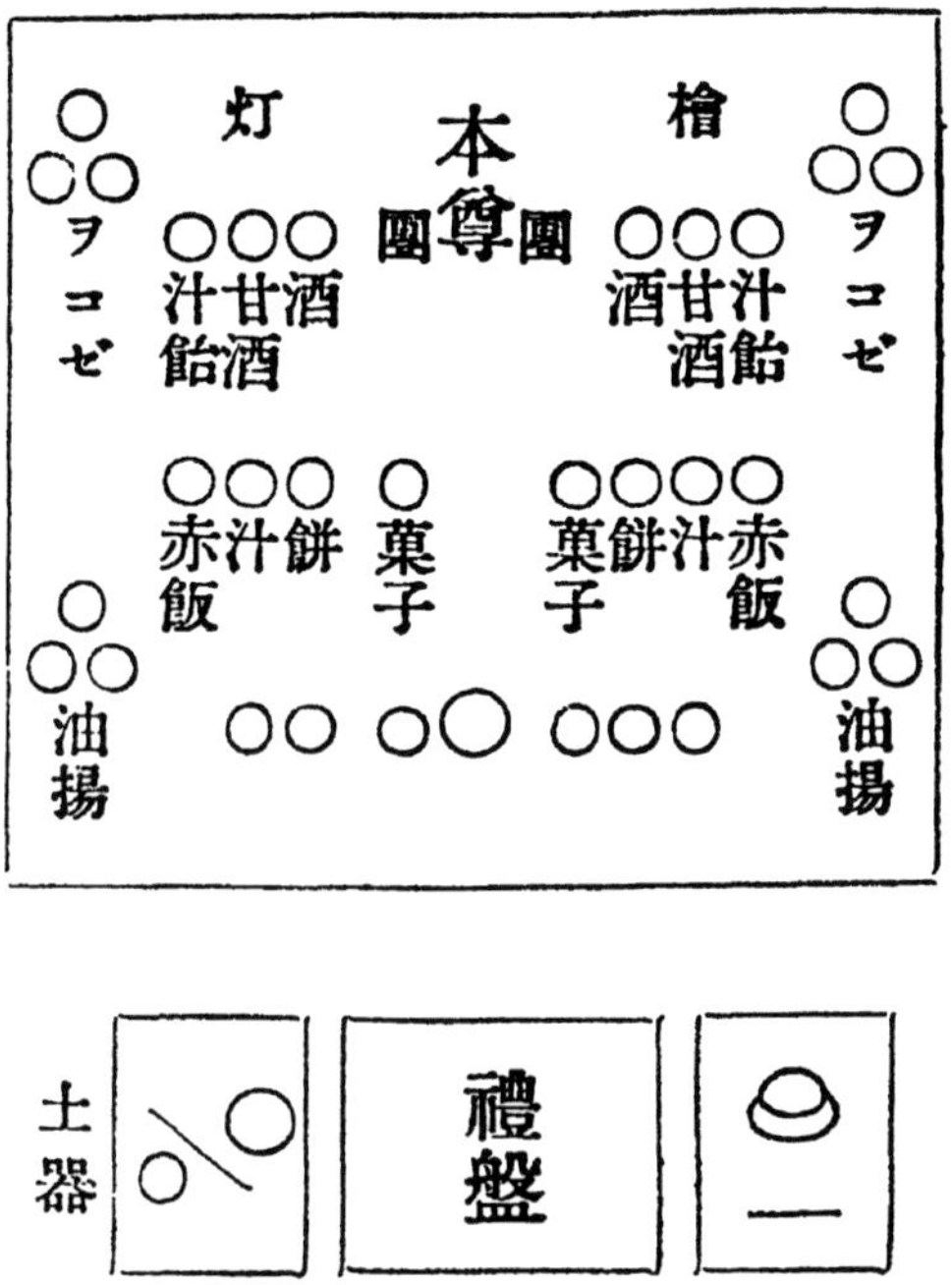

一神供《シンク》ヲ入《イル》ル土器《ドキ》ニ茅《カヤ》ヲ敷《シ》クベシ
最極秘事《サイゴクヒジ》ハ鳥《トリ》ノ羽《ハネ》ヲ敷《シ》ク
酒《サケ》ニテ洗《アラヒ》テ胡粉《ゴフン》ニテ白《シロ》ク色彩《イロド》リ花立《ハナタテ》ニ挿《サ》シ供《グ》スル也《ナリ》
一壇《ダン》ハ丑寅《ウシトラ》ニ向《ム》ケル又其日《マタソノヒ》ノ九ツ目《ココノツメ》ニ向《ム》ケル
一焼香《シヨウコウ》ハ檜也《ヒノキナリ》引粉《ヒキコ》又《マタ》ハ白梅《ハクバイ》ヲ入《イル》ル
一肴類供《サカナルイク》物第《モツダイ》一トス　オコゼ魚至《ウオイタツ》テヨシ
一大柑子《ダイカンス》ヲ五《イツ》ツ高《タカ》ク盛《モ》ル也《ナリ》　美味《ビミ》少《スコ》シ供《グ》ス
一諸祈禱《シヨキトウ》ニ總《ソウ》ジテ土器《ドキ》ヲ用《モチ》フ
一夜亥《ヨルイ》ノ時《トキ》ヨリ子時《ネノトキ》迄祈《マデイノ》ル也《ナリ》
一願成就《グワンジヨジユ》セバ先休願《マヅキユウグワン》ス可《ベ》シ法施《ホウセ》毎夜《マイヨ》修行《シユギヨ》ス可《ベ》シ心中《シンチウ》大願成就《タイグワンジヨジユ》ト云々《ウンヌン》
一丑年丑月丑《ウシノトシウシノツキウシ》ノ日《ヒ》丑《ウシ》ノ刻又《コクマタ》ハ未《ヒツジ》ノ年月日時等《トシツキヒトキナド》ヲ縁日《エンニチ》トスル也《ナリ》
一本尊《ホンゾン》ハ吒《ダ》天聖天《テンシヨウテン》辨天《ベンテン》ノ三天《テン》合體《ガツタイ》ニシテ祈念《キネン》スルガ宜《ヨ》シ

一長日《チヨジツ》ニハ汁《シル》飴《アメ》土器《ドキ》ニ入《イル》ル甘酒《アマサケ》同様《ドウコウ》白餅《モチ》ノ下《シタ》ニ檜葉《ヒバ》ヲシク也《ナリ》祕々《ヒヒ》

一神供《シンク》入物《イレモノ》ハ茅《カヤ》ヲ以《モツ》テ編《アミ》テ草履《ゾウリ》ノ如《ゴト》ク作《ツク》リ入《イル》ル也《ナリ》幾度《ユクド》モ用《モチ》ユ野《ノ》ニ出來《ク》ルツバナ也《ナリ》

一本尊《ホンゾン》木像《モクゾウ》ニテモ總《スベ》テ修行《シユギヨ》スル事《コト》他人《タニン》ニ祕《ヒ》シテ祈《イノ》ルベシ

一其日《ソノヒ》九ツ《ココノ》目《メ》ヲ天圓地方《テンエンチホウ》云云《ウンヌン》　吒天《ダテン》鬼門《キモン》住居《ヂウキヨ》ス

一稲荷《イナリ》大明神《ダイミヨウジン》吒天《ダテン》白狐《ビヤクコ》王《オウ》也《ナリ》　口傳《クデン》

長日修業圖《チヨウジツシユギヨウヅ》

甘酒○
飴○
酒○

無燈明

神幣　香呂○　行者

檜木

酒○
飴○
甘酒○

幣下敷守

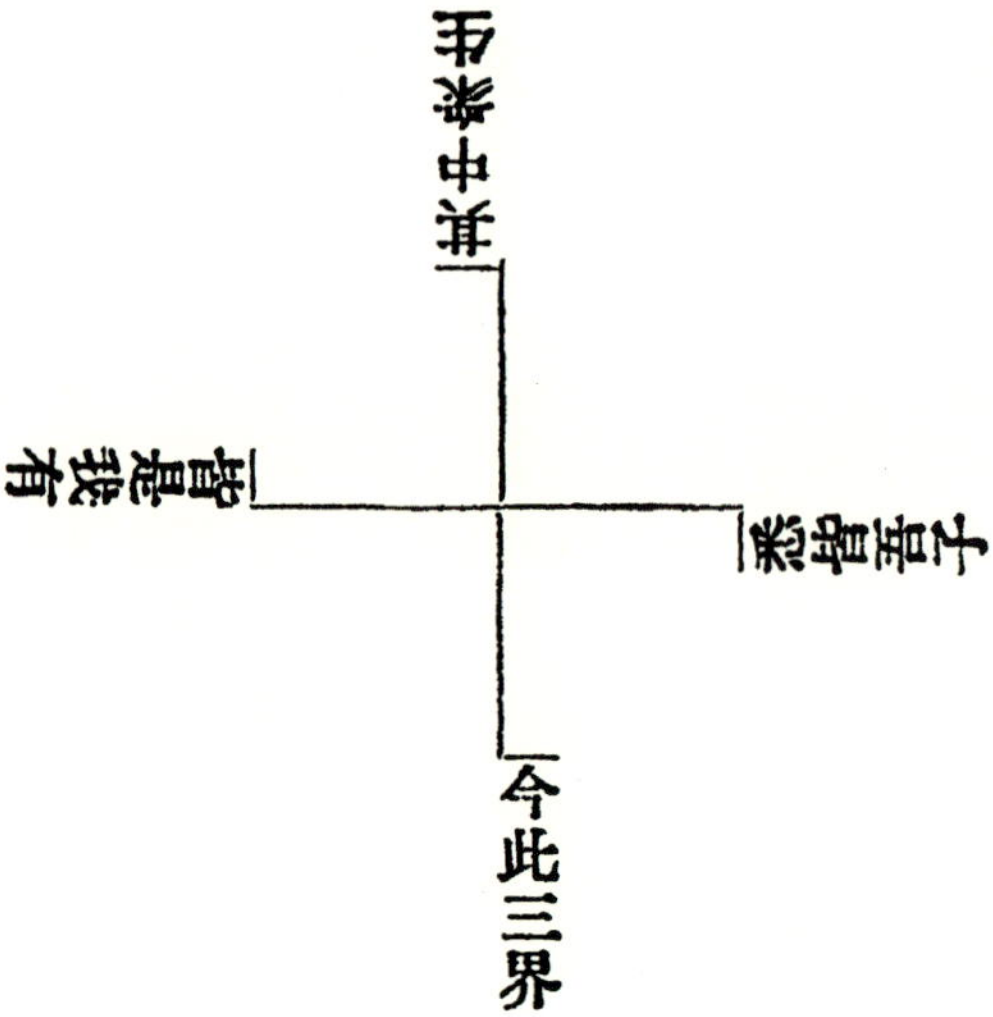

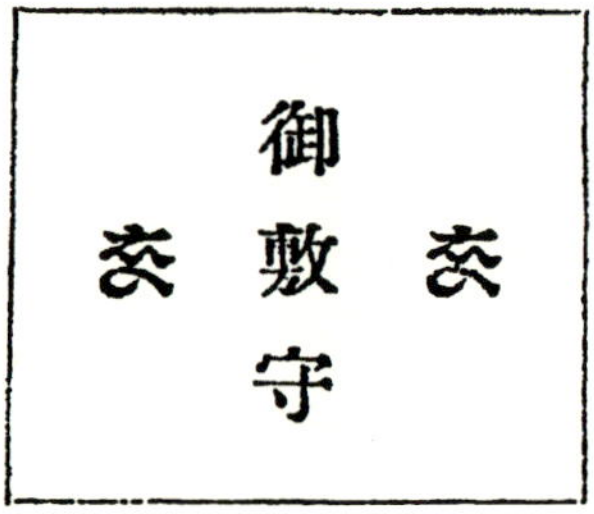

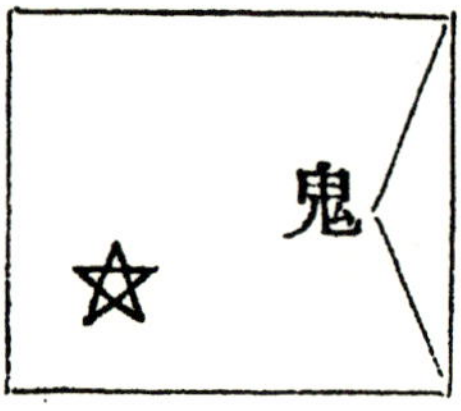

辰《シン》狐《コ》王《オウ》菩《ボ》薩《サツ》法《ホウ》

先正入堂《マヅタダシクドウニイル》

次壇前普禮《ツギニダンセンノフレイ》

南《ナ》無《ム》歸《キ》命《メウ》頂《チヤウ》禮《ライ》三《サン》世《ゼ》覺《カク》母《ボ》大《ダイ》聖《セイ》文《モン》殊《ジユ》師《シ》利《リ》大《ダイ》薩《サツ》埵《タ》大《ダイ》智《チ》方《ホウ》便《ベン》隨《ズイ》類《ルイ》化《ケ》現《ゲン》辰《シン》狐《コ》
王《オウ》菩《ボ》薩《サツ》
次着座《ツギニチヤクザ》　次塗香《ツギニヅコウ》　次淨三業《ツギニジヨウサンゴウ》
次加持《ツギニカヂ》供物《クモツ》灑《リ》淨《ジヨウ》供《グ》物《モツ》等《ナド》　次金剛輪《ツギニコンゴウリン》
次發願《ツギニホツグワン》
至心發願《シシンニホツグワンス》　唯願大日《タダネガワクハダイニチ》　本尊大悲《ホンゾンダイヒ》　吒枳尼天《ダキニテン》　不捨本誓《ホンゼイヲステズ》　降臨壇場《ダンジヨウニカウリンシ》
大悲願力《ダイヒグワンリキヲモツテ》　哀愍攝受《アイビンセツジウシ》　消除災難《シヨジヨサイナン》　消除不祥《シヨジヨフシヤウ》　心中諸願《シンチウシヨグワン》　善惡諸事《ゼンアクシヨジ》
一一圓滿《イチイチエンマン》　皆令滿足《ミナマンゾクセシメ》　及以法界《モツテホウカイニ》　平等利益《ビヨウドウリヤクヲヨボサン》　次五大願《ツギニゴダイグワン》　次三部《ツギニサンブ》
被甲《ヒコウ》　次道場觀《ツギニドウヂヨウクワン》
觀想《クワンソウセヨ》行者《ギヨウジヤノ》心前《シンゼンニ》有㆓𑖀《ア》字《ジアリ》㆒變成㆓《ヘンジテ》七寶《シチホウトナリ》㆒變成㆓《ヘンジテ》敬愛染着城《ケイアイセンジヤクノシロトナル》㆒城中《ジヨウチウニ》有㆓大壇《ダイダンアリ》㆒大壇《ダイダンノ》
上《ウエニ》閼伽《アカ》塗香《ヅコウ》花鬘《ケマン》燒香《シヨウコウ》飯食《ハンジキ》燈明《トウミヨウ》等《ナド》辨備《ソナワンリ》　其中《ソノナカニ》有㆓荷葉《カヨウアリ》㆒荷葉《カヨウノ》上《ウエニ》有《ア》㆓𑖎𑖾《ク》字《ジアリ》㆒變《ヘンジテ》
成㆓如意寶珠《ニヨイホウシユトナル》㆒寶珠變成《ホウシユヘンジテ》㆓𑖟𑖎𑖰𑖡𑖰《ダキニ》王《オウトナル》㆒身《ミ》金色《コンジキニシテ》端嚴《タンゴン》微妙《ビミヨウ》天女形《テンニヨノカタチナリ》左手《サシユニハ》持㆓寶珠《ホウシユヲモチ》㆒

右手《ウシユニハ》執㆓利劔㆒《リケン・トリ》左前《ヒダリノマヘニ》如意寶珠《ニヨイホウシユアリ》後《ウシロニ》甘竹七筋《カンチクナナスヂアリ》右前《ミギノマヘニ》大圓鏡《ダイヱンキヨアリ》後《ウシロニ》吉祥菓《キツシヨウクワアリ》

次《ツギニ》虛《コ》空《クウ》庫《コウ》印《イン》　オンギヤ〳〵ナウサンバンババザラコク

次《ツギニ》寶《ホウ》車《シヤ》輅《ラク》　次《ツギニ》請《セイ》車《シヤ》輅《ラク》　次《ツギニ》召《シヨ》請《セイ》

内縛《ナイハクニ》㆓大㆒《ダイニテ》

七度《ナナタビ》召㆑之《コレヲマネク》

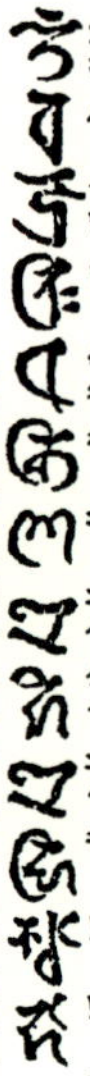

次《ツギニ》辟《ヘキ》除《ジヨ》從《ジウ》魔《マ》

虛《キヨ》心《シン》合掌《ガツシヨニ》㆒風《フウニ》㆓水《スイ》内《ウチ》各皆《オノオノ》相《アイ》

合二《アワセデニ》空《クウ》上《ヘノ》節《フシチ》開《ヒラキ》左《ヒダリニ》轉《テンセヨ》

唵《オン》阿《ア》密《ミ》里《リ》都《ト》納《ド》婆《ハン》縛《バ》吽《ウン》發《ハツ》吒《タ》娑《ソ》婆《ワ》訶《カ》

次《ツギニ》閼《ア》伽《カ》　如常《ツネノゴトシ》　次《ツギニ》華《ケ》座《ザ》

唵《オン》伽《キヤ》摩《マ》羅《ラ》娑《ソ》婆《ワ》訶《カ》

次《ツギニ》奉《ホウ》獻《ケン》事《ジ》供《ク》一取《トリ》㆒薫燒香《クンシヨウコウニ》㆒以《モツテ》㆓一手《シユ》㆒捧《ホウ》㆓獻《ナン》之《コレオ》㆒先《マヅ》右方《ミギノホウ》如常《ツネノゴトシ》眞言《シンゴンハ》皆《ミナ》唵《オン》字《ジ》也《ナリ》

若《モシ》有《フ》㆓布《セ》施物《モノアレバ》㆒者《トウ》燈明《メウノ》次《ツギニ》獻《ケンズルナリ》

次《ツギニ》普《フ》供《ク》養《ヨウ》印《イン》　金《コン》合《ガフ》

曩《ノウ》莫《マク》薩《サ》縛《ラバ》怛《タ》他《タ》蘖《ギヤ》帝《テイ》瓢《ビユ》尾《ビ》濕《シン》縛《バ》目《ボツ》契《ケイ》毘《ビ》藥唵《ラン》薩《サ》縛《ラハ》他《タ》缺《ケン》烏《ウ》娜《ダ》蘖《ギヤ》帝《テイ》薩《サ》縛《ラバ》羅《ラ》係《ケイ》

給《マン》誐《ギヤ》誐《〳〵》曩《ナウ》劔《ケン》娑《ソ》婆《ワ》訶《カ》

次《ツギニ》心《シン》經《ギヨ》　金《コン》合《ガツ》　次《ツギニ》決《ケツ》定《チヨ》貧《ヒン》轉《アン》印《イン》

內縛《ナイハク》二火立合《ニクワダチアワセ》二地開立《ニチヲヒラキダテ》二空　合《ニクウヲアワセダテ》立不開立《ヒラキダテズ》三反《サンベン》招レ之《コレヲマネク》

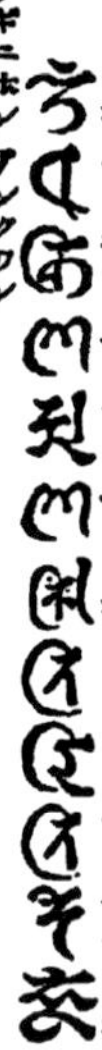
オンタギニアニシンチリチテイウン

次《ツギニ》本《ホン》尊《ソン》觀《クワン》

觀想《クワンソウ》尋《セヨ》二此尊本地《コノホンゾンノホンヂ》一者《タヅヌレバ》三《サン》世諸《シヨ》佛《ブツノ》覺《カク》母《ボ》十《ジツ》方《ポ》薩《サツ》埵《タノ》明《メイ》師《シ》文《モン》殊《ジウ》師《シ》利《リ》大《ダイ》士《シ》也《ナリ》雖《シカレ》然《ドモ》

利《リ》生《シヨ》方《ホウ》便《ベン》愛《アイ》志《シ》悲《ヒ》願《ギワン》慈《ジ》誓《セイ》甚《ジン》深《シンノ》故《ユヱ》斷《ダン》惡《アク》修《シユ》善《ゼンノ》衆生《シユジヨノ》前《マヘニ》示二現陀枳尼《ダキニ》王之《オフノ》身《ミヲ》一《ゲンシ》仍《ナホ》

衆生《シユジヨ》至心《シシンニ》念《ネンズレバ》求願《キウグワン》卽《スナハチ》得圓滿《エナエンマン》無疑也《ウタガヒナキナリ》爰以《ココヲモツテ》弟子某《デシソレガシ》仰二本誓悲願《ホンゼイノヒグワンヲ》一《アオイデ》恭敬《キヨウケイ》供養《クヨウ》設《タトヒ》

雖レ無二宿福《シユクフクナシト》一《モ》酬二大悲深重《ダイヒノシンヂユウニ》一《ムクイ》所求《モトムルトコロノ》祈願《キグワン》忽《タチマチニ》滿足《マンゾクセン》

次《ツギニ》本《ホン》尊《ソン》加《カ》持《ヂ》

合掌《ガツシヨウシテ》二空《ニクウ》二地《ニチ》入《ウチニ》內《イレ》一

空面《クウノメンヲ》以《モツテ》押二地甲《ニチノコウヲ》一《オス》

眞言曰《シンゴンニイワク》

シンダマニダギニメイギヤウン

次正念誦《ツギニシヨネンジユ》　如常《ツネノゴトシ》　次本尊加持《ツギニホンゾンカヂ》
次散念誦《ツギニサンネンジユ》　以右手取珠直合掌敬禮尊念誦《ミギテヲモツテジユズヲトリタヾチニガツシヨウケイレイソンネンジユス》
先佛眼呪《マヅブツガンジユ》　次本尊《ツギニホンゾン》
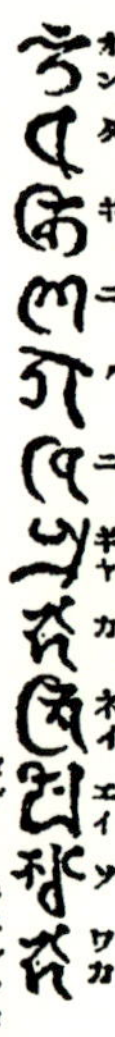
次決定貧轉呪《ツギニケツヂヨウヒンテンジユ》　如前《マエノゴトシ》　但《タダ》シ祈念專名福福德《キネンノコトトナトフクトフタトク》
圓滿莎訶句呪末可レ加《エンマンソワカノクヲジユノスエニクオウベシ》
次隨意女呪《ツギニズイイニヨノジウ》　唵隨意女《オンズイイニヨ》
次施寶童子《ツギニセホドウシ》　唵施寶童子《オンセホトウシ》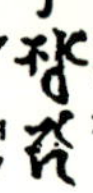
次後供養《ツギニアトクヨウ》　如前《マヘノゴトシ》　次普供養《ツギニフクヨウ》　次心經《ツギニシンギヨ》
次閼伽《ツギニアカ》　如前《マヘノゴトシ》　次振鈴如前《ツギニシンレイマヘノゴトシ》　但《タダ》シ以杵無加持《キネヲセツナスカヂナシ》
直《タダチ》ニ七八度振《シチハチドフ》ル
次奉送《ツギニホウソウ》　次三部《ツギニサンブ》　被甲《ヒカウ》　次廻向了《ツギニヱコウ》
願以此功德等《グワンニシクドクナド》　次下座《ツギニゲザ》　出堂《シユツドウ》
此略次第者祕中祕密中密輙不可傳不可傳無價寶珠之法也《コノリヤクシダイハヒチウノヒミツチウノミツタヤスクツトウベカラスツトフベカラズムカホウシユノホウナリ》

附篇 神使靈狐應用法

第一節 初位《しよゐ》の修行《しゆぎやう》

夫《そ》れ神域《しんゐき》に入《い》り、神人交互《しんじんかうご》の修養《しうやう》を爲《な》さんとせば、先《ま》づ心身共《しんくとも》に俗塵《ぞくぢん》を脫《だつ》し、神仙古聖《しんせんこせい》の跡《あと》を追蹤《つひせつ》せんことを期《き》すべし、神道實地《しんだうじつち》の修行《しゆぎやう》を示《しめ》せば、初位《しよゐ》即《そく》入信位《にふしんゐ》、二位《ゐ》即《そく》觀信位《くわんしんゐ》、三位《ゐ》即《そく》本明位《ほんみやうゐ》、四位《ゐ》即《そく》感應位《かんおうゐ》、五位《ゐ》即《そく》極位《きよくゐ》所謂《いはゆる》成神位《せいじんゐ》にして、更《さら》に之《これ》を十八行《ぎやう》に分《わか》ち得《う》べし。

一行 行《ぎやう》水《すゐ》と祓《はらひ》

行水《ぎやうすゐ》は早旦《さうたん》、日中《につちう》、就床前《しうしやうぜん》の三回《くわい》に行《おこな》ふ、行水《ぎやうすゐ》の時《とき》は既定《きてい》の水行場《すゐぎやうぢやう》に入《い》り、水面《すゐめん》に向《むか》ひて先《ま》づ禊祓《みそぎはらひ》を唱《とな》ふること三回《くわい》、次《つぎ》に衣服《いふく》を脱《だつ》し、腰卷《こしまき》一つとなり、更《さら》に水面《すゐめん》を望《のぞ》んで水《すゐ》想觀《さうくわん》を爲《な》す。

水想觀《すゐさうくわん》とは、第《だい》一に水《みづ》の功德《くどく》を想《おも》ふ、一切《さい》の生物《せいぶつ》は水《みづ》に依《よ》つて生存《せいぞん》す、水《みづ》なければ何物《なにもの》も生育《せいいく》する能《あた》はずと觀《くわん》ず、第《だい》二に水《みづ》の普遍性《ふへんせい》を想《おも》ふ、水《みづ》は地下《ちか》何《いづ》れの所《ところ》にも潜在《せんざい》し、又《また》水蒸氣《すゐじようき》となりて虛空《こくう》に充滿《じうまん》し、如何《いか》なる所《ところ》にも存在《そんざい》せざるなし、實《じつ》に水神水靈《すゐじんすゐれい》は、天地《てんち》に遍滿《へんまん》し居《を》れりと觀《くわん》ず、第《だい》三に水《みづ》の清淨《せいじやう》を想《おも》ふ、水《みづ》は一切《さい》の汚《よご》れを洗《あら》ひ、又如何《またいか》なる汚《よご》れを入《い》るゝも忽《たちま》ち沈澱《ちんでん》せしめて澄《す》む、吾人《ごじん》の神靈《しんれい》も又斯《またか》くの如《ごと》しと觀《くわん》ず、第《だい》四に水《みづ》の猛《まう》利《り》を想《おも》ふ、水《みづ》は靜《しづ》かなるものなるも、一旦激《たんげき》すれば怒濤山《どたうやま》をも崩《くづ》し、雷雨地軸《らいうちぢゆく》を轟《とゞろ》かす、動靜《どうせい》自《おのづか》ら因《いん》あり、船《ふね》を浮《うか》ぶるの水《みづ》は、船《ふね》を覆《くつがへ》すの波《なみ》なり、善惡《ぜんあく》の生《しやう》ずるも亦〻《また〳〵》斯《か》くの如《ごと》しと觀《くわん》ず。

水想觀終《すゐさうくわんをは》れば水中《すゐちう》に浴《よく》するか、又《また》は水桶《みづをけ》にて頭《あたま》より水《みづ》をかぶるか、それは其場《そのは》の結構《けつこう》による、この行水《ぎやうずゐ》の間《ま》も禊祓《みそぎはらひ》を唱《とな》ふるを可《か》とす、又行水《またぎやうずゐ》は五分間《ふんかん》を適度《てきど》とす、尤《もつとも》も伸縮《しんしゆく》は時宜《じぎ》に從《したが》ふべし、行水終《ぎやうずゐをは》れば能《よ》く拭《ふ》きて着衣《ちやくい》し、場外《ぢやうぐわい》に出《い》で朝《あさ》に限《かぎ》りて先《ま》づ東向旭日《ひがしむきあさひ》を拜《はい》し、更《さら》に南西北《なんせいほく》を拜《はい》す、拜日《はいにつ》の時《とき》は先《ま》づ拍手《かしはで》三回《くわい》、而《しか》してトウカミエミタミ、ハライタマヘ、キヨメタマヘを三回《くわい》、次《つぎ》に大神號《おほかみがう》を三回《くわい》、更《さら》に拍手《かしはて》三回《くわい》、他《た》の三方《はう》は前《まへ》のトウカミの方《はう》丈《だ》け三回《くわい》と拍手《かしにて》す、かく四方拜終《はうにいをは》れば、歸《かへ》つて修行殿《しゆぎやうでん》に入《い》り既定《きてい》の座《ざ》に着《つ》く、夫《それ》より主神禮拜《しゆしんれいはい》を爲《な》し、次《つぎ》に大祓《おほはらひ》を奏上《そうじやう》す、成《な》る丈《た》け大聲《おほごゑ》にて一時間位《じかんくらゐ》十三回以上《くわいいじやう》。

右《みぎ》の如《ごと》く初位《しよゐ》の第《だい》一行《ぎやう》二法則《はふすなは》ち行水《ぎやうやゐ》と大祓《おほはらひ》を行《おこな》ふこと普通《ふつう》一週間《しうかん》、早《はや》きは三日《か》、遠《とほ》きは一ヶ月《げつ》其期間《そのきかん》は師《し》の鑑定《かんてい》に任《まか》す、此《こ》の第《だい》一行終《ぎやうをは》れば第《だい》二行《ぎやう》に移《うつ》る。

二行調《てう》氣《き》法《はふ》

第《だい》二行《ぎやう》は行水《ぎやうすゐ》と四方拜《はうはい》は第《だい》一行《ぎやう》と同《おな》じく、次《つぎ》に大祓《おほはらひ》は三回《くわい》を減《げん》じ、大祓《おほはらひ》の次《つぎ》に約《やく》一時間《じかん》に亙《わた》り三回共調氣法《くわいともてうきはふ》を修《しう》す、此《これ》は一ヶ月以上《げついじやう》とす。

調氣法《てうきはふ》とは、先《ま》づ端座《たんざ》して姿勢《しせい》を正《たゞ》し、兩掌《りやうしやう》を胸前《きようぜん》にて金剛合掌《こんがうがつしやう》し、兩食指《りやうしよくし》を立《た》て、半眼《はんがん》にて口《くう》を開《ひら》き胸《むね》より腹《はら》、腸《はらわた》より足先《あしさき》までに籠《こも》れる毒氣《どくき》を強《つよ》く長《なが》く吐《は》き出《だ》し、此《こ》れは體内《たいない》の惡魔《あくま》を征伐《せいたつ》するものとすべし、吐《に》きたる後口《のちくち》を閉《こ》ぢ、鼻《はな》より新氣《しんき》を深《ふか》く長《なが》く吸《す》ひ入《い》れ、氣海丹田《きかいたんでん》は愚《おろ》か、足《あし》の爪先《つまさき》まで此《こ》の神氣《しんき》が充《み》ち滿《み》つる如《ごと》くにして此《こ》れは神《かみ》を迎《むか》へ眞《まこと》を養《やしな》ふものなりと觀《くわん》ずべし、深呼吸《しんこきふ》、腹式呼吸《ふくしきこきふ》、靜座法《せいざはふ》、坐禪《ざぜん》と其形似《そのかたちに》たれども、其《その》意義《いぎ》自《おのづか》ら異《ことな》るものあり、之《これ》を吐魔迎神《さまげいしん》と云《い》ふ。

三行 清《しやう》淨《じやう》觀《くわん》

第《だい》二行調氣法《ぎやうてうきはふ》を修得《しうとく》せる上《うへ》は、第《だい》三行《ぎやう》に移《うつ》る、第《だい》三行《ぎやう》に於《おい》ても、行水《ぎやうずゐ》、四方拜《はうはい》は前《まへ》の如《ごと》く、次《つぎ》に大祓《おほはらひ》一回《くわい》、次《つぎ》に調氣法《てうきはふ》二十分《ぶん》、それより清淨觀《しやうじやうくわん》を行《おこな》ふ、其期間《そのきかん》一ヶ月《げつ》。

清淨觀《しやうじやうくわん》は一方《ぱう》より云《い》へば不淨觀《ふじやうくわん》なり、不淨《ふじやう》を觀《くわん》じて清淨《しやうじやう》に入《い》ると云《い》ふ、例《たと》へば美《び》食《しよく》の慾念《よくねん》強《つよ》きものは美味美食《びみびしよく》も一旦口中《たんこうちう》に入《い》れば靡爛《びらん》して臭氣《しうき》を發《はつ》し、遂《つひ》に糞尿《ふんねう》となり、蛆蟲之《うぢむしこれ》に沸《わ》くと觀《くわん》じ又淫慾《またいんよく》の強《つよ》きものは、朝《あさ》に紅顏《こうがん》ありと雖《いへど》も夕《ゆふ》には白骨《はくこつ》となると觀《くわん》じ、慾《よく》は皆不淨《みなふじやう》なり、苦穢《くくわい》なりと想《おも》ひ、慾《よく》を去《さ》れば天眞玉空自性本來清淨《てんしんぎよくくうじせいほんらいしやうじやう》なるを得《う》ると念《ねん》ずるが如《ごと》きを云《い》ふ。

此《こ》の清淨觀《しやうじやうくわん》を行《おこな》ふこと毎日《まいにち》三回《くわい》、一回《くわい》一時間内外《じかんないぐわい》とす、而《しか》して觀後《くわんご》は六根清淨祓《こんしやうじやうはらひ》を三回《くわい》宛毎回《づつまいくわい》奏上《そうじやう》すべし。

四行神《しん》威《ゐ》觀《くわん》

第《だい》三行清淨觀《ぎやうしやうじやうくわん》終《をは》れば、第《だい》四行神威觀《ぎやうしんゐくわん》に移《うつ》る、行水《ぎやうすゐ》、四方拜《はうはい》、大祓《おほはらひ》、調氣法《てうきはふ》を行《おこな》ふことは前《まへ》に同《おな》じ、斯《か》く每日《まいにち》三回《くわい》約《やく》一時間位《じかんくらゐ》神威觀《しんゐくわん》を行《おこな》ふ、其期間《そのきかん》三週間以上《しうかんいじやう》とす。

神威觀《しんゐくわん》とは、先《ま》づ膜冲無膜《まくちうむまく》の宇宙《うちう》の大靈《たいれい》が發動《はつどう》して萬有《ばんいう》を化生《くわせい》し、生《せい》に變化活動《へんくわくわつどう》の次《し》第《だい》を觀《くわん》ず、次《つぎ》に偉人《ゐじん》の神靈《しんれい》が虛空《きよくう》に遍滿《へんまん》し、宇宙《うちう》の大靈《たいれい》と參差《さんさ》して衆人《しうじん》を監視《かんし》すると觀《くわん》ず、次《つぎ》に吾《ご》人乃至萬有《じんたいしばんいう》の精靈《せいれい》が此等《これら》神靈《しんれい》と互《たがひ》に交涉《かうせふ》し、吉凶禍福《きちきようくわふく》の運命《うんめい》を惹起《ひきおこ》すものなることを觀《くわん》ず、次《つぎ》に神威《しんゐ》は秋霜《しうさう》の如《ごと》く、信賞必罰寸毫《しんしやうひつばつすんがう》も假借《かしやく》することなく、其《そ》の嚴手《げんしゆ》なる眞《しん》に人間界《にんげんかい》の名法官《めいはふくわん》と異《こと》なることなしと觀《くわん》ず。

かく神威觀《しんゐくわん》を修《しう》したる後《のち》は、每回《まいくわい》必《かなら》ず十種《しゆ》の神靈辭《しんれいじ》を七回宛奏上《くわいづつそうじやう》すべし。

以上《いじやう》にて初位入信位《しよゐにふしんゐ》は修得《しうとく》せり、信仰《しんかう》は玆《こゝ》に愈々《いよ〳〵》確定《かくてい》して、亦《また》決《けつ》して動《うご》くことなし、未《いま》だ以《も》つて人《ひと》を敎化《けうくわ》することは不可能《ふかのう》なるも、宗敎家《しうけうか》たるの基礎《きそ》は立《た》ち、所謂獨善君子《いはゆるどくぜんくんし》たるの位置《ゐち》に達《たつ》せしものなり。

第二節　二位《ゐ》の修行《しゆぎやう》

第《だい》二位觀信位《ゐくわんしんゐ》は、宇宙《うちう》の眞相《しんさう》、人生《じんせい》の歸趣《きしゆ》を覺悟《かくご》するを目的《もくてき》とするを以《い》つて斯《か》く名《な》づく、二位亦《ゐまた》四行《ぎやう》に分《わか》つ、但《たゞ》し初位《しよゐ》より行數《ぎやうすう》を追《お》ひ以《もつ》て十八行《ぎやう》に及《およ》ぼさんどする故茲《ゆゑこゝ》には五行《ぎやう》として始《はじ》むべし。

五行　宇《う》宙《ちう》觀《くわん》

行水《ぎやうすゐ》、四方拜《はうはい》、大祓《おほはらひ》、調氣法《てうきほふ》を行《おこな》ふことは前《まへ》の如《ごと》し、夫《それ》より靜座《せいざ》して宇宙觀《うちうくわん》を行《おこな》ふことと毎日《まいにち》三回《くわい》、一回約《くわいやく》一時間《じかん》にして、其期間《そのきかん》一ヶ月以上《げついじやう》とす。

宇宙觀《うちうくわん》とは宇宙《うちう》の眞相如何《しんさういかん》と觀《くわん》ずるものにして、宇宙《うちう》は實《じつ》に此《かく》の如《ごと》きものなりと縱觀《じうくわん》、横觀《わうくわん》、達觀《たつくわん》、大觀《たいくわん》するを云《い》ふ、此《こ》の觀《くわん》を修《しう》する時《とき》は、其《そ》の然《しか》る所以《ゆゑん》を體覺自得《たいかくじとく》し、哲理《てつり》と化《くわ》して自信《じしん》と爲《な》すべきものとす、實《じつ》に一切《さい》の根本《こんぽん》たる原理《げんり》にして、眞智《しんち》の關門《くわんもん》なれば決《けつ》して誤《あやま》るべからず。

六行自《じ》心《しん》觀《くわん》

第《だい》五行《ぎやう》に於《おい》て宇《う》宙《ちう》の眞相《しんさう》を自覺《じかく》したる上《うへ》は、更《さら》に進《すゝ》みて自心《じしん》の如何《いか》なるものなるかを覺《さと》るべし、此《こ》の六行《ぎやう》は先《ま》づ行水《ぎやうずゐ》、四方拜《はうはい》、大祓《おほはらひ》、調氣法《てうきはふ》を行《おこな》ふことは前《まへ》に同《おな》じく、然《しか》る後《のち》毎《まい》日《にち》三回《くわい》一回《くわい》約《やく》一時《じ》間《かん》に亙《わた》りて自心觀《じしんくわん》を爲《な》すこと普《ふ》通《つう》四週間《しうかん》、早《はや》きは七日、遲《おそ》きは三ヶ月《げつ》を要《えう》すべし。

自心觀《じしんくわん》とは、肉體《にくたい》と精神《せいしん》、潛在《せんざい》の活力《くわつりよく》、常住《じやうぢうくわつりよく》の活力、特發《とくはつ》の活力等《くわつりよくとう》の意《い》義《ぎ》を觀《くわん》ずるものにして、結局自分《けつきよくじぶん》の心《こゝろ》の有樣《ありさま》、善惡兩心《ぜんあくりやうしん》の發動《はつどう》の次第《しだい》を自覺《じかく》するものとす、而《しか》して更《さら》に又自己《またじこ》の心《こゝろ》を一つの胞種《はうしゆ》と假定《かてい》し、それが次第《しだい》に萠芽《はうが》發育《はついく》して、順次《じゆんじ》枝葉《えふ》を生《しやう》じ、遂《つひ》に沖天《ちうてん》の大木《たいぼく》となる有樣《ありさま》より、更《さら》に此《こ》の大木《たいぼく》が朽《く》ち果《は》てゝ烟《けむり》と爲《な》り土《つち》と化《くわ》するの形勢《けいせい》を順逆縱橫《じゆんぎやくじうわう》に觀《くわん》じ、以《もつ》て自心《じしん》の活動《くわつどう》と變通《へんつう》とを想《おも》ふべし。

七行靈《れい》力《りよく》觀《くわん》

第《だい》七行《ぎやう》も行水《ぎやうずゐ》、四方拜《はうはい》、大祓《おほはらひ》、調氣法《てうきはふ》を行《おこな》ふこと前《まへ》の如《ごと》し、而《しか》して後《の》ち毎日《まいにち》三回《くわい》一回《くわい》一時間靈力觀《じかんれいりよくくわん》を行《おこな》ふべし、此《こ》の靈力觀《れいりよくくわん》は頗《すこぶ》る困難《こんなん》なる觀法《くわんはふ》なれば、其期間《そのきかん》を豫定《よてい》し難《がた》きも通常《つうじやう》五十日《にち》、早《はや》きは十日《か》、遲《おそ》きは際限《さいげん》なく、或《あるひ》は體得《たいとく》、修成《しうせい》を了《れう》し難《がた》き者《もの》さへあり。

靈力觀《れいりよくくわん》とは宇宙《うちう》の活力《くわつりよく》としての神《かみ》、偉人《ゐじん》の靈力《れいりよく》としての神《かみ》、異物《いぶつ》の通力《つうりき》としての神《かみ》の意義《いぎ》を充分《じうぶん》に觀得《くわんとく》し、更《さら》に其《そ》の相互《さうご》の關係交渉《くわんけいかうせふ》を覺了《かくれう》することを要《えう》するものにして、宇宙《うちう》の大靈《たいれい》と自己《じこ》の精神《せいしん》、偉人《ゐじん》の神靈《しんれい》と自己《じこ》の精神《せいしん》とが互《たがひ》に交渉《かうせふ》する有樣《ありさま》より、更《さら》に狐《きつね》の通力《つうりき》、猫《ねこ》の通力等《つうりきとう》の動物《どうぶつ》と吾人《ごじん》との精神的交渉《せいしんてきかうせふ》より、老木古木《らうぼくこぼく》の精靈等《せいれいとう》に至《いた》るまで、一種不可思議《しゆふかしぎ》の活力《くわつりよく》を有《いう》し、そが人間《にんげん》と相關《さうくわん》するものなることを具體的《ぐたいてき》に覺了《かくれう》すべきものとす。

八行　鎭《ちん》魂《こん》入《にふ》神《しん》

第《だい》八行《ぎやう》も始《はじ》めに、行水《ぎやうずゐ》、四方拜《はうはい》、大祓《おほはらひ》、調氣法《てうきはふ》を行《おこな》ふことは前《まへ》に同《おな》じ、次《つぎ》に鎭魂入神《ちんこんにふしん》の法《はふ》を行《おこな》ふ、此《これ》は何回《なんくわい》と定《さだ》む可《べか》らず、又時間《またじかん》も一定《てい》するを得《え》ず、十分間《ぶんかん》にて鎭魂《ちんこん》するあり、二時間《じかん》にても鎭魂《ちんこん》せざるあり、從《したが》つて其《そ》の期間《きかん》の如《ごと》きも、早《はや》きは一週日《しうにち》、長《なが》きは三ケ月《げつ》、或《あるひ》は六ケ月《げつ》を要《えう》することあり。

鎭魂法《ちんこんはふ》は調氣法《てうきはふ》と似《に》て非《ひ》なるものにして、端座合掌《たんざがつしやう》して、一切《さい》の妄念《まうねん》を斷《た》ち、瞑想《めいさう》にも非《あら》ず、默想《もくさう》にも非《あら》ず、又烈《またはげ》しく呼吸《こきふ》せず、單《たん》に蟲《むし》の息《いき》の通《かよ》ふと云《い》ふ程度《ていど》にて、考《かんが》へもせず、息《いき》を太《ふと》く吐《は》かず動《うご》きもせず、視《み》もせず、寂然不動《しゆくぜんふどう》の姿《すがた》に居《を》りて、無念無想《むねんむさう》の三昧《まい》に入《い》るものなり。

鎭魂《ちんこん》は卽入神《そくにふしん》にして、入神《にふしん》は又歸神《またきしん》とも云《い》ふ自己《じこ》の妄念《まうねん》を止《とゞ》むれば、本來《ほんらい》の神明《しんめい》と歸《き》同《ごう》し、神靈《しんれい》に入還《にふくわん》するを以《も》つてなり、既《すで》に鎭魂《ちんこん》すれば茲《こゝ》に入神《にふしん》し、入神《にふしん》すれば直《たゞ》ちに積《せき》極的《きよくてき》に活動《くわつどう》して現神《げんしん》となる、然《しか》れども今此《いまこ》の行《ぎやう》は消極的鎭魂《せつきよくてきちんこん》を目的《もくてき》とし、未《いま》だ積極的現《せききよくてきげん》神《しん》の活動《くわつどう》には至《いた》らざる程度《ていど》のものなり。

以上《いじやう》にて第《だい》二位《ゐ》の修行《しゆぎやう》を終《をは》れり、此《こ》れにて最早《もは》や宗教家《しうけうか》としての見識《けんしき》は定《さだ》まり、理論《りろん》に於《おい》ては至《いた》れり、左《さ》れば祈禱修法者《きたうしうはふしや》として、人《ひと》を救《すく》ふことは未《いま》だ及《およ》ばざれども、口《くち》に理《り》を解《さと》くことは可能《かのう》なり。

第三節　三位《ゐ》の修行《しゆぎやう》

第《だい》三位《ゐ》の修行《しゆぎやう》は本明位《ほんみやうゐ》と云《い》ふ、これは自己《じこ》及《およ》び宇宙《うちう》の本質《ほんしつ》を明《あき》らかにして、以《もつ》て宇宙《うちう》と自《じ》我《が》、即《すなは》ち小我《せうが》と大我《たいが》、神明《しんめい》と人間《にんげん》との具體的交渉《ぐたいてきかうせふ》、所謂物質上《いはゆるぶつしつじやう》の關係《くわんけい》を結《むす》び得《う》る根源《こんげん》を了《れう》得《さく》する階位《かいゐ》なり、この第《だい》三本明位《ほんみやうゐ》も亦《また》四行《ぎやう》に分《わか》る其《そ》の行法下《ぎやうはふしも》の如《ごと》し。

九行　五行《ぎやう》觀《くわん》

如上《じよじやう》の所觀《しよくわん》は無形《むけい》の方面《はうめん》より、宇宙《うちう》及《およ》び人心《じんしん》を觀察《くわんさつ》したるものが、今茲《いまこゝ》には有形的物質《いうけいてきぶつしつ》方面《はうめん》より、一切《さい》を觀測《くわんそく》せんとするにあり、九行《ぎやう》も初《はじ》めは、行水《ぎやうすゐ》、四方拜《はうはい》、大祓《おほはらひ》、調氣法《てうきはふ》を行《おこな》ふこと前《まへ》の如《ごと》く、次《つぎ》に五行觀《ぎやうくわん》を修《しう》する、此《こ》の觀《くわん》は一日《にち》一回《くわい》二時間位《じかんくらゐ》とし、他《た》の餘暇《よか》は前《まへ》八行《ぎやう》の復習《ふくしふ》を隨意《ずゐい》に爲《な》すべし此《こ》の觀行《くわんぎやう》は二十日位《かくらゐ》にて達《たつ》し得《う》べきものとす。

五行觀《ぎやうくわん》は、上《かみ》は日月星辰《にちげつせいしん》より、下《しも》は人獸蟲魚《じんじうちうぎよ》、草木《さうもく》に至《いた》るまで、皆木火土金水《みなもくくわどきんすゐ》の五行《ぎやう》の氣《き》より成《な》るものか、左《さ》もなければ、其《その》五行《ぎやう》の質《しつ》より成《な》らざるものあることなし、故《ゆゑ》に星辰《せいしん》の五行《ぎやう》も、人間《にんげん》の五行《ぎやう》も蟲魚《ちうぎよ》の五行《ぎやう》も、草木《くさき》の五行《ぎやう》も、道理《だうり》に於《おい》て少《すこ》しも異《ことな》るものに非《あら》ず、左《さ》れば、彼《かれ》の五行卽《ぎやうすなは》ち此《こ》れの五行《ぎやう》、此《こ》れの五行卽《ぎやうすなは》ち彼《かれ》の五行《ぎやう》にして、渾《こん》然《ぜん》として裁斷《さいだん》すべきに非《あら》ず、東流西流南流北流所在《とうりうせいりうなんりうほくりうしよざい》異《ことな》るも、水性《すゐせい》敢《あへ》て異《こと》ならず、從《したが》つて等《ひと》しく海《うみ》に入《い》つて一水無別《すゐむべつ》の水《みづ》となる。此《こ》の理《り》を推《お》せば人變《ひとへん》じて蟲魚《ちうぎよ》と化《くわ》し、狐狸化《こりくわ》して人《ひと》と爲《な》るも又難《またがた》きに非《あら》ず、精神的感應《せいしんてきかんおう》は今更云《いまさらい》ふまでもなく、物質的《ぶつしつてき》にも亦彼此互《またかれこれたがひ》に感應《かんおう》し、又病態《またびやうたい》にある物質卽《ぶつしつすなは》ち肉體《にくたい》と變《へん》じて、換《くわん》して强健體《きやうけんたい》と爲《な》すことも亦可能《またかのう》なりと觀《くわん》ず、其他此《そのたこ》の例《れい》に準《じゆん》じて、一切《さい》を觀察《くわんさつ》し、同體同源宇宙《どうたいどうげんうちう》一體《たい》の大全《たいぜん》に到達《たうたつ》すべし。

十行　靈《れい》肉《にく》調《てう》和《わ》觀《くわん》

此《こ》の第《だい》十行《ぎやう》も亦《また》先《ま》づ、行水《ぎやうずゐ》、四方拜《はうはい》、大祓《おほはらひ》、調氣法《てうきはふ》を行《おこな》ひ、然《しか》る後靈肉調和觀《のちれいにくてうわくわん》に入《い》る、これは毎日《まいにち》三回《くわい》一回約《くわいやく》一時《じ》間宛《かんづつ》にして、十日《か》間《かん》位《くらゐ》を期間《きかん》とす。

靈肉調和觀《れいにくてうわくわん》とは、從來《じうらい》は精神《せいしん》は精神《せいしん》、物質《ぶつしつ》は物質《ぶつしつ》と別々《べつ〳〵》に觀《くわん》じて、其各作用《そのかくさよう》を究《きは》めたる故《ゆゑ》、今茲《いまこゝ》に至《いた》つては物《もの》と心《こゝろ》、靈《れい》と肉《にく》との兩者《りやうしや》が互《たがひ》に調和《てうわ》一致《ち》して、神變不思議《しんぺんふしぎ》の作用《さよう》を爲《な》すと同時《どうじ》に、靈《れい》の力《ちから》が肉《にく》を動《うご》かし、肉《にく》の力《ちから》が靈《れい》を感《かん》ぜしめ、更《さら》に進《すゝ》んで乙《おつ》の靈《れい》が甲《かふ》の肉《にく》を動《うご》かし、丙《へい》の肉《にく》が丁《てい》の靈《れい》を刺戟《しげき》する等《とう》の綜錯《そうさく》せる關係《くわんけい》を觀察《くわんさつ》し、悟了《これう》するものにして、此《こ》れに依《よ》つて療病消息《れうびやうせうそく》の祈禱《きたう》、竝《なら》びに間接祈禱《かんせつきたう》の有効《いうかう》なる所以《ゆゑん》の原理《げんり》を自覺《じかく》するものなり。

十一行　靈《れい》肉《にく》分《ぶん》離《り》觀《くわん》

行水《ぎやうずゐ》、四方拜《はうはい》、大祓《おほはらひ》、調氣法《てうきはふ》は前《まへ》に同《おな》じ、然《しか》る後毎日《のちまいにち》三回《くわい》一回《くわい》一時間以上《じかんいじやう》、この靈肉分《れいにくぶん》離觀《りくわん》を行《おこな》ふべし、此《こ》れは三週間位《しうかんくらゐ》にて達《たつ》するものあり、又《また》一年以上《ねんいじやう》を要《えう》するものあり、天《てん》才利根《さいりこん》の者《もの》と雖《いへど》も、一週間以上《しうかんいじやう》を費《つひや》すべし。

靈肉分離觀《れいにくぶんりくわん》は、過去《くわこ》の吾人《ごじん》、未來《みらい》の吾人等《ごじんら》の意義《いぎ》を稽《なら》へ、夢《ゆめ》に就《つ》いての考察《かうさつ》、潛在意《せんざいい》識《しき》の狀態《じやうたい》より、生靈《せいれい》、死靈等《しりやうとう》に就《つ》いて詳《つまび》らかに觀察《くわんさつ》し、靈《れい》と肉《にく》との分離《ぶんり》する次第《しだい》、靈《れい》と肉《にく》と分離《ぶんり》せる間《あひだ》に於《お》ける雙方《さうはう》の間《あひだ》の狀態《じやうたい》、靈《れい》と肉《にく》と再《ふたゝ》び結合《けつがふ》する順序《じゆんじよ》、分離《ぶんり》に終《をは》る狀態《じやうたい》死時《しじ》斷末魔《だんまつま》の形《けい》況等《きやうとう》を思惟《しゐ》すべし。

十二行　神《しん》道《だう》護《ご》摩《ま》法《はふ》

此《こ》の第《だい》十二行《ぎやう》も、行水《ぎやうずゐ》、四方拜《はうはい》、大祓《おほはらひ》、調氣法《てうきはふ》は前《まへ》に同《おな》じく修行殿《しゆぎやうでん》にて行《おこな》ひ、夫《それ》より別《べつ》に設《まう》けある護摩殿《ごまでん》に入《い》りて、神道護摩法《しんだうごまはふ》を行《おこな》ふべし、護摩殿《ごまでん》の設《まう》けなき時《とき》は、修行殿《しゆぎやうでん》に火《くわ》爐《ろ》を假設《かせつ》して其方式《そのはうしき》を習《なら》ふも可《か》なり。

以上《いじやう》にて第《だい》三本明位《ほんみやうゐ》の修行終《しゆぎやうをは》れり。

第四節　四位《ゐ》の修行《しゆぎやう》

第《だい》四を感應位《かんおうゐ》と云《い》ふ、神人感應《しんじんかんおう》して靈驗《れいげん》を現《あら》はし得《う》る地位《ちゐ》に達《たつ》するを目的《もくてき》とす、此《こ》の位《くらゐ》を又《また》四行《ぎやう》に分《わか》つ、主《しゆ》として祈禱《きたう》の方式《はうしき》を學《まな》ぶにあり。

十三行　加《か》持《ぢ》禁《きん》厭《えん》法《はふ》

第《だい》十三行《ぎやう》も亦行水《またぎやうすゐ》、四方拜《はうはい》、大祓《おほはらひ》、調氣法《てうきはふ》を行《おこな》ふことは前《まへ》に同《おな》じ、斯《か》くて後祈禱殿《のちきたうでん》に入《い》り、神道所傳《しんだうしよでん》の加持禁厭《かぢきんえん》の法《はふ》を學《まな》ぶ、時間《じかん》、回數《くわいすう》、期限等《きげんとう》は制限《せいげん》なし、其方式《そのはうしき》に熟達《じゆくたつ》して獨立實行《どくりつじつかう》し得《う》れば卽《すなは》ち可《か》なり、加持禁厭《かぢきんえん》の方式《はうしき》、所流《しよりう》、理義等《りぎとう》は「加持祈禱神傳《かぢきたうしんでん》」の書《しよ》に依《よ》るべし。

十四行　自《じ》修《しう》祈《き》禱《たう》法《はふ》

行水《ぎやうゐ》、四方拜《はうはい》、大祓《おほはらひ》、調氣法《てうきはふ》は前《まへ》に同《おな》じく修行殿《しゆぎやうでん》にて行《おこな》ひ、夫《それ》より祈禱殿《きたうでん》に入《い》り、自己《じこ》の主神《しゆしん》を勸請《くわんじやう》して、自修祈禱法《じしうきたうはふ》を行《おこな》ふべし、毎日朝夕《まいにちあさゆふ》二回《くわい》一回《くわい》一時間餘《じかんよ》、其期《そのき》三七日《にち》とす。

自修祈禱《じしうきたう》は自己《じこ》の眞心《まごころ》即《すなは》ち神明《しんめい》の御分身《ごぶんしん》たる精神《せいしん》を發動《はつどう》せしめて、主神《しゆしん》と感應《かんおう》一致《ち》するを目的《もくてき》とす、俗《ぞく》に所謂《いはゆる》神降《かみくだ》しと相似《あひに》たるものなり、默念《もくねん》して主神《しゆしん》の示現《じげん》を求《もと》め、又神《またしん》託《たく》を受《う》くることあるべし、方式《はうしき》は一定《てい》するを要《えう》せず、如何《いか》なる順序方法《じゆんじよはうはふ》によるも、神人《しんじん》一致《ち》、神明《しんめい》の示現《じげん》を得《う》るに至《いた》れば可《か》なり、此《こ》れは三七日《にち》にて示現《じげん》を得《う》ること能《あた》はざれば其《そ》の人《ひと》は此《こ》の法《はふ》に適《てき》せざるものと知《し》るべし。尤《もつと》も更《さら》に發奮《はつぷん》して強《たつ》て通達《つうたつ》せんとするなれば三週間位斷食《しうかんくらゐだんじき》して祈念《きねん》すべし。

十五行　太《たい》占《せん》行《ぎやう》事《じ》

行水《ぎやうすゐ》、四方拜《はうはい》、大祓《おほはらひ》、調氣法《てうきはふ》は前《まへ》の如《ごと》し、而《しか》して後神格殿《のちしんかくでん》に入《い》り、太占行事《たいせんぎやうじ》を習《なら》ふべし。神格殿《しんかくでん》の設《まう》け無《な》き時《とき》は神殿《しんでん》に於《おい》て爲《な》すべし、回數《くわいすう》、時間《じかん》、期間《きかん》の制限《せいげん》なし、充分占《じうぶんうらな》ひ得《う》るに至《いた》れば卽《すなは》ち可《か》なり。

太占行事《たいせんぎやうじ》は神代《かみよ》諸册兩尊《いざなぎりやうそん》及《およ》び天岩戸開《あまのいはとひら》きの際《さい》にも行《おこな》はれ、爾來支那《じらいしな》の陰陽道《いんやうだう》、又《また》は周《しう》易《えき》と相依《あひよ》りて益々發達《ますますはつたつ》せり、尤《もつと》も正式《せいしき》の太占行事《たいせんぎやうじ》は事頗《ことすこぶ》る面倒《めんだう》なれば、之《こ》れに代《か》ゆるに神易《しんえき》を以《も》てするも可《か》なり、神易《しんえき》とは前《まへ》の自《じ》修祈禱法《しうきたうはふ》により、神人感應《しんじんかんおう》一致《ち》の際《さい》に筮竹《ぜいちく》を分《わか》ち、神勅《しんちよく》によりて卦《け》を立《た》て、其判斷《そのはんだん》をば周易《しうえき》に依《よ》つて行《おこな》ふものにして、我神道卽《わがしんだうすなは》ち惟《かん》神《ながら》の大道《だいだう》と周易《しうえき》との其《そ》の特長《とくちやう》を弄《もてあそ》び用《もち》ふる故《ゆゑ》に神易《しんえき》と云《い》ふ、蓋《けだ》し易《えき》は天地《てんち》の理《り》教《けう》に基《もとづ》き神秘《しんぴ》的《てき》のものにして、孔子《こうし》も我早《われはや》く易《えき》を知《し》らば過《あやま》ち少《すくな》かりしならんと云《い》はれ、又易《またえき》を讀《よ》むに韋編《ゐへん》三たび絕《た》つといひ、本來自《ほんらいし》然神秘《ぜんしんぴ》に出《い》で、之《これ》に四聖《せい》の肝膽《かんたん》を碎《くだ》きて爻斷《よくだん》を加《くは》へられしものなれば天地《てんち》の玄機《げんき》、人事《じんじ》の機微《きび》至《いた》らざるなし、卽《すなは》ち太占《たいせん》より便宜《べんぎ》にしてよく人事《じんじ》に適合《てきがふ》する點《てん》あり、故《ゆゑ》に神事《しんじ》は太占《たいせん》、人事《じんじ》は神易《しんえき》を用《もち》ふるを可《か》とす。

十六行　息災《そくさい》増益《ぞうえき》祈禱法《きたうはふ》

行水《ぎやうゐ》、四方拜《はうはい》、大祓《おほはらひ》、調氣法《てうきはふ》は前《まへ》に同《おな》じ、それより祈禱殿《きたうでん》に入《い》り息災《そくさい》及《およ》び増益《ぞうえき》に關《くわん》する祈禱法《きたうはふ》を修得《しうとく》すべし、時間等制限《じかんとうせいげん》はなし。

息災《そくさい》には療病《れうびやう》、除厄《ぢよやく》、其他各種《そのたかくしゆ》の災難除《さいなんよ》け祈禱《きたう》あり、然《しか》れども其方式《そのはうしき》は同《どう》一なり、一法《はふ》を得《う》れば他《た》は推《お》して知《し》るべし、増益《ぞうえき》には、開運《かいうん》、成功《せいこう》、繁昌等《はんじやうとう》その數頗《すうすこぶ》る多《おほ》し、而《しか》も是亦《これまた》一を知《し》つて他《た》は之《これ》に準《じゆん》ずべし、而《しか》して此等《これら》の祈禱法《きたうはふ》は護摩殿《ごまでん》にて護摩《ごま》を焚《た》きつゝ修法《しうはふ》することもあり、尤《もつと》も護摩祈禱《ごまきたう》は餘程大事《よほどだいじ》の時に行《おこな》ふものとす、祈禱法及《きたうはふおよ》び各祈禱《かくきたう》の方式《はうしき》は「加持祈禱神傳《かじきたうしんでん》」によるへし。

十七行　敬愛《けいあい》、召留《せうりう》祈禱法《きたうはふ》

行水《ぎやうゐ》、四方拜《はうはい》、大祓《おほはらひ》、調氣法等《てうきはふとう》は前《まへ》に同《おな》じ、次《つぎ》に祈禱殿《きたうでん》に入《い》り敬愛《けいあい》、鎭護《ちんご》、召鈎《せうく》、柳留《りうる》等《とう》の祈《き》禱法《たうはふ》を學《まな》ぶ、其時間《そのじかん》、期間《きかん》には制限《せげん》なし。

敬愛《けいあい》とは他《た》に信任《しんにん》せられ、美男美女《びなんびぢよ》を得《う》る事等《こととう》より種々《しゆ〴〵》あり、次《つぎ》に國家《こくか》の鎮護法《ちんごはふ》、社《しや》會家庭《くわいかてい》の平和《へいわ》、一切《さい》の安全《あんぜん》、鎮火法《ちんくわはふ》、用《よう》ある人《ひと》を自然《しぜん》と來《きた》らしめる召鈎法《せうくはふ》、又《また》は走《はし》れる人《ひと》を留《とゞ》むる法《はふ》あり、其方式根本《そのはうしきこんぽん》に於《おい》て大差《たいさ》なきも、又各々特殊《またおの〳〵とくしゆ》の形《かた》ちあり、それ〳〵充《じう》分《ぶん》に會得《ゑとく》すべし、其《そ》の方式理義《はふしきりぎ》等《とう》は「加持祈禱神傳《かぢきたうしんでん》」に依《よ》るべし。

以上《いじやう》にて第《だい》四位《ゐ》感應位《かんおうゐ》は終《をは》れり。

第五節　極《ごく》位《ゐ》の修《しゆ》行《ぎやう》

第《だい》五位《ゐ》卽《すなは》ち極位《ごくゐ》は現神位《げんしんゐ》なり。此《こ》れは自己《じこ》の神《かみ》と宇宙《うちう》の大靈《たいれい》なる神明《しんめい》とが顯現《けんげん》して、互《たがひ》に活躍《くわつやく》する位《くらゐ》にして、極地《ごくち》に入《い》り神化《しんくわ》せらるゝものなり、第《だい》四位《ゐ》の修行終《しゆぎやうをは》れば自然《しぜん》と玆《こゝ》に至《いた》るべきものにして此《こ》の位《くらゐ》は修行《しゆぎやう》の階級《かいきふ》もなき筈《はず》なるも、便宜上《べんぎじやう》二行《ぎやう》に分《わか》ち、又期間《またきかん》は終《しう》身行《しんおこな》ふべきものにして、別《べつ》に一定《てい》の制限《せいげん》を要《えう》せず、是《こ》れ大敎師《だいけうし》、人天《じんてん》の師《し》たる究竟《きうきやう》の位《くらゐ》、結局名《けつきよくな》づくべき名《な》なく、單《たん》に神化《しんくわ》とか、成神《せいじん》とか、靈化《れいくわ》とか云《い》ふの外《ほか》なきものとす。

十八行　調伏《てうふく》救靈《きうれい》祈禱法《きたうはふ》

行水《ぎやうすゐ》、四方拜《はうはい》、大祓《おほはらひ》、調氣法《てうきはふ》は前《まへ》の如《ごと》く、此《こ》の四位《ゐ》は終身《しうこん》一定時《ていご》に必《かな》らず行《おこな》ふべきものとす。

調伏《てうき》法《はふ》は常人《じやうじん》に許《ゆる》さず、眞《しん》に現神位《げんしんゐ》に入《い》りたるものにして始《はじ》めて行《おこな》ふべし、又次《またつぎ》に死靈《しれい》救濟《きうさい》、生靈憑異性《せいれいへうい》の怪憑《くわいへう》、祈雨《きう》、祈晴等《きせいとう》の祈禱法《きたうはふ》あり、極位《ごくゐ》に上《のぼ》りたるものは此等《これら》の法《はふ》を修《なさ》め置《お》くべし、但《たゞ》し妄《みだ》りに行《おこな》ふべからず、天下《てんか》國家《こくか》の爲《た》め、或《あるひ》は多《た》數人《すうじん》、或《あるひ》は善人《ぜんにん》の生《せい》命《めい》に關《くわん》するが如《ごと》き際《さい》に至《いた》つて始《はじ》めて行《おこな》ふべし、其方式《そのはうしき》は別項《べつかう》に說《と》くべし。

十九行　神《しん》力《りよく》活《くわつ》現《げん》

十九行《ぎやう》は實《じつ》に神聖《しんせい》の位《くらゐ》にして、行《ぎやう》の行《ぎやう》とすべきものなく、座作行歩《ざさくぎやうほ》悉《ことごと》く神力《しんりよく》の發現《はつげん》となり、大《だい》は天地《てんち》の變異《へんい》國際《こくさい》の問題《もんだい》より、一國《こく》の政治的《せいぢてき》變化《へんくわ》、社會《しやくわい》の消長《せうちやう》を始《はじ》めとして、一家《か》一人《にん》の吉凶禍福《きちきようくわふく》、念《ねん》じて明《あき》らかならざるはなく、語《かた》つて當《あた》らざるなく、未來《みらい》を洞察《どうさつ》して豫言《よげん》し、一念《ねん》禍福《くわふく》を轉換《てんくわん》し、一言《げん》能《よ》く人《ひと》を動《うご》かし、一擧《きよ》遂《つひ》に天地《てんち》を感《かん》ぜしむるに至《いた》るものにして、之《こ》れを忘我《ばうが》の大我《たいが》、無念《むねん》の大念《たいねん》、神人同化《しんじんどうくわ》の最上位《さいじやうゐ》とす、實《じつ》に無修《むしう》の修《しう》、無行《むぎやう》の大行《たいぎやう》なり、斯《か》くの如《ごと》くにして自己《じこ》の爲《な》すべき修行《しゆぎやう》は終《をは》れり。

第六節　自然《しぜん》の錬行法《れんぎやうはふ》

前《まへ》に示《しめ》したる五位《ゐ》十八行《ぎやう》は、修行《しゆぎやう》する爲《た》めに作《つく》られたる殿堂《でんだう》に於《おい》て、指導者《しだうしや》たる師匠《ししやう》あり、一定《てい》の方式《はうしき》の下《もと》に修行《しゆぎやう》する正法《せいはふ》なり、然《しか》るに之《これ》に反《はん》したる別途《べつと》の修行法《しゆぎやうはふ》あり、そは即《すなは》ち殿堂《でんだう》に於《おい》てす、又敢《またあへ》て師《し》に付《つ》かず、且《か》つ秩序立《ちつぢよだ》ちたる方式《はうしき》に依《よ》るにも非《あら》ずして、自修自《じしうじ》得《とく》するものこれなり、勿論此《もちろんこ》れは頗《すこぶ》る抜群《ばつぐん》の天才《てんさい》を有《いう》し、百折《せつ》不撓《ふたう》の傑物《けつぶつ》に非《あら》ざれば能《あた》はざる所《ところ》なり。

此《こ》の自然的自修法《しぜんてきじしうはふ》も、或《あるひ》は何等《なんら》かの因縁《いんねん》を以《も》つて、修法《しうはふ》の方式《はうしき》を聞《き》けることあり、或《あるひ》は書物《しよもつ》に於《おい》て見得《けんとく》せしことあり、或《あるひ》は自然《しぜん》に自覺感得《じかくかんとく》するあり、斯《か》くて林間《りんかん》又《また》は幽窟《いうくつ》に住《す》み或《あるひ》は大食《たいしよく》を斷《た》ちて、木實《このみ》等《とう》を食《く》ひ、或《あるひ》は吸霞飲雲《きふかいんうん》、或《あるひ》は水《みづ》に入《い》り、或《あるひ》は巖頭《がんこう》に座《ざ》し、以《もつ》て妄《まう》を遣《や》り、眞《しん》を錬《ね》り、遂《つひ》に宇宙《うちう》の大靈《たいれい》と同化《どうくわ》して、神通自在《じんつうじざい》の境界《きやうかい》に至《いた》るものなり。

或《あるひ》は閑靜《かんせい》の地《ち》に隱棲《いんせい》して、一方《はう》には自然《しぜん》の風月《ふうげつ》を友《とも》とし、一方《はう》には一定《てい》の方式《はうしき》によりて自修《じしう》する、所謂隱士《いはゆるいんし》の類《たぐひ》あり、此《こ》れは前《まへ》の仙人流《せんじんりう》とは稍々《やゝ》趣《おもむき》を異《こと》にして、頗《すこぶ》る風流《ふうりう》あるものなり、而《し》かも其《そ》の至《いた》る所《ところ》は結局同《けつきよくどう》一地點《ちてん》にして、現神位《げんしんゐ》に上《のぼ》るもの少《すく》なからず、されば其人《そのひと》の性格機《せいかくき》能《のう》の如何《いかん》に依《よ》りて自然的《しぜんてき》の自修《じしう》も又決《またけつ》して不可能《ふかのう》に非《あら》ず、然《しか》れども自修《じしう》の岐道《きだう》に走《はし》り易《やす》く、又既《またすで》に成就《じやうじゆ》するも濟民《さいみん》の活動《くわつどう》に缺《か》くる所《ところ》なきにしも非《あ》らず、故《ゆゑ》に常途《じやうと》の人《ひと》は師々《しゝ》相承《さうしよう》の正法《せいはふ》を形《かた》の如《ごと》く傳《つた》ひ學《まな》ぶを便宜《べんぎ》なりとす。

第七節　節《せつ》食《しよく》と斷《だん》食《じき》

入門式《にふもんしき》を行《おこな》ひ修行《しゆぎやう》の成就《じやうじゆ》するまでは、飲食物《いんしよくぶつ》に就《つ》いて左《さ》の方規《はうき》を遵守《じゆんしゆ》すべきものとす。

一、朝《てう》夕《せき》二食《しよく》、一食《しよく》米《こめ》五勺《しやく》、麥《むぎ》五勺《しやく》以《い》内《たい》とす。

二、難法《なはふ》の際《さい》は二食共《しよくとも》粥《かゆ》三杯《はい》、又《また》一食《しよく》丈《だけ》粥《かゆ》二椀《わん》となすことあるべし。

三、酒類《さけるゐ》、肉類《にくるゐ》は一切《さい》嚴禁《げんきん》の事《こと》。

四、葱薑《ねぎしやうが》等《とう》の如《ごと》き辛《から》き物《もの》、臭氣《しうき》高《たか》きものは禁止《きんし》の事《こと》。

五、菜類《なるゐ》、芋《いも》類少許《るゐすこしはかり》、豆腐《とうふ》、蕎麥類《そはるゐ》は用《もち》ゆべし。

六、梅干《うめほし》は白湯《さゆ》三囘迄《くわいまで》用《もち》ふるを許《ゆる》す。

七、茶《ちや》其他《そのた》亢奮性《かうふんせい》、刺戟性《しげきせい》を帯《お》ぶるものは禁止《きんし》の事《こと》。

食事《しよくじ》の際《さい》は、飯菜《はんさい》を盛《も》りて膳《ぜん》に供《そな》へ、之《こ》れに向《むか》つて拍手禮拜《はくしゆれいはい》し、是《こ》れ神明《しんめい》の分靈《ぶんれい》なり、我《わ》が生命《せいめい》の親《おや》なりと觀《くわん》じ徐々《じよく》に飲食《いんしよく》すべし。

次《つぎ》に修行進歩《しゆぎやうしんぽ》し難《がた》きものは、左《さ》の順序《じゆんじよ》によりて、遂《つひ》に斷食《だんじき》すべし。

一、先《ま》づ火食《くわしよく》を斷《た》ち、水《みづ》を呑《の》み、梅干《うめほし》、蕎麥粉《そはこ》等《とう》を食《く》ふ事《こと》。

二、最初《さいしよ》は一日間斷食《にちかんだんじき》し、次《つぎ》は二日間《かかん》、次《つぎ》は三日間斷食《かかんだんじき》すべし。

三、大誓願《だいせいぐわん》を發《はつ》し、猛烈《まうれつ》の荒修行《あらしゆぎやう》を爲《な》さんとする時《とき》は五週間《しうかん》の斷食《だんじき》を爲《な》すべし、但《たゞ》し一週間《しうかん》毎《ごと》に一日宛《にちづつ》休《やす》み、粥《かゆ》の重湯《おもゆ》一日三囘《にちくわい》一椀《わん》づつ飲《の》むべし。

四、斷食中《だんじきちう》も行水《ぎやうずゐ》、四方拜《はつぱい》、大祓《おほはらひ》は缺《か》く可《べ》らず、

五、一週間以上斷食《しうかんいじやうだんじき》の時《とき》は、二日以上四日間《かかん》は固形食《こけいしよく》を用《もち》ひず、重湯葛湯《おもゆくずゆ》等《とう》にて漸次囘復《ぜんじくわいふく》することを圖《はか》るべし。

因《ちなみ》に五週間《しうかん》の斷食《だんじき》は不可能《ふかのう》に非《あら》ず、又生理上決《またせいりじやうけつ》して害《がい》あるものに非《あら》ず、然《しか》れども病患《びやうくわん》あるものは用《もち》ゆべからず。

節食《せつしよく》、斷食《だんじき》の出來《でき》ざるが如《ごと》きものは、到底宗教家《たうていしうけうか》たるの資格《しかく》なしと知《し》るべし。

第八節　物《ぶつ》忌《き》行《ぎやう》事《じ》

物忌《ぶつき》は齋戒《さいかい》に同《おな》じく此《こ》の行事《ぎやうじ》は神代《しんだい》諸冊《だくさく》兩《りやう》尊蛭兒を生み給《たま》ひし時《とき》より行《おこな》はれたるものにして、上代以來忌部《じやうだいいらいきぶ》なるものありて、之《これ》を掌《つかさど》り極《きは》めて嚴格《げんかく》なる行事《ぎやうじ》なり、通常《つうじやう》の祭儀《さいぎ》すら猶此《なほこ》の物忌《ぶつき》を以《も》つて、神《かみ》に仕《つか》ふる唯一《ゆゐいつ》の至道《しだう》となせり、況《いは》んや現神《げんしん》の境《さかひ》に至《いた》らんとするものには、苟《いやし》くも之《これ》を忽諸《ゆるがせ》に附《ふ》すべからず、蓋《けだ》し神人《しんじん》の感應《かんおう》は至誠《しせい》にあり、至誠《しせい》は先《ま》づ邪僞《じやぎ》を去《さ》り、神氣形體《しんきけいたい》の汚穢《をくわい》を洗滌《せんでう》して後神忌《のちしんし》を凝《こ》らすの他《ほか》なし。

抑《そもそ》も物忌《ぶつき》には、致齋卽《ちさいすなは》ち眞忌《しんき》とて、百事《ひやくじ》を悉《こと〲》く廢《はい》し、淨身沐浴《じやうしんもくよく》して、唯々《たゞ〲》神事《しんじ》のみを行《おこな》ふものと散齋卽《さんさいすなは》ち琉忌《そき》とて、喪《も》を弔《とむら》はず、刑殺《けいさつ》を判《はん》ぜず、肉《にく》を食はず、汚穢等《をくわいとう》の事《こと》に預《あづか》らざる等《とう》の禁忌《きんき》とあり。これは大祀《たいし》、小祀《せうし》に依《よ》りて分《わか》つものとす、各物忌《かくぶつき》の要項《えうかう》を左《さ》に列《れつ》記《き》すべし。

一、別《べつ》室《しつ》に居《きよ》を移《うつ》し、其《そ》の室《しつ》は清掃《せいさう》して、注縄《しめなは》を張《は》る事《こと》。

二、社會《しやくわい》の人《ひと》と交《まじ》はらず、要務《えうひ》ある時《とき》は間《あひだ》を隔《へだ》てゝ談《だん》ずること。

三、食器《しよくき》は浄器《じやうき》とて、白木具《しろきぐ》、瓦器《かはらけ》等《とう》を用《もち》ふること。

四、厠《かはや》に入《い》る毎度《たびごと》に行水《ぎやうずゐ》又《また》は湯浴《たうよく》する事《こと》。

五、喪家《もか》に入《い》らざる事《こと》。

六、肉食《にくしよく》及《およ》び五年《ねん》飲酒《いんしゆ》せざる事《こと》。

七、喧嘩《けんくわ》争論《さうろん》其他《そのた》騒擾《さうぜう》しき場所《ばしよ》に立寄《たちよ》り、又《また》見聞《けんぶん》等《とう》せざる事《こと》。

八、婦人《ふじん》に接《せつ》せず、又《また》婦人《ふじん》を室内《しつない》に入《い》らしめざる事《こと》、特《とく》に不浄《ふじやう》ある婦人《ふじん》の觸《ふ》れたるものは一切《さい》用《もち》ひざる事《こと》。

九、火《ひ》は毎朝《まいあさ》改《あらた》めて切《き》り火《び》とする事《こと》、マッチ等《とう》は不論《ふろん》なり用《もち》ふべからず、宿火《やどび》を用《もち》ふる勿《なか》れ、穢人家《くわいじんいへ》に入《い》れば火《ひ》を改《あらた》むべし。

十、高歌放聲《かうかはうせい》、高笑《かうせう》、諧談《かいだん》、横目上目《よこめうはめ》、横臥《わうぐわ》、踦居《ききよ》、疾走《しつそう》、盗歩《たうほ》、悲泣《ひきふ》、瞋怒《しんど》、暴語《ばうご》、横議《わうぎ》、詰責《きつせき》等《とう》一切嚴禁《さいげんきん》の事《こと》。

右《みぎ》の内特《うちとく》に穢火《くわいび》を忌《い》む、蓋《けだ》し世間《せけん》の災《わざはひ》はすべて火《ひ》の穢《けが》れより起《おこ》り、生火《せいくわ》、清火《せいくわ》は造化《ざうくわ》の功《こう》を助《たす》け生々《いき〳〵》として日《ひ》に月《つき》に榮《さか》え行《ゆ》くものなればなり、故《ゆゑ》に鎮火《ちんくわ》の祭儀《さいぎ》は神代《しんだい》より行《おこな》はれ又出雲《またいづも》宮司家《ぐうじけ》には齋殿《さいでん》ありて物忌行事《ぶつきぎやうじ》を主《しゆ》とし、火鑽臼《くわさんきう》ありて神代《しんだい》より傳《つた》はれり。

或《あるひ》は淨穢《じやうくわい》二不《ふ》とか、生死《せいし》一如《じよ》とか、正邪《せいじや》一基《き》等《こう》と云《い》ふ者《もの》あれど、そは大悟徹底《たいごてつてい》したる人《ひと》の云《い》ふことにて、而《し》かも又哲學的《またてつがくてき》、理想的《りさうてき》の觀想《くわんさう》に過《す》ぎず、現實《げんじつ》に於《お》ては矢張《やは》り淨《じやう》は淨《じやう》穢《くわい》は穢《くわい》、生《せい》は生《せい》、死《し》は死《し》と分別《ふんべつ》して之《これ》を取扱《とりあつか》はざる可《べか》らず、殊《こと》に修行《しゆぎやう》を爲《な》すもの丶祈禱《きたう》を行《おこな》ふものは此《こ》の物忌《ぶつき》行事《ぎやうじ》を尤《もつと》も嚴格《げんかく》に守《まも》らざる可《べか》らず、現神《げんしん》の法《はふ》は實《じつ》に森嚴《しんげん》の法《はふ》にして極《きは》めて神聖《しんせい》なり、物忌《ぶつき》を嚴守《げんしゆ》せざるが如《ごと》き者《もの》は其心《そのこゝろ》既《すで》に放漫《はうまん》にして、其身《そのみ》は弛怠《ちたい》せり、又何《またなん》ぞ斯道《しだう》に達《たつ》するを得《え》んや。

第九節　祈《き》禱《たう》行《ぎやう》事《じ》

祈禱《きたう》には息災《そくさい》、増益《ぞうえき》、敬愛《けいあい》、調伏《てうふく》の四種《しゆ》を通例《つうれい》とし、此《こ》の他《ほか》、柳留《りうる》、祈晴雨《きせいう》等《とう》あり、又《また》四種《しゆ》のうちにも、それ〴〵特殊《とくしゆ》のものありて、或《あるひ》は八大祈禱法《だいきたうはふ》、十大祈禱法《だいきたうはふ》あるも、要《えう》するに大體《だいたい》の方式《はうしき》は一定《てい》し居《を》れば、今茲《いまこゝ》には各祈禱《かくきたう》に共通《きようつう》せる點《てん》を示《しめ》し、各祈禱《かくきたう》に於《おい》て異《こと》なる點《てん》は、別書《べつしよ》に依《よ》るべし、又各祈禱《またかくきたう》とも大中小《だいちうせう》あり、小祈禱《せうきたう》は司法主《しはふしゆ》一人《にん》にて祈禱殿《きたうでん》或《あるひ》は其《その》他即《たすなは》ち療病祈禱《れうびやうきたう》なれば、病人《びやうにん》の自邸《じてい》等《とう》に於《おい》て隨時《ずゐじ》行《おこな》ふことを得《え》、神饌《しんせん》の如《ごと》きも水《みづ》、洗米《せんまい》、鹽燭台《えんしよくだい》にて足《た》るが如《ごと》きものなり、中祈禱《ちうきたう》は必《かな》らず、一定《てい》の祈禱殿《きたうでん》又《また》は特設《とくせつ》の祈禱場《きたうぢやう》に於《おい》て始《はじ》め時日《じじつ》を豫定《よてい》して行《おこな》ふものにして、司法主《しはふしゆ》、副司法主《ふくしはふしゆ》、係員《かゝりゐん》を少《すくな》くとも三人《にん》の司法者《しはふしや》を要《えう》し、神饌《しんせん》の如《ごと》きも現行祭式《げんかうさいしき》の中祭《ちうさい》に準《じゆん》ずべきものとす、又祈禱《またきたう》は總《す》べての裝儀《さうぎ》、神饌等《しんせんとう》は大祭《たいさい》に準《じゆん》じ、司《し》法者《はふしや》五人以上《にんいじやう》を要《えう》するものとす、以下《いか》一般的《はんてき》祈禱方式《たうはうしき》を擧《あ》げ順次左《じゆんじさ》に解《かい》説《せつ》すべし。

第一法　潔《けつ》齋《さい》法《はふ》

潔齋法《けつさいはふ》は前段《ぜんだん》に述《の》べたる物忌行事《ぶつきぎやうじ》と同《どう》一なるが、此《こ》の潔《けつ》齋には理想上《りさうじやう》のものと、現實的《げんじつてき》のものとあり、或《あるひ》は精神的肉體的《せいしんてきにくたいてき》とも云《い》ふべし、精神《せいしん》を常《つね》に淸淨《しやうじやう》にして、一切《さい》の不淨不《ふじやうふ》潔《けつ》なる觀念《くわんねん》を起《おこ》さゞるを現實的潔齋《げんじつてきけつさい》と云《い》ひ又現實上《またげんじつじやう》の潔齋《けつさい》は、前記《ぜんき》物忌行事《ぶつきぎやうじ》十ヶ條《でう》を實行《じつかう》することを云《い》ふ、次《つぎ》に又潔齋《またけつさい》に常住《じやうぢう》と臨時《りんじ》とあり、常住《じやうぢう》とは祈禱者《きたうしや》が最初修行殿《さいしよしゆぎやうでん》に入《い》り、修行《しゆぎやう》に着手《ちやくしゆ》せし當時《たうじ》より終生《しうせい》もしくは祈禱《きたう》を行《おこな》ふ年月《ねんげつ》の間《あひだ》、不斷《ふだん》に物忌行事《ぶつきぎやうじ》を嚴守《げんしゆ》することにして、臨時《りんじ》とは或《あ》る祈禱《きたう》の當月《たうげつ》一日《じつ》、又《また》は大祈禱《だいきたう》の場合《はあひ》に前日若《ぜんじつも》しくは三日前《かまへ》より特《とく》に物忌《ぶつき》すると云《い》ふ、祈禱《きたう》を以《も》つて本職《ほんしよく》とするものは、常住不斷《じやうぢうふだん》の物忌《ぶつき》をすべきものとす。

元來祈禱《ぐわんらいきたう》を行《おこな》ふ、其《そ》の一時間《じかん》又《また》は二時間《じかん》の方式《はうしき》は格別困難《かくべつこんなん》なるものに非《あら》ず、又祈禱法《またきたうはふ》とて別《べつ》に珍妙不思議《ちんめうふしぎ》のものにあらず、要《えう》は祈禱《きたう》を爲《な》す人《ひと》の修行如何《しゆぎやういかん》、平素《へいそ》の物忌如何《ぶつきいかん》、精神《せいしん》信念《しんねん》の如何《いかん》によつて功驗《こうけん》の有無《うむ》を生《しやう》ずるものなれば、不斷《ふだん》の修養《しうやう》、常住《じやうぢう》の潔齋《けつさい》等《とう》肝要《かんえう》なるはなく、如何《いか》に祈禱《きたう》の方式《はうしき》に熟達《じゆくたつ》し、如何《いか》に森嚴《しんげん》の法《はふ》を行《おこな》ふも、祈禱者《きたうしや》が平素《へいそ》の行爲《かうゐ》神聖《しんせい》ならざれば其效《そのかう》薄《うす》く、却《かへ》つて巫女《みこ》や山伏《やまぶし》に劣《おと》ることあるべし。

第二法　裝《さう》殿《でん》法《はふ》

第《だい》一に神位《しんゐ》は祈《き》禱《たう》の種類《しゆるゐ》に依《よ》つて、或《あるひ》は南面《なんめん》、或《あるひ》は北面《ほくめん》、或《あるひ》は東面《とうめん》等《とう》異《ことな》るものなれば、そは各祈禱法《かくきたうはふ》によつて知《し》るべし、尤《もつと》も神床平素《しんしやうへいそ》より飾《かざ》り付《つ》けとなり居《を》るものは、其《そ》の儘《まゝ》にて觀念丈《くわんねんだ》け東《ひがし》にあるも西《にし》よりと思《おも》うて祈《き》禱《たう》を行《おこな》ふも可《か》なり、第《だい》二には神位《しんゐ》の次《つぎ》の壇《だん》に、中《ちう》央《あう》に幣《へい》、向《むか》つて右《みぎ》に神鏡《しんきやう》、左《ひだり》に神璽《しんじ》、鏡《かゞみ》の脇《わき》に太麻《ふとあさ》、玉《たま》の脇《わき》に眞榊《まさかき》を飾《かざ》るべし、第《だい》三壇《だん》には中央《ちうあう》に水《みづ》、右《みぎ》に鹽《しほ》、其右《そのみぎ》に劍《つるぎ》、左《ひだり》に洗米《せんまい》、其左《そのひだり》に鉾《ほこ》を飾《かざ》るべし、第《だい》四壇《だん》には中央《ちうあう》に燃料《ねんれう》其《そ》の左右《さいう》に燭火《しよくくわ》、又《また》は油火《あぶらび》を供《そな》ふ、斯《か》くて少《すこ》しく離《はな》れて別《べつ》の案《あん》に神饌《しんせん》を供《きよう》すべく準備《じゆんび》す、神饌案《しんせんあん》の前《まへ》には小机《せうぎ》を設《まう》け、祝詞《しゆくし》、鈴等《すゞさう》を置《お》くべし。

以上《いじやう》は其正式《そのせいしき》なるも適宜《てきぎ》參酌《さんしやく》して可《か》とす。

第三法　禁《きん》護《ご》法《はふ》と修《しう》祓《はつ》

祈禱《きたう》の際《さい》には魔鬼《まき》之《これ》を忌《い》みて、或《あるひ》は主神《しゆしん》即《すなは》ち本尊《ほんぞん》を壓迫《あつはく》せんと試《こゝろ》み、或《あるひ》は司法者《しはふしや》を迫害《はくがい》せんと試《こゝろ》み或《あるひ》は祈禱《きたう》の依頼者《いらいしや》即《すなは》ち祈願人《きぐわんにん》を脅威《けふゐ》せんとするものなり、爲《た》めに祈禱《きたう》の前後《ぜんご》、又《また》は其常時《そのたうじ》に於《おい》て、種々《しゆぐ》の障害《しやうがい》を生《しやう》じ、祈禱《きたう》を完全《くわんぜん》に圓滿《ゑんまん》に遂《と》げ終《をは》ること能《あた》はざらしむること多《おほ》し、此等《これら》の障害《しやうがい》を豫防《よばう》する爲《た》めに、禁護法《きんごはふ》又《また》は結護法《けつごはふ》なるものを行《おこな》ふ、禁護《きんご》とは勇《ゆう》猛《まう》の神《かみ》、若《も》しくは天御中主神《あめのみなかぬしのかみ》の荒魂《くわうこん》、或《あるひ》は經津主神《かうつぬしのかみ》の御魂《みたま》を勸請《くわんじやう》して、祈禱殿《きたうでん》の四隅《よすみ》に奉安《ほうあん》し、以《も》つて此等《これら》の障害《しやうがい》を拂《はら》ひ、惡鬼《あくき》の殿内《でんない》に入《い》ることを得《え》ざらしむを云《い》ふ、又結護《またけつご》とは祈禱殿以外《きたうでんいぐわい》に新《あらた》に行場《ぎやうぢやう》を設《まう》けて祈禱《きたう》する際《さい》、第《だい》一その土地《こち》の地神《ちしん》は結界《けつかい》の土地使用《こちしよう》と守護《しゆご》を祈《いの》り、次《つぎ》に禁護神《きんごしん》を勸請《くわんじやう》することとなり、祈禱殿《きたうでん》は最初建築《さいしよけんちく》の時《とき》に、地神《ちしん》に祈願《きぐわん》を爲《な》しおかば祈禱毎《きたうごと》に祈《いの》るの必要《ひつえう》なし。

偖《さ》てこの禁護法《きんごはふ》は、祈禱執行《きたうしつかう》に先《さき》だちて、司法主《しはふしゆ》親《した》しく勸請式《くわんじやうしき》を行《おこな》ひて、御神像《ごしんざう》又《また》は御神符《ごしんぷ》を殿《でん》の四隅《よすみ》に安置《あんち》すべし、尤《もつと》もこれは修祓式《しうはらひしき》を別室《べつしつ》にて行《おこな》ふ時《とき》の順《じゆん》にして、修祓《しうはらひ》を行《おこな》ひたる上禁護法《うへきんごはふ》を行《おこな》ふべし、又祈禱殿内《またきたうでんない》にて、修祓《しうはらひ》を行《おこな》ふ時《とき》は、修祓《しうはらひ》、禁護《きんご》、勸請法《くわんじやうはふ》を引續《ひきつゞ》き執行《しつかう》すべし。

修祓《しうはらひ》の方式《はうしき》は現行祭式《げんかうさいしき》に準《じゆん》ずべし、修祓《しうはらひ》は司法者《しはふしや》・願人《ねがひにん》の汚《けが》れを祓《はら》ふもの故《ゆゑ》、孰《いづ》れの方式《しき》にても其意《そのい》を得《う》れば可《か》なり。

第四法　勸《くわん》請《じやう》式《しき》

祈禱《きたう》の性質《せいしつ》に依《よ》つて、其主神即《そのしゆしんすなは》ち本尊《ほんぞん》を異《こと》にするものなれば、祈禱殿《きたうでん》には神床《しんしやう》を設《まう》け置《お》くとするも神明《しんめい》は常住奉安《じやうぢうほうあん》せざるを通則《つうそく》とす、而《しか》して祈禱毎《きたうごと》にそれ相應《さうおう》の主神《しゆしん》を勸請《くわんじやう》し昔《むかし》の神離式《しんりしき》に依《よ》りて奉安《ほうあん》すべし、尤《もつと》も御神像《ごしんざう》より御神影《ごしんえい》より、御神號《ごしんがう》なりを神位《しんゐ》に奉安《ほうあん》するも可《か》なり、例《たと》へば第一上段《だいじやうだん》の神位《しんゐ》を司法主《しはふしゆ》が奉安《ほうあん》する時《とき》は、奏樂《そうがく》、警蹕《けいひつ》を行《おこな》ひ、更《さら》に司法主《しはふしゆ》は勸請《くわんじやう》の祝詞《しゆくし》を奏上《そうじやう》すべし、若《も》しまた既《すで》に奉安《ほうあん》しある主神《しゆしん》に對《たい》して祈禱《きたう》する場合《ばあひ》は現行祭式《げんかうさいしき》の開扉式《かいひしき》に準《じゆん》じて行《おこな》ふべし、尤《もつと》も大祈禱《だいきたう》に非《あらざ》れば、奏樂等《そうがくとう》は行《おこな》ひ難《がた》き場合多《ばあひおほ》かるべし。

稲《いな》荷《り》大《おほ》神《かみ》勸《くわん》請《じやう》法《はふ》

大神勸請《おほかみくわんじやう》の秘傳《ひでん》は兩部神道《りやうぶしんだう》の極意《ごくい》なり、其方式左《そのはうしきさ》の如《ごと》し。

（一）極秘神體勸請《ごくひしんたいくわんじやう》＝大神《おほかみ》の御璽《ぎよじ》の箱《はこ》は五握《あく》四方《はう》、檜木《ひのき》を以《もつ》て作《つく》る、蓋《ふた》あり箱《はこ》の内《うち》に神《しん》體《たい》を納《い》れ藏《をさ》め、箱《はこ》は錦《にしき》を以《もつ》て包《つゝ》み絲《いと》を以《も》つて結《むす》び堅《かた》めて前表《ぜんへう》に札《ふだ》を挿《はさ》み立《た》つ、神體《しんたい》は渾沌《こんとん》の形《かたち》なり（口傳《こうでん》に曰《いは》く御璽《ぎよじ》の寸法《すんはふ》は五握《あく》に定《さだま》らず、社《やしろ》の大小《だいせう》に應《おう》じ其御璽《そのぎよじ》箱《はこ》、大小宜《だいせうよろ》しく造《つく》るべし）極秘《ごくひ》に傳《つた》ふ、山靈《さんれい》の淸《きよ》き所《ところ》の四面《めん》に榊《さかき》を立《た》て鎭繩《ちんぜう》を引《ひ》き一年前《ねんまへ》或《あるひ》は一月前《つきまへ》、或《あるひ》は一旬前《じゆんまへ》より淸祓《きよはらひ》を行《おこな》ひ其處《そこ》の埴土《ねはつち》を取《と》つて圓形《ゑんけい》の玉《たま》に造《つく》り白絹《しろきぬ》を以《も》つて包《つゝ》み奉《たてまつ》るものなり（口傳《こうでん》に曰《いは》く神明《しんめい》は其元始《そのげんし》を貴《たつと》む、未《いま》だ勸請《くわんじやう》せざる神體《しんたい》は天地《てんち》開《ひら》けざるが如《ごと》し、故《ゆゑ》に渾沌《こんとん》と名《な》づく、神體《しんたい》となるべき玉《たま》を安置《あんち》すべき處《ところ》を渾沌殿《こんとんでん》と申《まを》す、此玉《このたま》を白絹《しろきぬ》にて幾重《いくへ》にも包《つゝ》み奉《たてまつ》ること肝要《かんえう》なり）。

（二）御柱勸請《みはしらくわんじやう》＝大神《おほかみ》の御璽《ぎよじ》の箱《はこ》は檜木《ひのき》を以《も》つて造《つく》る、箱《はこ》の内《うち》の上下《じやうげ》に縱横《じうわう》の木《き》を入《い》れ御柱《みはしら》を立《た》つ御柱《みはしら》は靈山《れいざん》の淸《きよ》き處《ところ》の榊《さかき》の本末《ほんまつ》を斷《き》り捨《す》て、中段《ちうだん》を長《なが》さ五握《あく》に作《つく》つて白絹《しろきぬ》を以《も》つて包《つゝ》み、麻《あさ》にて纏《まさ》ひ奉《たてまつ》り、麻二筋《あさふたすぢ》を以《も》つて下《した》より上《うへ》へ一筋《ひとすぢ》は左《ひだり》に纏《まさ》ひ、一度《ご》に纏《まこ》ひ上《あ》げ、左《ひだり》の表《おもて》より上下《じやうげ》に結《むす》び奉《たてまつ》り箱《はこ》の中央《ちうあう》に立《た》て奉《たてまつ》り、此箱《このはこ》の中《なか》の御柱《みはしら》の外《そと》を榊《さかき》の枝《えだ》にて飾《かざ》り奉《たてまつ》る、箱《はこ》の外《そと》は極秘《ごくひ》神體勸請《しんたいくわんじやう》の如《ごと》し。

(三) 榊勸請《さかきくわんじやう》=檜木《ひのき》の圓《まる》き器《うつは》を作《つく》り内《うち》に靈山《れいざん》の埴土《ねはつち》を納《をさ》めて榊《さかき》の枝《えだ》を美《うつく》しく中央《ちうあう》に差《さ》し立《た》て丶木綿《もめ》を垂《た》れて神體《しんたい》とし、外《そと》に幾重《いくへ》にも榊《さかき》の枝《えだ》を立《た》て丶中央《ちうあう》の榊《さかき》を覆《おほ》ひ藏《ざう》し外《そと》に注連《しめ》を引《ひ》く、此《これ》を神籬勸請《かみまがきくわんじやう》と云《い》ふ、上《うへ》に衾《よぎ》を覆《おほ》ひ奉《たてまつ》る、或傳《あるつたへ》に御璽《ぎよじ》の神體《しんたい》は勸請《くわんじやう》に同《おな》じく榊《さかき》の枝《えだ》二本《ほん》を左右《さいう》の手《て》に持《も》ち器《うつは》の内《うち》へ幸魂《かうこん》、奇魂《きこん》を思入《おもひい》れて打《う》ちこみ、即《すなは》ち警蹕《けいひつ》ありて蓋《ふた》を覆《おほ》ひ奉《たてまつ》る。

(四) 神體封緘《しんたいふうかん》=淸殿《せいでん》にて封《ふう》ずるものなり、先《ま》づ淸殿《せいでん》へ神體《しんたい》を具《ぐ》し神寶等《しんはうごう》を移《うつ》し、左右《さいう》の案《あん》に置《お》き御璽《ぎよじ》の箱錦絹《はこにしききぬ》、絲等《いとごう》悉《ことごと》く祓《はら》ひ淸《きよ》む、榊《さかき》枝に水《みづ》を灑《そゝ》ぎ洗《あら》ひ淸《きよ》め、大麻《おほあさ》にて祓《はら》ひ淸《きよ》め、箱《はこ》は錦《にしき》にて包《つゝ》み蓋《ふた》を覆《おほ》ひ、案《あん》の上《うへ》に置《お》き奉《たてまつ》り、衾《よぎ》を掛《か》け奉《たてまつ》る、箱《はこ》は五握《あく》四方《はう》、蓋《ふた》は上《うへ》にあり、板《いた》は厚《あつ》きを用《もち》ひ、木《き》は檜《ひのき》を用《もち》ひ、四方釘《はうくぎ》を以《も》つて打《うち》つけ、蓋《ふた》は釘《くぎ》を用《もち》ひず錦《にしき》を以《も》つて四方《はう》より包《つゝ》み下《した》を折《を》り返《かへ》した上《うへ》に、錦《にしき》を餘《あま》して蓋《ふた》を覆《おほ》ひ後《のち》、飾《かざり》を折《を》り返《かへ》して包《つゝ》むなり、斯《か》くて纏《まさひ》の後《のち》に掛《か》くる絲《いと》は、白絲《しらいと》の組《くみ》又《また》は紫《むらさき》又《また》は緋《ひ》なり、向《むかう》より下《した》、次《つぎ》に南《みなみ》より西《にし》、次《つぎ》に東《ひがし》、次《つぎ》に前《まへ》、次《つぎ》に隅《すみ》、次《つぎ》に右《みぎ》、次《つぎ》に向《むかう》、次《つぎ》に左《ひだり》、次《つぎ》に南《みなみ》、次《つぎ》に隅《すみ》、次々《つぎ〱》に掛《か》け奉《たてまつ》る。總《す》べて縦《たて》五筋《すぢ》、横《よこ》も五筋《すぢ》、二殿《でんか》掛け奉《たてまつ》る、左右《さいう》へ廻《まは》して掛《か》け結《むす》び鎮《しづ》め奉《たてまつ》る（口傳《こうでん》に曰く纒《まとひ》は勸請《くわんじやう》以後《いご》に掛《か》け奉《たてまつ》るなり）、又始《またはじ》めより神體《しんたい》を箱《はこ》に藏《をさ》め封纒《ふうまと》ひ奉《たてまつ》りて後《のち》に勸請《くわんじやう》を爲《な》すものあり……封《ふう》じ事終《ことをは》りて清殿《せいでん》の御戸《おんと》を閉《と》ぢて退出《たいしゆつ》す。

（五）勸請法式《くわんじやうはふしき》＝御靈移《みたまうつ》しは子《ね》の刻《こく》なり、先《ま》づ清殿《せいでん》の階下《かいか》にて美曾幾《みそいく》し進《すゝ》んで清殿《せいでん》に人り、御璽《ぎよじ》箱《ばこ》を戴《いたゞ》き、渾沌殿《こんとんでん》の前階《ぜんかい》より進《すゝ》みて、殿内《でんない》の渾沌社《こんとんしや》の内《うち》の案《あん》に置《お》き奉《たてまつ》る、從者《じうしや》渾沌殿《こんとんでん》の燈《ともしび》に雲蓋《うんがい》を覆《おほ》ひ、殿《でん》を出《い》で外《そと》より前《まへ》の御戸《みと》を閉《と》ぢ後《うしろ》の御戸《みと》を開《ひら》く、祭主《さいしゆ》勸請《くわんじやう》の極祕《ごくひ》あり、勸請終《くわんじやうをは》りて微音《びおん》に從者《じうしや》を召《め》す、從者進《じうしやすゝ》んで後《うしろ》の御戸《みと》を閉《と》ぢ前《まへ》の御戸《みと》を開《ひら》く、進入《すゝみい》りて雲蓋《うんがい》を徹《てつ》す、祭主面《さいしゆおもて》を覆《おほ》ひ、手襁《しゆきやう》を掛《か》く、從者又退出《じうしやまたたいしゆつ》す、御戸《みと》を閉《と》づ、祭主御纒《さいしゆみまとひ》を掛《か》け、御札《おふだ》を立《た》て御舟《みふね》に乘《の》せ奉《たてまつ》り衾《よぎ》を覆《おほ》ひて退出《たいしゆつ》す、かくて勸請《くわんじやう》の時《とき》、祭《まつ》る所《ところ》の神《かみ》來《きた》り給《たま》ひて、御璽《ぎよじ》の箱《はこ》に止《とゞま》り給《たま》ふ、（口傳《こうでん》に曰《いは》く勸請前《くわんじやうまへ》の行事《ぎやうじ》一切《さい》は祭式恒例《さいしきこうれい》による、勸請極祕《くわんじやうごくひ》は虛津彥《きよつひこ》、神光《しんくわう》、鳴動《めいどう》、感心《かんしん》これなり）。

白《びやこ》狐《こ》勸《くわん》請《じやう》祕《ひ》法《はふ》

（一）吒《だ》枳《き》尼《に》天《てん》の印《いん》明《めい》＝印《いん》明《めい》は南《な》莫《む》三《さん》滿《まん》多《た》沒《ほつ》駄《た》南《なん》訖《き》利《り》訶《か》莎《そ》婆《は》訶《か》、百八遍《べん》を唱《とな》へ、印《いん》相《そう》は金《こん》剛《がう》合《がつ》掌《しやう》を用《もち》ゆ。

（二）惣《そう》體《たい》、諸《しよ》佛《ぶつ》救《きう》世《せい》者《しや》、住《ぢう》於《に》大《だい》神《しん》通《つう》、爲《ゐ》悦《えつ》衆《しう》生《せい》故《こ》、現《げん》無《む》量《りやう》神《しん》力《りよく》……次《つぎ》に南《な》無《む》歸《き》命《めい》頂《ちやう》禮《らい》茶《だ》枳《き》尼《に》天《てん》王《わう》子《じ》眷《けん》屬《ぞく》心《しん》中《ちう》所《しよ》願《ぐわん》決《けつ》定《てい》圓《えん》滿《まん》（三遍《べん》唱《とな》ふ）

（三）敬《けい》白《はく》＝敬《つゝし》んで常《じやう》住《ぢう》の三寶《はう》茶《だ》枳《き》尼《に》天《てん》、王《わう》子《じ》眷《けん》屬《ぞく》等《とう》に白《はく》して言《まう》さく、夫《そ》れ本《ほん》地《ち》は大《たい》聖《せい》文《もん》殊《じゆ》師《し》利《り》菩《ぼ》薩《さつ》なり、傳《つた》へ聞《き》く辰《しん》狐《こ》王《わう》は一切《さい》衆《しゆう》生《せい》の願《ねが》ふ所《ところ》に隨《したが》ひ悉《しつ》地《ち》に施《せ》與《よ》し給《たま》ふと、爰《こゝ》に我等《われら》貧究《ごんきう》の身《み》に生《う》れて、萬品《ひん》の望《のぞみ》に叶《かな》はず、就中《なかんづく》、貧者《ひんしや》を救《すく》はんと欲《ほつ》するも財寶《ざいはう》闕《か》く、愚者《ぐしや》導《みちび》かんと欲《ほつ》すれども船《ふね》若《もし》乏《とぼ》し、但《たゞ》し晏然《あんぜん》として日《ひ》を暮《くら》し、昏《こん》昏《こん》として夜《よ》を明《あか》す、憑《たの》む所《ところ》は彼《か》の天《てん》の願海《ぐわんかい》、仰《あふ》ぐ處《ところ》は此《こ》の尊《みこと》の本誓《ほんせい》なり、故《ゆゑ》に經《きやう》に曰《いは》く、此《こ》の天《てん》を持念《じねん》すれば利生《りしやう》を施與《せよ》すること十九種《しゆ》あり、一には諸病《しよびやう》を除《のぞ》き二には福徳《ふくとく》を得《え》せしめ三には敬愛《けいあい》を得《え》せしめ、乃至《ないし》十九には一切《さい》の靈驗《れいげん》自然《しぜん》無究《むきう》なりと加之《しかのみならず》、四天王子《てんわうじ》、八大童子《だいごうし》各々《おの〳〵》其本意《そのほんい》に任《まか》せて衆生《しゆうせい》の願《ねがひ》を滿《みた》すこと圓月《ゑんげつ》の遍水《へんすゐ》に浮《うか》ぶが如し、凡《およ》そ此《この》尊《みこと》の本迹《ほんじやく》は幽玄《いうげん》にして思儀《しぎ》すべからず、悉地《しつち》遠《とほ》からず誠《まこと》を祈《いの》るの有無《うむ》により感應《かんおう》近《ちか》きにあり、誠《まこと》の心《こゝろ》の厚薄《こうはく》に任《まか》す、仰《あふ》ぎ願《ねがは》くは大聖尊《だいせいそん》者《しや》吒枳尼天《だきにてん》伏《ふく》して乞《こ》ふ八大聖子部類《だいせいしぶるゐ》從屬《じうぞく》本誓《ほんせい》を誤《あやま》らず我等《われら》が願《ねがふ》ふ所《ところ》を心《こゝろ》の願《ねがひ》の如《ごと》く成就圓滿《じやうじゆゑんまん》せしめ法界《ほふかい》に及《およ》ぼし平等利益《びやうどうりやく》し給《たま》へ敬《つゝし》んで白《はく》す。次《つぎ》に此天《このてん》の印明《いんめい》、唵《おん》吒枳尼曳莎婆訶《だきにゑいそはか》、百八遍《べん》を唱《とな》ふべし、斯《か》くして至誠《しせい》眞《ま》心《こゝろ》に祈念《きねん》する時《とき》は、白狐《びやくこ》の活現感應《くわつげんかんおう》あること必定《ひつぢやう》なり。

祈禱式《きたうしき》と勸請法《くわんじやうはふ》

神明《しんめい》の冥護《みやうご》を受《う》け、其靈驗《そのれいけん》によりて、自己《じこ》の希望目的《きばうもくてき》を滿足《まんぞく》せしめんとして、立願求救《りつぐわんきうく》するを祈禱《きたう》と云《い》ふ、而《しか》して其希望《そのきばう》は萬人萬樣《まんにんまんやう》にして一ならざれと、結局《つまり》普通《ふつう》の人力《じんりよく》にては到底出來難《たうていできがた》き事柄《ことがら》を、宇宙《うちう》の大主宰者大能力者《だいしゆさいしやだいのうりよくしや》たる神明《しんめい》の威力《ゐりよく》に賴《よ》りて成就《じやうじゆ》せんとするのであつて神明《しんめい》は能《よ》く吾人《ごじん》の請願《じやうぐわん》を感受《かんじゆ》し、其目的《そのもくてき》を達《たつ》せしむる事《こと》は、吾《われ》に誠《まこと》さへあれば響《ひゞき》の物《もの》に應《おう》ずる如《ごと》くである、併《しか》し祈禱《きたう》と請願《じやうぐわん》するには夫《そ》れ〴〵禮儀《れいぎ》法式《はふしき》がある、今左《いまさ》に其通式順序《そのつうしきじゆんじよ》を示《しめ》すべし。

最初《さいしよ》　祈禱《きたう》の祭壇《さいだん》を設《まう》く。但《たゞし》壇《だん》は南面《なんめん》とす。

次《つぎに》　祭壇《さいだん》に向《むか》ひて敬拝《けいはい》す。

次《つぎに》　着座《ちやくざ》　座《ざ》しながら禮《れい》す。

次《つぎに》　稽首《けいしゆ》再拝《さいはい》し拍手《はくしゆ》して祓詞《はらひことば》を宣《のぶ》る。

次《つぎに》　幣《へい》にて不浄《ふじやう》を拂《はら》ふ、又《また》は警蹕《けいひつ》。

次《つぎに》　招神《せうしん》の詞《のりと》を奏上《そうじやう》す。

次《つぎに》　獻供《けんぐ》す　一拍《いつはく》して供進《ぐしん》す。

次《つぎに》　祝詞《のりと》　音容《おんよう》端正《たんせい》にして中音《ちうおん》にて奏上《そうじやう》す。

次《つぎに》 行事《ぎやうじ》 願《ねが》ふ所《ところ》の呪法《じゆはふ》を行《おこな》ふ事《こと》。

次《つぎに》 手《て》を胸《むね》に當《あて》て瞑目《めいもく》して祈念《きねん》す。

次《つぎに》 稽首再拜《けいしゆさいはい》し、拍手《はくしゆ》二度《ご》。

次《つぎに》 供物《くもつ》を撒《さ》く、此《これ》は時宜《じぎ》によりて其儘《そのまゝ》供《そな》へ置《お》くも妨《さまたげ》なし。

次《つぎに》 送神詞《そうしんし》を奏上《そうじやう》す。

次《つぎに》 起座《きざ》して座揖《ざしふ》す。

次《つぎに》 退場《たいぢやう》 此時《このとき》三足《みあし》後退《すざり》て一拜《いつぱい》して去《さ》る。

又《また》勸請《くわんじやう》の法《はふ》には橘式《たちばなしき》、多々良式《たゝらしき》其他《そのた》種々《しゆ〴〵》ありて一様《やう》ならず、左《さ》れば今茲《いまこゝ》には單《たん》に其《その》勸請《くわんじやう》の名目《めいもく》を記《き》するに止《とゞ》め、實式具法《じつしきぐはふ》は直傳《ぢきでん》に讓《ゆづ》るものとす。

榊《さかき》

極秘勧請《ごくひくわんじやう》　玉勧請《たまくわんじやう》　笏勧請《しやくくわんじやう》　御柱勧請《みはしらくわんじやう》　鏡勧請《かゞみくわんじやう》

勧請《くわんじやう》　神籬勧請《かみまがきくわんじやう》　札勧請《ふだくわんじやう》

心《こゝろ》だに誠《まこと》なれば祈《いの》らずとも神《かみ》や守《まも》らんと云《い》ふけれど、夫《それ》は聖人君子《せいじんくんし》か大悟徹底《たいごてってい》した者《もの》の事《こと》であつて、普通《ふつう》の人《ひと》はさうはゆかぬ、矢張《やは》り祈禱《きたう》せねば心《こゝろ》が本氣《ほんき》にならぬ、而《しか》して又人間《またにんげん》相互《さうご》の間《あひだ》でも、禮儀萬端《れいぎばんたん》正《たゞ》しく整《とゝの》はねば、相談《さうだん》が出來《でき》惡《にく》いと同《おな》じく、神《かみ》に對《たい》しても法式《はふしき》を嚴格《げんかく》にせねばいけぬのである。

神勅降臨《しんちよくかうりん》の法式《はふしき》

神明《しんめい》の冥護《みやうご》を受《う》け、其靈驗《そのれいげん》を仰《あふ》ぐには、祈禱《きたう》せねばならぬ、祈禱《きたう》するには、先《ま》づ神《かみ》の降《かう》臨《りん》を仰《あふ》がねばならぬ、夫《それ》には前《まへ》の祈禱《きたう》の通式《つうしき》に從《したが》つて招神之詞《せうしんのりと》を奏上《そうじやう》するのが必要《ひつえう》である。

今《い》ま左《さ》に其《そ》の詞文《りとぶん》を示《しめ》すべし。

招神之詞《せうしんのし》

謹而奉勸請《つゝしんでくわんじやうたてまつる》御社奈岐《みやしろなき》此所爾《このところに》降臨《かうりん》鎭座《ちんざ》仕《し》給《たまひ》而神祇《しんず》之《の》祓可《はらひか》壽々々《やゝ》平介久《たひらけく》安良介久《やすらけく》聞食弖《きこしめして》願布《ねがふ》所乎《ところを》感應《かんおう》納受《なふじゆ》奈左志《なさし》女《め》給幣《たまへ》誠恐《せいきよう》誠惶《せいくわう》降《かう》列《れつ》來《らい》座《ざ》敬《けい》白《はく》

大哉賢哉《おほいなるかなけんなるかなけん》乾元《けんげん》亨《かう》利《り》貞《てい》如《によ》律《りつ》令《れい》

又卜筮《またぼくぜい》に據《よ》りて吉凶《きつきよう》を伺《うかゞ》はんと欲《ほつ》する時《とき》は左《さ》の文《ぶん》を唱《とな》ふべし。

伏而惟《ふしておもんみるに》易《えき》者《は》民用《みんよう》を前《すゝ》め卦神明《くわしんめい》合顆若有〆《にあふぎやうじやくとしてまことあり》孚感而《かんじて》遂通《つひにつうや》謹而《つゝしんで》先天《せんてん》之《の》肇教《てうけう》を叩《たゝ》く願後進迷途開玉敬《ねがはくはこうしんのめいとをひらきたまひつゝしんで》燼《ろ》香《かう》を燃《たい》て朔聞《さくぶん》す

惟《これ》皇上帝《くわうたるじやうてい》宇宙《うちう》之《の》神聖《しんせい》此《この》聞二寶香《はうかうをきいて》一願降臨仕玉《ねがはくはかうりんしたまひ》

某某某某某 某 某
年月日國郡町村姓名

其《その》事《こと》祈禱《きたうす》猶《いう》豫《よ》未《いまだ》レ決《けつせず》所《うたがうところ》レ疑質ニ神靈《しんれいにただす》一請《こう》皇《くわう》愍《びんを》垂《たれ》而《て》速《すみやかに》吉《きつ》凶《きよう》を示玉《しめしたま》へ。

此詞《このりと》を奏上《そうじやう》して揲筮《てうぜい》す可《べ》し。

次《つぎに》送《そう》納《なふ》之《の》要《えう》文《ぶん》

（此《これ》は神《かみ》を送《おく》り歸《かへ》す詞文《しぶん》なり）

掛《かけ》卷《まく》毛《も》賢《かしこ》岐《き》天《てん》神《じん》地《ち》祇《ぎ》爰《こゝ》爾《に》降《かう》臨《りん》一《いつ》切《さい》乃《の》諸《しよ》神《しん》等《たち》元《もと》乃《の》本《ほん》宮《ぐう》幣《へ》送《おく》利《り》奉《たて》留《まつる》恐《おそ》禮《れ》奈《な》加《が》良《ら》承《うけ》引《ひき》給《たま》幣《へ》送《そう》納《なふ》歸《き》宮《ぐう》住《ぢう》社《しや》敬《けい》白《はく》天《てん》福《ぷく》皆《かい》來《らい》地《ち》福《ふく》圓《ゑん》滿《まん》神《しん》道《だう》神力《しんりよく》一《いつ》切《さい》諸《しよ》願《ぐわん》成就《じやうじゆ》守《まも》良《ら》世《せ》給《たま》幣《へ》止《と》恐《おそれ》美《み》恐《おそれ》美《み》申《まを》須《す》

又《また》卜《ぼく》筮《ぜい》之《の》送《そう》文《ぶん》

小《せう》子《し》其《その》事《こと》に臨《のぞん》で猶《いう》豫《よ》未《いまだ》レ決《けつせず》依《よつて》所《うたがうところ》レ疑神《しん》靈《れい》に質《ただ》す靈《れい》鑑《かん》炳《へい》然《ぜん》

として其《その》卦《くわ》爻《かう》を得《え》せしむ、小子《せうし》恭敬《きようけい》して敢《あへ》て其《その》變《へん》に隨ひ稽首《けいしゆ》して送《おく》り奉《たてまつ》る、各上天《かくじやうてん》に歸玉《かへりたま》ひ、重《かさね》て告愬《こくさく》あらば願《ねがはく》ば降臨《かうりん》を望《のぞ》まん、稽首歸依《けいしゆきえ》、伏《ふし》て惟《おもんみ》ろに珍重《ちんちよう》

右《みぎ》の招神《せうしん》の詞《のりと》と送納《そうなふ》の文《ぶん》とは、中音《ちうおん》にて極《きは》めて靜《しづ》かに底力《そこぢから》のある音聲《おんせい》にて讀《よ》むべし、又之《またこ》れを讀《よ》むときは少《すこ》しく體《からだ》を前《まへ》に屈《かゞ》め、神《かみ》が前《まへ》に來《き》たり居《を》る樣《やう》に、或《あるひ》は神《かみ》が前《まへ》に過《す》ぎ行《ゆ》くを後《あと》より之《こ》れを送《おく》る樣《やう》の態度《たいど》を執《と》るべし。

誠心誠意《せいしんせいい》は申《まをす》すまでもないが神《かみ》は音聲《おんせい》に應《おう》じて降臨《かうりん》あり、又祈願《またきぐわん》の趣意《しゆい》を聞食召《きこしめ》すのであるから、降神送納《かうしんそうなふ》の詞文《じぶん》や、祈請《きせい》の辭《じ》は、極《きは》めて流暢《りうちやう》なる美文《びぶん》でなくてはならぬ。又之《またこれ》を讀《よ》む音聲《おんせい》は腹《はら》の底《そこ》から出《で》る誠《まこと》の籠《こも》つた力《ちから》のある嚴格《げんかく》なものでなくてはならぬ、整《さゝの》ふ談《はなし》でも詞遣《ことはづかひ》が惡《わる》い爲《た》め、敬意《けいい》の無《な》い爲《た》めに打壞《うちこは》す事《こと》は、人間界《にんげんかい》でも神明《しんめい》でも、同《おな》じ道理《だうり》である。

九字《じ》の切方《きりかた》圖解《づかい》

九字《じ》とは臨兵鬪者皆陳烈在前《りんぺうとうしやかいちんれつざいぜん》にて、臨《りん》は外《げ》縛《はく》二中立印《らうりついん》、兵《へう》は大金剛輪印《だいこんがうりんいん》、鬪《とう》は外《げ》縛《はく》二頭《こう》立合印《りつがふいん》、者《しや》は內獅子印《ないししいん》、皆《かい》は外獅子印《げじしいん》、陳《ちん》は隱形印《いんぎやういん》、烈《れつ》は智拳印《ちけんいん》、在《ざい》は日輪印《にちりんいん》、前《ぜん》は寶瓶《はうへい》印《いん》なり、此《こ》の九字《じ》は元來抱朴子《ぐわんらいはうぼくし》に出《い》で、陰陽道《いんやうだう》の一大事《だいじ》とせるもの、眞言密敎等《しんごんみつけうとう》にても修《しゆ》驗者《げんじや》は九字《じ》を切《き》ると稱《しよう》し、劒印《けんいん》を結《むす》び、其印《そのいん》にて此《こ》の九字《じ》を劃《くわく》し、惡魔《あくま》を斬捨《きりすて》ることを爲《な》せり、神道《しんだう》にては禁厭法中此《きんえんはふちうこれ》に類《るゐ》せるものあり、要《えう》するに此《こ》の九字《じ》を切《き》り一切《さい》の災難《さいなん》を拂《はら》ふことは、神道祓《しんだうはらひ》の意《い》を骨《ほね》と爲《な》し、陰陽道《いんやうだう》と佛敎《ぶつけう》の印明《いんみやう》とを合《あは》せて大成《たいせい》せしものにて、戰《せん》陣旅行其他《ぢんりよかうそのた》一切《さい》の災害惡魔《さいがいあくま》を拂《はら》ふに神變不思議《しんぺんふしぎ》の功德靈驗《くどくれいけん》あるものなり。

九字《じ》を切《きる》とか印《いん》を結《むす》ぶとか眞言《しんごん》を唱《とな》ゆるとか云《い》ふ僅《わづ》か指《ゆび》や口《くち》を動《うご》かす位《くらゐ》の事《こと》に、何《なん》でそんな不思議《ふしぎ》があらうか夫《それ》は野蠻《やばん》である、誤魔化《ごまくわし》であると云《い》ふものもあるが、夫《それ》は實《じつ》に淺墓《あさはか》である、全體人間《ぜんたいにんげん》は宇宙大靈《うちうたいれい》の分身《ぶんしん》で、宇宙《うちう》の縮圖《しゆくづ》である、指《ゆび》一本《ほん》の屈伸《くつしん》でも、夫《それ》は直《たゞ》ちに宇宙全體《うちうぜんたい》に關係《くわんけい》するのである、塞爾比亞《セルビヤ》の一壯漢《さうかん》が僅《わづ》かに人指指《ひとさしゆび》を三分《ぶ》ばかり屈《かゞ》めて、短銃《ぴすとる》の引金《ひきがね》を引《ひ》いたばかりに歐亞《おうあ》の大戰亂《だいせんらん》が起《おこ》つて何百萬《なんまん》の死人《しにん》や、何百億《なんおく》の金《かね》を費《つひや》し、殆《ほと》んど世界全體人類《せかいぜんたいじんるゐ》の總《すべ》てが安穩《あんをん》にして居《を》られぬと云《い》ふ事《こと》になつたのである、又《また》一言《ごん》で帝《てい》者《じや》の師《し》と爲《な》るとか、一語《ご》で幾萬人《いくまんにん》を動《うご》かすとか、一句《く》の金言《きんげん》が幾《いく》千年《ねん》の久《ひさ》しい間多《あひだおほ》くの人《じん》心《しん》を支配《しはい》することもある、夫《それ》で何事《なにごと》でも誠心《せいしん》と法術《はふじゆつ》と儀式《ぎしき》と相《あひ》一致《ち》する時《とき》は、一《ひとつ》の指《ゆび》を弾《はぢ》くのでも、一言《ごん》の詞《ことば》でも天地《てんち》を動《うご》かし、神明《しんめい》を感格《かんかく》せしめ、又諸《またもろ〳〵》の悪魔邪鬼《あくまじやき》を退《しりぞ》くるのは固《もと》より當然《たうぜん》である又神明《またしんめい》の降臨《かうりん》を仰《あふ》ぎたる時《とき》は左《さ》の神向《かみむかひ》の歌《うた》を誦《しよう》すべし。

神《かむ》向《むかひ》の歌《うた》

○千早《ちはや》ふる爰《こゝ》も高天原《たかまがはら》なり集《あつま》り給《たま》へ四方《よも》の神々《かみ〴〵》

○幣《へい》立《たゝ》て此處《こゝ》も高天原《たかまがはら》なれば集《あつま》り給《たま》へ四方《よも》の神々《かみ〴〵》

○明《あけ》て見《み》よ神《かみ》の寶藏《はうざう》に何《なに》もなし祈《いの》りし所神《ところかみ》風《かぜ》ぞふく

○神垣《かみがき》や居垣《ゐがき》にばかりすがたにて無《な》きこそ神《かみ》の姿《すがた》なりけり

○心《こゝろ》だに誠《まこと》の道《みち》に叶《かな》ひなば祈《いの》らずとても神《かみ》や守《まも》らん

南無《なむ》九萬八千神來臨守護急急如律令《しんらいりんしゆごきふきふによりつれい》

合掌《がつしやう》天之御柱 地之御柱 次《つぎ》に彈指《だんし》但し右の五種の歌を三遍唱ふべし 後に三種の祓を再度讀むべし

九字を戻す法

九字《じ》を戻《もど》す法《はふ》は種々《しゆ〴〵》あるも、普通《ふつう》に行《おこな》はるゝは、左《さ》の除垢《ぢよこう》の呪《じゆ》を三遍《べん》唱《とな》ふるに在《あ》り。

をんきりきやら、はらはら、ふたらん、ばそつ、そわか。

九字《じ》の切方《きりかた》左圖《さづ》の如《ごと》し

又《また》九字《じ》を切《き》るには、先《ま》づ金剛合掌《こんがうがつしやう》し、南無本尊會界摩利支天來臨影向其甲守護令給《なむほんぞんかいまりしてんらいりんえかうそのかふまもらしめたまへ》と唱《とな》ふべし。

臨《りん》

普《ふ》賢《けん》三《さん》昧《まい》耶《や》

天《てん》照《せう》皇《くわう》太《だい》神《じん》宮《ぐう》

毘《び》沙《しや》門《もん》天《てん》

兵《へう》

大《たい》金《こん》剛《がう》輪《りん》

正《しやう》八幡《まん》大《だい》神《じん》

十一面《めん》観《くわん》世《ぜ》音《おん》

闘《こう》

外《げ》獅《じ》子《し》

春日大明神《かすがだいみやうじん》

如《によ》意《い》輪《りん》観《くわん》世《ぜ》音《おん》

者《しや》

内《ない》獅《じ》子《し》

加茂大明神《かもだいみやうじん》

不《ふ》動明《どうみやう》王《わう》

皆《かい》

外《げ》縛《はく》

稲荷大明神《いなりだいみやうじん》

愛染明王《あいぜんみやうわう》

陳《ちん》

内《ない》縛《はく》

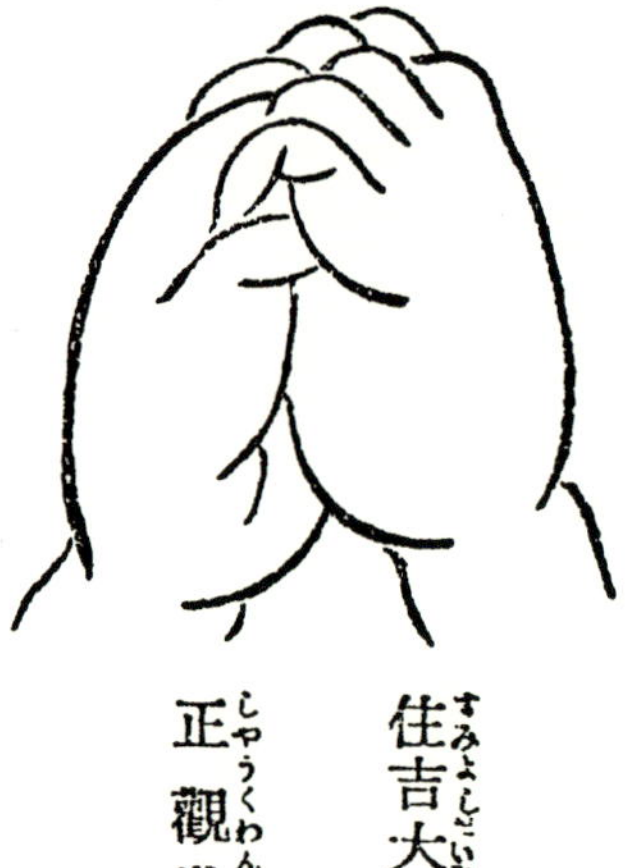

住吉大明神《すみよしだいみやうじん》

正觀世音《しやうくわんぜおん》

烈《れつ》

智《ち》拳《けん》

丹生大明神《たにふだいみやうじん》

阿彌陀如來《あみだにょらい》

在《ざい》

日《にち》輪《りん》

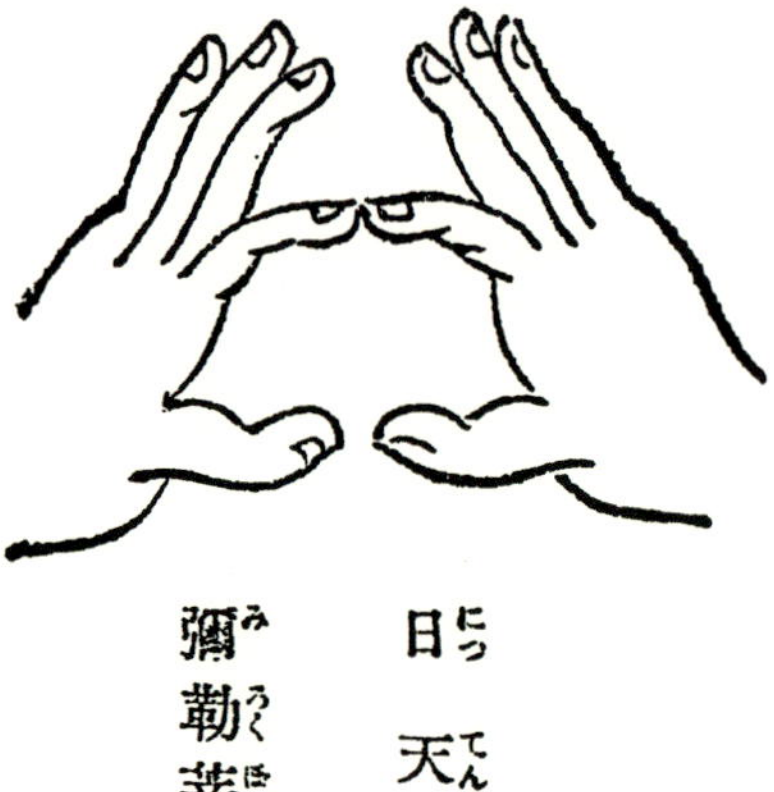

日天子《につてんし》

彌勒菩薩《みろくぼさつ》

前《ぜん》 隱《をん》形《ぎやう》

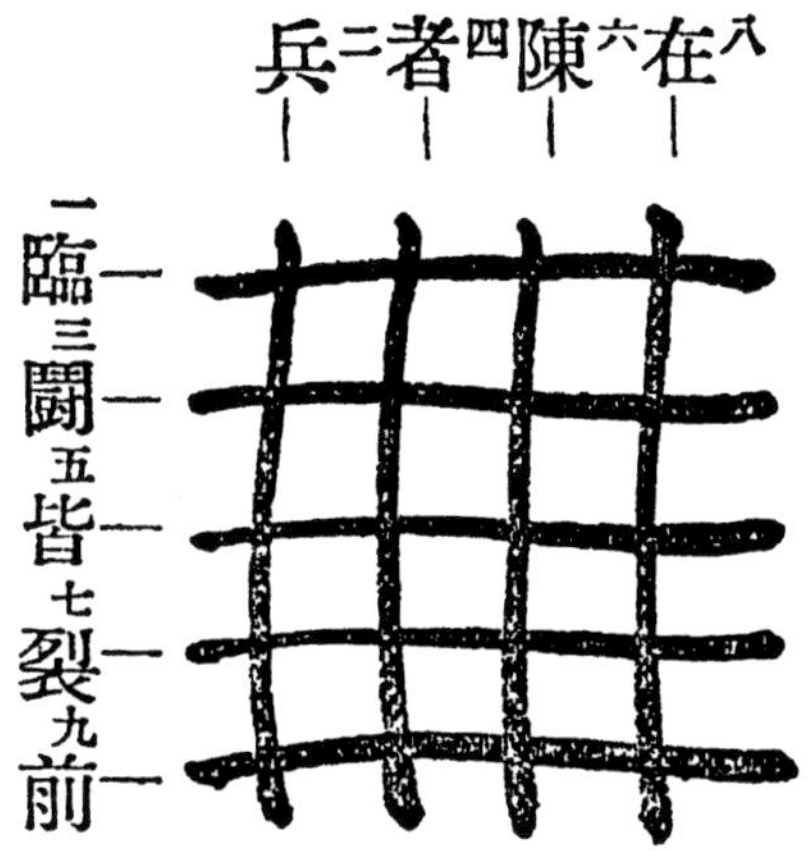

摩《ま》利《り》支《し》天《てん》

文《もん》殊《じゆ》菩《ぼ》薩《さつ》

此《こ》の隱形《いんぎやう》の事《こと》は陰陽道《いんやうだう》にても、眞言秘密《しんごんひみつ》の法《はふ》にても、一大事《だいじ》として容易《ようい》に發表《はつぺう》せざるものなり、蓋《けだ》し惡用《あくよう》の恐《おそ》あるが故《ゆゑ》なり、此《こ》の修法《しうはふ》は別説拙著神通術奥傳《べつせつちよしんつうじゆつおくでん》に詳説《しやうせつ》せり。

狐憑《きつねつき》を放《はな》す祕《ひ》法《はふ》

狐憑《きつねつき》を放《はな》す尤《もつと》も簡單法《かんたんはふ》で何人《なんぴと》にも出來得《できう》る方法《はうはふ》左《さ》の如《ごと》し。

由來《ゆらい》狐《きつね》と犬《いぬ》とは其性氣《そのせいき》相反《あひはん》せるものにして支那《しな》に狐憑《きつ－つき》なきは全《まつた》く彼國《かのくに》に、犬蠱《けんこ》あるによるなり、また狐《きつね》の居《を》る國《くに》には犬蠱《けんこ》なしと傳《つた》ふ之《これ》により方術者《はうじゆつしや》は狐憑《きつねつき》に犬《いぬ》の牙《きば》を粉《こ》にしたるものを素湯《さゆ》にて呑《の》ましむる時《とき》、犬《いぬ》の牙《きば》を懐《ふところ》に入《い》れしむ若《も》し狐憑《きつねつき》之《これ》を太《いた》く厭《いと》ふことあるも強《しひ》て此法《このはふ》を行《おこな》ふときは三回《くわい》を出《い》でずして狐憑《きつねつき》必《かたら》ず去《さ》るものなり實《じつ》に不思議《ふしぎ》の妙法《めうはふ》と謂《い》ふべし。

又兩部法《またりやうぶはふ》に由《よ》れば、不動《ふどう》の眞言《しんごん》を唱《とな》へ、九字《じ》を切《き》りて、病人《びやうにん》を加持《かぢ》し、額《ひたひ》、胸及頭《ひねおよびかしら》、脇《わき》、腹《はら》、左右《さいう》の手《て》に不動眞言《ふどうしんごん》の梵字《ぼんじ》を珠數《じゆず》にて書《か》くべし。

又狐憑《またきつねつき》なるや否《いな》やを知《し》るには、病人《びやうにん》を神前《しんぜん》に安座《あんざ》せしめて幣《へい》を持《も》たしめ、稻荷大神《いなりおほかみ》の勸《くわん》請文《じやうぶん》を讀《よ》む時《とき》は、狐憑《きつねつき》なれば御幣震動《ごへいしんどう》す、其時背《そのときせ》に犬《いぬ》と云《い》ふ字《じ》を三字書《じか》きて、其背《そのせ》を打《う》てば卒倒《そつたう》して憑《よ》りし狐《きつね》は忽《たちま》ち落《おつ》るなり。

大教正　柄澤照覺著

神拜祭式加持祈禱神傳

東京　神誠館藏版

霊活

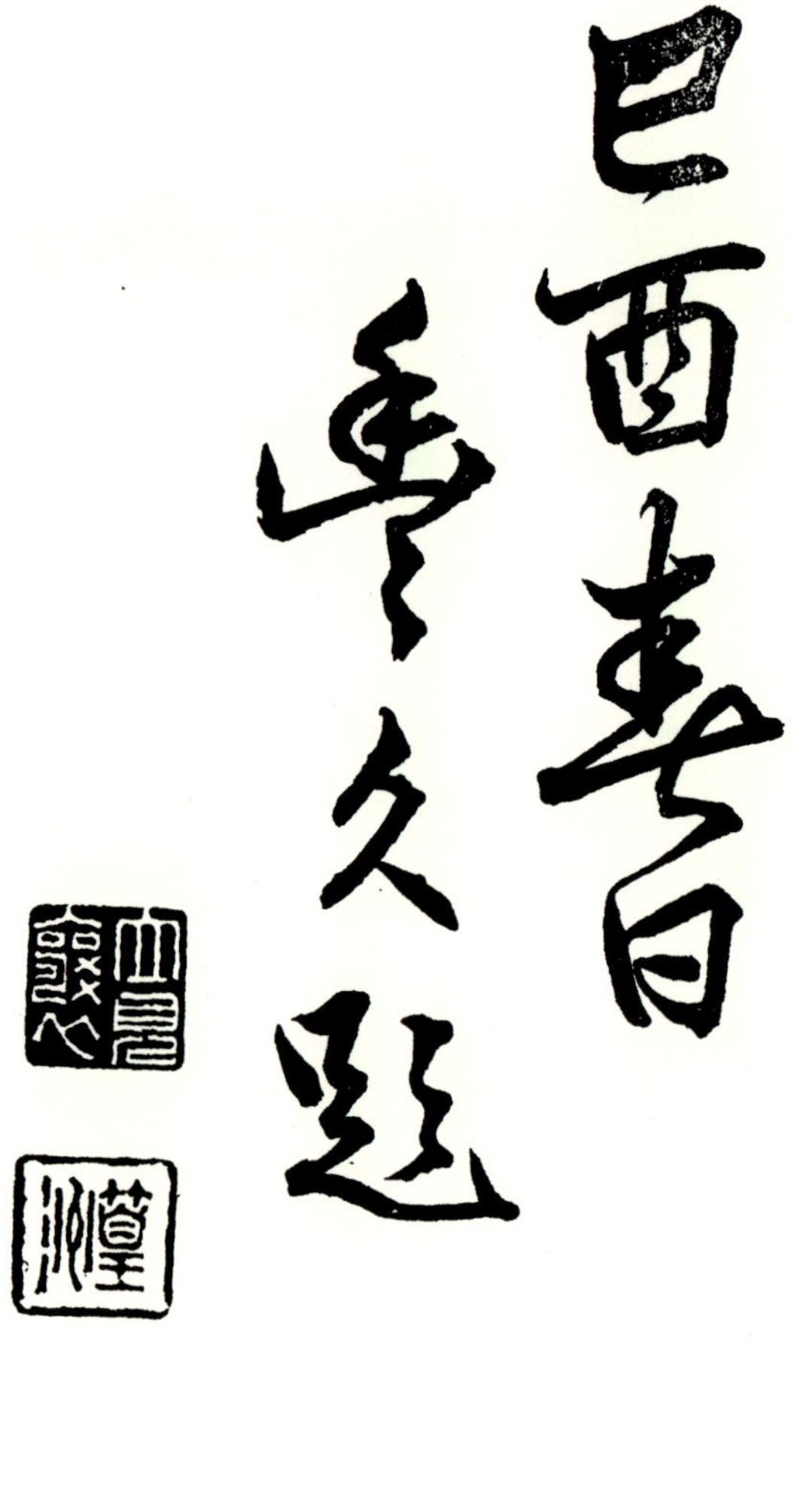
己酉春日
乐久題

自序

世は如何に進歩しても、天然の神巧に勝つことは出來ぬ、人は如何に賢明であつても、宇宙の全般を詳らかにし、未來を察知することは不可能である、人に智愚の別はあれど、天地の大より之を見れば五十歩百歩の差に過ぎぬ、左ればば智も亦智ならず、愚も亦愚ならずで、賢者誇るに足らず、愚者恐るに及ばぬ、然れども亦一方より見れば人如何に少なり愚なりと雖も、宇宙を悉し天地を明らめ未來を察し得ぬでもない、古聖は神を知るは一切を知れるなりと謂れて居る、實に宇宙の大眞理を喝破したる千古の名言である、神は宇宙の主宰者で天地萬有は皆其神巧に爲れるものであつて、過去未來一切に亘て居る、夫で神を知り神を信じ、神に求むれば、何事にても辯ぜざる事は無い、予は生來深く此の眞義を體し、敬神祈念晝夜怠り無く、屢々神勅を享け以て人智の及ばざる所に天祐を得て居る、併し人の相交るにも禮儀あつて、禮を盡ざれば交成らず、談整はざると齊しく、神に仕ゆるにも、亦それ〳〵法式がある、此の法式は或は神勅天啓に依て始まり、或は古來の聖賢が辛苦實驗の結果に爲つたものであつて、其効驗の偉大なることは言語の盡す所ではない、今人妄りに科學萬能主義を唱へて、此等の法式を笑ふけれど、そは所謂食ず嫌であつて、科學の奥に神秘の境域ある事を知らぬ短見者流に過ぎぬ、予は多年此等法式に就て深く實驗した結果、今や本教を宣布するの好機を得、其尤も肝要で且確實有効なるものを撰んで本書と爲し、以て布教の大任に膺る有志に之に頒ち、聊か信神濟民の微衷を竭さんとするのである、然し而して本書は我國神代以還の神式を骨目とせしは固よりであるが、間には陰陽道兩部等の法式をも加へてある、此は古來より習慣に爲て居て、各々長所のある事ゆゑ、妄に排斥すべきものではない、一切の長を採て我神道の發展に資するのが、萬全の策である、惟神の大なる道である、幸に之を諒せられよ。

大正五年三月

神誠教會長大教正　柄澤照覺謹識

神拜祭式 加持祈禱神傳

目次

神拜祭式加持祈禱神傳目錄終

神拜祭式 加持祈禱神傳

大教正 柄澤照覺 著

天神七代の事

日本書紀《にほんしよき》の說《せつ》に由《よ》れば、天神《てんじん》七代《だい》は左《さ》の如《ごと》し。

第《だい》一 國常立尊《くにとこたちのみこと》 第《だい》二 國狹槌尊《くにさつちのみこと》 第《だい》三 豐斟渟尊《とよくんぬのみこと》 第《だい》四 泥土煎尊《うひぢにのみこと》、沙土煎《すひぢに》尊《みこと》 第《だい》五 大戸之地尊《おほとのぢみこと》、大苫邊尊《おほとまべのみこと》 第《だい》六 面足尊《おもたるのみこと》、惶根尊《かしこねのみこと》 第《だい》七 伊弉諾尊《いざなぎのみこと》、伊弉册尊《いざなみのみこと》

按《あん》ずるに國常立尊《くにとこたちのみこと》は天地開闢《てんちかいびやく》の元神《げんしん》、國狹槌尊《くにさつちのみこと》は水德《すゐとく》の神《かみ》、豐斟渟尊《とよくんぬのみこと》は火德《くわとく》の神《かみ》、此《この》三神《しん》は純《じゆん》陽獨化《やうどくくわ》の神《かみ》にして一神《しん》を以《もつ》て一代《だい》とす、泥土煎尊《うひぢにのみこと》、沙土煎《すひぢに》尊《みこと》は木德《もくとく》の神《いみ》、大戸之地尊《おほとのぢみこと》、大苫邊尊《おほとまべのみこと》は金德《きんとく》の神《かみ》、面足尊《おもたるのみこと》、惶根尊《かしこねのみこと》は土德《どとく》の神《かみ》、伊弉諾尊《いざなぎのみこと》、伊弉册尊《いざなみのみこと》は人體《じんたい》の始《はじめ》にて、此《この》八神《じん》は陰《いん》陽耦生《やうぐうせい》の神《かみ》なれば二神《しん》を以《もつ》て一代《だい》とす。

地神五代の事

第《だい》一　天照大神《あまてらすおほかみ》　伊勢《いせ》神宮《しんぐう》の内宮《ないぐう》鎭座《ちんざ》

伊弉諾伊弉册尊《いざなぎいざなみのみこと》、既《すで》に國土《こくど》萬物《ばんぶつ》を開發《かいはつ》し、諸神《しんしよ》を生《う》み給《たま》ひたるも、未《いま》だ天下《てんか》の主《しゆ》たるべきもの無《な》し、依《よつ》て相圖《あひはか》て日神《ひのかみ》即《すなは》ち大日靈貴《おほひるめむち》を生《う》み給《たま》ふ、此神《このかみ》光華明彩《くわうくわめいさい》六合《がふ》に照《て》り輝《かゞや》く、故《ゆゑ》に大《おほい》に喜《よろこ》び貴子《きし》と號《がう》し、靈異《れいゐ》の兒《じ》と尊《たふと》び、天《てん》に送《おく》りて天上《てんじやう》の事《こと》を司《つかさど》らしめ給《たま》ふ、此《こ》れ我皇統《わがくわうとう》の發祥《はつしやう》なり。

第《だい》二　正哉吾勝勝速日天忍穗耳尊《まさやあかかつかつはやひあめのをしほみゝのみこと》　豐前英彦山鎭座《よせんゑいひこやまちんざ》

此神《このかみ》は天照大神《あまてらすおほかみ》と御弟《おんおとうと》素戔嗚尊《すさのをのみこと》と眞名井《まなゐ》の誓《ちかひ》の時《とき》、靈《たま》の威徳《ゐとく》に依《よつ》て生《う》まれ給《たま》ひし神《かみ》にて、天祖《てんそ》の御太子《おんたいし》として、豐葦原《とよあしはら》の中國《なかつくに》を治《しろ》すべき神勅《しんちよく》を受《う》け給《たま》へり。

第《だい》三　天津彦火瓊々杵尊《あまつひこほにゝぎのみこと》　大隅國霧島山鎭座《おほすみのくにきりしまやまちんざ》

此神《このかみ》は天忍穗耳尊《あめのをしほみゝのみこと》と高皇產靈尊《たかみむすひのみこと》の女栲幡姫《ちよたくはたひめ》との間《あひだ》に生《う》まれ給《たま》ひ、父神《ちゝかみ》に代《かは》りて我國《わがくに》に降臨《かうりん》し、其《その》時天祖《てんそ》より、鏡璽劍《かゞみたまつるぎ》の三種《しゆ》の神器《じんき》を授《さづ》かり、又天壤無窮《またてんじやうむきう》の神勅《しんちよく》を受《う》け、日向國《ひうがのくに》に皇居《くわうきよ》を定《さだ》め、天下《てんか》を治《をさ》め給《たま》ひ、國神《くにつかみ》の大山祇《おほやまずみ》の女《ぢよ》、木花開耶姫《このはなさくやひめ》を娶《めと》り、彦火々出見尊《ひこほゝでみのみこと》を生《う》み給《たま》ふ。

第《だい》四　彦火々出見尊《ひこほゝでみのみこと》　大隅國鹿兒島神社鎭座《おほすみのくにかごしまじんじやちんざ》

父神《ちゝかみ》瓊々杵尊《にゝぎのみこと》、木花開耶姫《このはなさくやひめ》を娶《めと》り、一夜《や》にして姙《はら》み給《たま》ふ、父神《ちゝかみ》大《おほい》に疑《うたが》ひ我子《わがこ》に非《あら》ずと爲《な》す、母神《はゝかみ》恨《うら》みて無戸室《くつむろ》に入《い》り、誓《ちかつ》て曰《いは》く妾《わ》が娠《はら》める所尊胤《ところみことだね》に非《あら》ずば焦《こ》げ滅《ほろ》びん、眞《しん》の天孫《てんそん》の胤《たね》ならば火《ひ》も害《そこ》ふこと能《あた》はじと、即《すなは》ち火《ひ》を放《はな》ち室《しつ》を焼《や》き、其炎《そのほのほ》の中《なか》にて生《うま》れ給《たま》へり、長《ちやう》じて海外《かいぐわい》に趣《おもむ》く等幾多《とういくた》の辛《しん》苦《く》を嘗《な》めさせ給《たま》ひ、後能《のちよ》く國土《こくど》を平定《へいてい》し給《たま》へり。

第《だい》五　彦波瀲鵜草葺不合尊《ひこなみさたけうがやふきあへずみこと》　日向國《ひうがのくに》鵜《う》戸《と》神社鎭座《じんしやちんざ》

彦火々出見尊《ひこほゝでみのみこと》の御子《みこ》、御母《おんはゝ》は龍神《りうじん》の女豐玉姫《ぢよとよたまひめ》にして、産室《さんしつ》の未《いま》だ葺《ふ》き終《をは》らざるに産《うま》れ給《たま》ひし故《ゆゑ》、此《こ》の御名《みんな》あり、姨玉依姫《をばたまよりひめ》を妃《ひ》として四皇子《わうじ》を生《う》み給《たま》ふ、神武天皇《じんむてんわう》は其御《そのご》一人《にん》なり。

以上天神《いじやうてんじん》七代地神《だいちじん》五代《だい》に就《つい》て、天神《てんじん》は百億萬歳《そくばんざい》二百億萬歳等稱《そくばんさいとうしよう》するも固《もと》より其年代《そのねんだい》を知《し》る能《あた》はず、地神《ちじん》は天照大神《あまてらすおほかみ》二十五萬歳《まんさい》、忍穂耳尊《をしほみゝみこと》三十萬歳《さい》、瓊々杵尊《にゝぎみこと》、彦火々出見尊《ひこほゝでみこと》は不明《ふめい》なり、又葺不合《またふきあへず》尊《みこと》は御治世《ごぢせい》八十三萬餘歳《まんよさい》と稱《しよう》せり、又天照大神《またあまてらすおほかみ》より神武天皇降誕《じんむてんわうかうたん》まで一百七十九萬二千四百七十四年《ねん》とも云《い》へり。

神代《しんだい》の事《こと》は漠《ばく》として確實《かくじつ》に考《かんが》ゆる事《こと》は出來《でき》ぬ、左《さ》れど人皇以前《にんくわういぜん》に大聖威德《たいせいゐとく》の神《かみ》が在《あつ》て、久《ひさ》しく我國《わがくに》を治《をさ》められて居《を》つた事《こと》は争《あらそ》はれぬ事實《じじつ》であつて、此主權者《このしゆけんしや》たる大神《おほかみ》の下《もと》には幾多《いくた》の神々《かみ〴〵》が奉仕《つかへ》て居《を》つた事《こと》も確《たし》かである、夫《それ》で我皇室《わがくわうしつ》は固《もと》より天祖《てんそ》の正統《せいとう》であつて、吾々臣民《われ〳〵しんみん》も亦天祖《またてんそ》又《また》は群神《ぐんしん》の後裔《こうえい》であるのは明《あきら》かである、夫《それ》で我國《わがくに》の神々《かみ〴〵》と我々臣民《われ〳〵しんみん》とは血統《けつとう》の上《うへ》にも連絡《れんらく》がある親子《おやこ》の親《したしみ》がある、左《さ》れば神明《しんめい》は常《つね》に吾々《われ〳〵》を救《すく》ひ導《みちび》かんと努《つと》め給《たま》ふのであるから、吾々《われ〳〵》は之《これ》に對《たい》して誠心誠意《せいしんせいゝ》信神《しんしん》を怠《おこた》つてはならぬ。

人皇紀元の事

我國人皇《わがくにじんくわう》の祖《そ》であつて、日《に》本《ほん》を組織的《そしきてき》に統治《とうち》し給《たま》ひ、國家《こくか》の紀元《きげん》を立《た》て給《たま》へるは、神武天皇《じんむてんわう》である、天皇《てんわう》は鸕《う》草葺不合尊《がやふきあへずのみこと》の皇子《わうじ》にして、御母《おんはゝ》は玉依姫《たまよりひめ》、御諱《おんいみな》は神日本《かむやまと》磐余彦尊《いはれひこのみこと》と稱《しよう》す、十五歳《さい》の時太子《ときたいし》に立《た》ち、四十五歳《さい》にして、日向國《ひうかのくに》より皇軍《くわうぐん》を起《おこ》し、王化《わうくわ》に歸《き》せざる逆徒《ぎやくと》を討《う》ち平《たひら》げ給《たま》ひ、大和國畝傍山《やまとのくにうねびやま》の地《ち》を開《ひら》きて、皇居《くわうきよ》を奠《さだ》められ、萬世《ばんせい》の浩基《こうき》を創《はじ》め、之《これ》を橿原宮《かしはゞらみや》と號《がう》し、五十二歳《さい》にして御位《みくらゐ》に即《つ》き給《たま》ふ、天種子命《あめのたねこのみこと》、天富命《あめのとみのみこと》の兩人《りやうにん》は國政《こくせい》を扶《たす》け執《と》り、天奇日方命《あめのくしひがたのみこと》、宇摩志摩治命《うましまちのみこと》兩人《りやうにん》は政事《せいじ》を申《まう》す大夫《たいふ》と爲《な》し、又宇摩志摩治命《またうましまちのみこと》と道臣命《みちのおみのみこと》の兩人《りやうにん》は物部《もののべ》と號《がう》して軍兵《ぐんびやう》を司《つかさど》らしめ給《たま》ふ、此《こ》れ武士《よし》をもののふと云《い》ふ始《はじ》めなり、在位《ざいゐ》七十六年丙子《ねんへいし》三月廿一日崩御《はうぎよ》御壽《おんことぶき》百二十七歳《さい》。

神武天皇《じんむてんわう》は即位《そくゐ》の始《はじ》め、大嘗祭《だいじやうさい》を行《おこ》ひ、鎭魂祭《ちんこんさい》を行《おこな》ひ、又靈時《またれいじ》を鳥見山《とりみやま》に建《た》て、天神祖神《てんしんそしん》を祭《まつ》りて大孝《たいかう》を伸《の》べ給《たま》へり、其祭儀《そのさいぎ》歴朝代《れきてうかは》ることとなし。

神武天皇《じんむてんわう》より今上陛下《きんじやうへいか》まで皇統《くわうとう》一系連綿《けいれんめん》として變《かは》りなく百二十三代《だい》に及《およ》び、年《とし》を經《ふ》る事今年大正《ことこんねんたいしやう》五年《ねん》にて二千五百七十六年《ねん》なり。

我國《わがくに》の人皇紀元《じんわうきげん》は支那《しな》周《しう》の惠王《けいわう》十七年《ねん》にて、西暦紀元前《せいれききげんぜん》六百六十年《ねん》、釋迦《しやか》の入滅《にふめつ》より二百餘年《よねん》、孔子《こうし》の出生《しゆつしやう》に先《さきだ》つこと百十年前《ねんぜん》なり。

加持祈禱の來歷

加持《かち》とは元梵語《もとぼんご》を譯《やく》したので、加《か》は神《かみ》の力《ちから》が人間《にんげん》に加《くは》はると云《い》ふこと、持《ち》とは神《かみ》の威德《ゐとく》を人間《にんげん》の心《しん》中《ちう》に受持《うけもつ》と云《い》ふ意《い》で、結局《つまり》神人感應《しんじんかんおう》の法《はふ》である、又祈禱《またきたう》とはイノルで、イノルは齋宣《いみのる》であるから、潔《けつ》齋《さい》して神《かみ》に申上《まうしあぐ》るの事《こと》である、夫《それ》から祭《まつる》は待請《まちうく》るで、神《かみ》の來降《らいかう》を待請《まちうく》るのである、孰《いづ》れも心身《しんしん》を清《きよ》め、誠心《まごころ》を以《もつ》て神《かみ》を御招《おまね》き申《まう》し、御願《おねが》ひ申《まう》す事《こと》である。

加持祈禱《かぢきたう》するには先《ま》づ祓《はらひ》が必要《ひつえう》である、祓《はらひ》とは第《だい》一に心《こゝろ》の汚《けがれ》即《すなは》ち我慾《がよく》我見《がけん》を去《さ》り、次《つぎ》に身《み》の汚《けがれ》即《すなは》ち惡《わる》い物《もの》を食《たべ》たり、見《み》たり、聞《きい》たりしたのや、惡《わる》いものに接《せつ》したとか、云《い》ふのを清《きよ》め、又場《またば》所《しよ》の汚《けがれ》も祓《はら》はねばならぬ、此等《これら》の汚《けがれ》を祓《はら》ふには、鎭魂術《ちんこんじゆつ》で心《こゝろ》を清《きよ》め、身體《しんたい》や場所《ばしよ》は水《みづ》を以《もつ》て禊《すゝ》ぎ、不潔物《ふけつぶつ》は火《ひ》を以《もつ》て燒《やく》と云《い》ふように種々《いろいろ》仕方《しかた》がある、此《こ》の祓除《はらひ》の起源《おこり》は伊邪那岐尊《いざなぎのみこと》が黃泉軍《よみのいくさ》に不潔《ふけつ》に接《せつ》し、夫《それ》を日《ひ》向《うが》の小門《せうもん》の海原《うなばら》で禊《すゝぎ》したのが始《はじ》めである、夫《それ》から素盞嗚尊《すさのをのみこと》が强暴《きやうばう》を恣《ほしひまゝ》にして、天津罪國津罪《あまつつみくにつつみ》を犯《おか》し、群神《ぐんしん》から祓除《はらひ》を命《めい》ぜられ、出雲《いづも》に降《くだ》りて、不淨《ふじやう》の心《こゝろ》を祓《はら》ひ盡《つく》し、我心淸《わがこゝろすが》〳〵しと宣給《のたまひ》て、立派《りつぱ》な神《かみ》に爲《なつ》たのである、降《くだつ》て神武天皇《じんむてんわう》、神功皇后《じんぐくわうごう》の朝《てう》にも大祓《おほはらひ》を行《おこな》ひ、天武天皇《てんぶてんわう》の朝《てう》よりは六月と年末《ねんばつ》の二回《くわい》大祓《おほはらひ》を行《おこな》ふことに定《さだ》め、遂《つひ》に今日《こんにち》の國式神典《こくしきしんてん》と爲《なつ》たのである。

次《つぎ》に祭祀《まつり》の始《はじめ》は、天照大神《あまてらすおほかみ》が親《みづか》ら神衣《しんい》を織《お》り、神饌《みけ》を供《きよう》して、新嘗祭《にひなめさい》を行《おこな》ひ、祖神《そしん》及《および》衣食《いしよく》の神《かみ》を祭《まつ》祀《り》給《たま》ひて、神恩《しんおん》を謝《しや》し、報本反始《はうほんはんし》の大義《たいぎ》を述《のべ》たのが根本《こんぽん》であつて、神武《じんむ》天皇《てんわう》は御《ご》即位《そくゐ》の初《はじめ》に當《あたつ》て、先《ま》づ鎭魂祭《ちんこんさい》を行《おこな》ひ靈時《れいじ》を鳥見《とりみ》山《やま》に建《たて》て天神《てんじん》を祭《まつ》り、爾《じ》來《らい》歷朝祭祀《れきてうまつり》の大典《たいてん》を廢《はい》することなく、現時《げんじ》に於《おい》ても賢所祭《かしこどころさい》は陛下《へいか》親《した》しく之《これ》を行《おこな》ひ、祭政《さいせい》一致《ち》の神事《しんじ》を怠《おこた》り給《たま》ふ事《こと》は無《な》いのである。

次《つぎ》に祈禱《きたう》と祭祀《さいし》とを一同《どう》に行《おこな》ふたのは、天照大神《あまてらすおほかみ》が御弟《おんおとうと》素盞嗚尊《すさのをのみこと》の强暴《きやうばう》を戒《いましめ》ん爲《た》め天岩戸《あまのいはと》に幽《こ》居《もり》まし〳〵たる時《とき》多《おほく》の神《かみ》が集《あつま》りて、八意思兼神の工夫《くふう》で大神事《おほかみわざ》を行《おこな》ひ、布刀玉命《ふとだまみこと》が久米縄《くめなは》即《すなは》ち今《いま》の七《し》五三《め》縄《なは》を岩戸《いはと》に引廻《ひきまは》し、天兒屋根命《あめのこやねのみこと》が祝詞《のりと》即《すなは》ち祈《き》禱文《たうぶん》を奏上《そうじやう》し、群神《ぐんしん》が至誠《しせい》を凝《こら》して祈念《きねん》し、本敎主《ほんけうしゆ》神《しん》たる天鈿女命《あまのうづめのみこと》は神樂《かぐら》を奏《そう》し、其誠心《そのせいしん》一念《ねん》の爲《ため》に遂《つひ》に天神《てんじん》の神憑《かみがかり》があつて、衣帶《いたい》の弛《ゆる》び乳《ち》や股《もゝ》の顯《あらは》るゝも知《し》らず舞《ま》ひ踊《をど》られた結果《けつくわ》として、天照大神《あまてらすおほかみ》の御出《おいで》を見《みる》に至《いた》つたのである。

要《えう》するに祓除《はらひ》は自分《じぶん》や一般《ぱん》人間《にんげん》の罪汚《つみけがれ》を拂《はら》ふので、祭祀《まつり》は神《かみ》の恩德《おんたく》に對《たい》して御禮《おれい》を申《まう》すので、祈禱《きたう》は人間《にんげん》から神《かみ》に何《なに》か賴《たの》むのである、而《しか》して此《こ》の祓《はらひ》と祭《まつり》と祈《いのり》とは決《け》つして別々《べつ〳〵》に取離《とりはなす》べきものではない、夫《それ》で祓《はらひ》の中《うち》に祭《まつり》の意味《いみ》も、祈《いのり》の意味《いみ》もある、又祈《またいのり》をするには祓《はら》ひ且《か》つ祭《まつ》らねばならぬ、斯《か》く祭祀《まつり》祈《き》禱《たう》は神代《しんだい》より始《はじま》つて歷朝天皇陛下《れきてうてんわうへいか》は必《かなら》ず大嘗祭新嘗祭《だいじやうさいにひなめさい》等《とう》を親《みづか》ら行《おこな》ひ給《たま》ひて、報本反始《はうほんはんし》の大孝《たいかう》を伸《の》ぶると同時《どうじ》に國家《こくか》の安康《あんかう》五穀《こく》の豐穰《ほうじやう》を祈《いの》り給《たま》ひ、又國守《またこくしゆ》は其國《そのくに》に入《い》る時《とき》は先《ま》づ其地《そのち》の產土神《うぶすながみ》に參詣《さんけい》して、祭祀《まつり》祈《き》禱《たう》を行《おこな》ひ、個《こ》人《じん》としては出產《しゆつさん》の時《とき》より御《お》宮參《みやまゐ》りの式《しき》ありて將來《しやうらい》の無病息災武運長久《むびやうそくさいぶうんちやうきう》を祈《いの》つて居《を》る。

次《つぎ》に禁厭《きんえん》は平田《ひらた》翁《をう》の古史傳《こしでん》にはマジナヒノリと訓《くん》ずとあつて、此《これ》は人《ひと》を咒咀《じゆそ》する蠱物《まじもの》の術《じゆつ》と、又之《またこれ》を呪返《のろひかへ》す法《はふ》とある、更《さら》に又鳥獸昆虫《またてうじゆうこんちう》の災異《さいゝ》を攘《はら》ふ事《こと》もあれば、或《あるひ》は病氣《びやうき》や危難《きなん》を避《さ》くる法《はふ》もある、此《こ》の禁厭術《きんえんじゆつ》は神代《かみよ》に於《おい》て、本敎《ほんけう》の主神《しゆじん》たる大巳貴命《おほあなむちのみこと》が少彥名命《すくなひこなのみこと》と力《ちから》を戮《あは》せて天下《てんか》を經營《けいえい》し、更《さら》に醫《い》藥溫泉等《やくをんせんとう》を發見《はつけん》して病氣《びやうき》の治療法《ちれうはふ》を定《さだ》め、又鳥獸昆虫《またてうじゆうこんちう》の災異《さいゝ》を攘《はら》ふ爲《ため》に禁厭《きんえん》の道《みち》を示《しめ》されたのが起源《きげん》である、左《さ》れば禁厭術《きんえんじゆつ》は神道《しんだう》の一法《ぱう》であつて、遠《とほ》く神代《しんだい》より行《おこな》はれ、歷代《れきだい》之《これ》を尊信《そんしん》し、後《のち》には朝廷《てうてい》の典藥寮《てんやくれう》に呪禁師《じゆきんし》といふ職《しよく》を置《おか》れた位《くらゐ》である。

此《こ》の禁厭術《きんえんじゆつ》は後世支那《こうせいしな》の道敎《だうけう》、陰陽術《いんやうじゆつ》、佛敎《ぶつけう》の眞言秘密法等《しんごんひみつはふとう》と相混同《あひこんどう》し、互《たがひ》に其長所《そのちやうしよ》を執《と》りて、符《ふ》呪等種々《じゆとうしゆ／＼》の方式《はうしき》が出來《でき》て盛《さかん》に世《よ》に行《おこなは》れたものである。

以上《いじやう》の如《ごと》く加持祈禱《かぢきたう》や禁厭《きんえん》と云《い》ふ事《こと》は、我國《わがくに》の神代《しんだい》より行《おこな》はれて居《を》るものであるが、今日《こんにち》では道敎《だうけう》や佛敎《ぶつけう》が大分混《だいぶんまじ》つて居《を》る、星《ほし》を祭《まつ》るとか、九字《じ》を切《き》るとか、梵字《ぼんじ》を用《もち》ゆるとか、眞言《しんごん》を唱《とな》ゆると云《いふ》のが夫《それ》である、併《しか》し支那《しな》や印度《いんど》の法《はふ》が加《くは》はつたからとて日本《にほん》の根本《こんぽん》を失《うしな》つた譯《わた》でもなく、又夫等《またそれら》の法《はふ》が惡《わる》いのでも無《ない》いのみでなく、長短相補《ちやうたんあひたすけて》けて大《おほい》に發達《はつたつ》したのであるから、本敎《ほんけう》では從來《じうらい》の仕來《しきた》りに依《よつ》て之《これ》を用《もち》ゆるのである。

又祈禱禁厭等《またきたうきんえんとう》は野蠻《やばん》の風習《ふうしふ》であると云《い》ふ者《もの》もあるが、夫《それ》は人間精神力《にんげんせいしんりよく》の玄妙《げんめう》なる事《こと》や、神氣《しんき》の偉大《ゐだい》なる事《こと》、神人感應《しんじんかんおう》の深理《しんり》を覺《さと》らぬ短見者流《たんけんしやりう》であつて、敢《あへ》て論《ろん》ずるに足《た》らぬ、此等《これら》の點《てん》は本敎《ほんけう》の敎理《けうり》を一見《けん》すれば自《おのづか》ら明《あき》らかである。

神拜の法式

最初《さいしよ》　沓揖《くついつ》　笏《しやく》を正《たゞ》し、立《たち》ながら一揖《いちれい》して沓《くつ》を脱《ぬ》く○笏《しやく》なき者《もの》は扇《あふぎ》を代用《だいよう》す。
次《つぎに》　着座《ちやくざ》
次《つぎに》　座揖《ざしふ》　座《すは》りて禮《れい》をする事《こと》、笏《しやく》を正《たゞ》し一揖《いちれい》して笏《しやく》を右側《うそく》に措《を》く。
次《つぎに》　拍手《かしはで》　二度《ど》。
次《つぎに》　再拜《さいはい》　笏《しやく》を正《たゞ》し立《たつ》て再拜《さいはい》す、女《をんな》は座《すは》りながら再拜《さいはい》す。
次《つぎに》　祓《はらひ》　中臣祓《なかおみのはらひ》、三種祓《しゆはらひ》、大祓等《おほはらひとう》を攝掌《せつしやう》して之《これ》を唱《とな》ふ。
次《つぎに》　祈念《きねん》　願事《ねがひごと》を奏上《そうじやう》する事《こと》。
次《つぎに》　拍手《かしはで》　二度《ど》。
次《つぎに》　再拜《はいはい》　笏《しやく》を正《たゞ》し立《たつ》て再拜《さいはい》す、女《をんな》は座《すは》りながら再拜《さいはい》す。
次《つぎに》　座揖《ざしふ》　笏《しやく》を正《たゞ》し、座《すは》りながら一揖《いちれい》す。
次《つぎに》　起座《きざ》
次《つぎに》　沓揖《くついつ》　沓《くつ》を着《つ》け笏《しやく》を正《たゞ》し立《たつ》て一揖《いちれい》す。
次《つぎに》　退出《たいしゆつ》

奉幣の法式

最初《さいしよ》　着座《ちやくざ》

次《つぎに》　從者《じうしや》幣《へい》を執《とつ》て祭主《さいしゆ》に進《すゝ》む。

次《つぎに》　祭主《さいしゆ》幣《へい》を執《と》る。右手《めて》に之《これ》を執《と》り、幣《へい》の首《かしら》を左方《さはう》に向《む》く。

次《つぎに》　再拜《はいはい》

立《たつ》て幣《へい》を振《ふ》り左右左《ひだりみぎひだり》と振《ふ》りて、一拜《いつぱい》す。

又《また》　立《たつ》て幣《へい》を振《ふ》り左右左《ひだりみぎひだり》と振《ふ》りて、一拜《いつぱい》す。

次《つぎに》　小揖《せうしふ》　幣《へい》を持《も》ち居《ゐ》ながら一揖《いちれい》す。

次《つぎに》　再拜《さいはい》

立《たつ》て幣《へい》を振《ふ》り左右左《ひだりみぎひだり》と振《ふ》りて、一拜《いつぱい》す。

又《また》　立《たつ》て幣《へい》を振《ふ》り左右左《ひだりみぎひだり》と振《ふ》りて、一拜《いつぱい》す。

次《つぎに》　幣使《へいし》進《すゝ》みて幣《へい》を受《う》け神殿《しんでん》に献《けん》ず。

次《つぎに》　幣使《へいし》は祭主《さいしゆ》に向《むかつ》て小揖《せうしふ》して返《かへ》し祝詞《のりと》を申《まう》して拍手《はくしゆ》す、祭主《さいしゆ》も之《これ》に應《こた》へて拍手《はくしゆ》す。

次《つぎに》　起座《きざ》する例《れい》の如《ごと》し。

祈禱式と勸請法

神明《しんめい》の冥護《みやうご》を受《う》け、其靈驗《そのれいけん》によりて、自己《じこ》の希望目的《きばうもくてき》を滿足《まんぞく》せしめんとして、立願求救《りつぐわんきうきう》するを祈禱《きたう》と云《い》ふ、而《しか》して其希望《そのきばう》は萬人萬樣《まんにんまんやう》にして一ならざれど、結局《つまり》普通《ふつう》の人力《じんりよく》にては到底出來《たうていでき》難《かた》き事柄《ことがら》を、宇宙《うちう》の大主宰者大能力者《だいしゆさいしやだいのうりよくしや》たる神明《しんめい》の威力《ゐりよく》に賴《よ》りて成就《じやうじゆ》せんとするのであつて、神明《しんめい》は能《よ》く吾人《ごじん》の請願《じやうぐわん》を感受《かんじゆ》し、其目的《そのもくてき》を達《たつ》せしむる事《こと》は、吾《われ》に誠《まこと》さへあれば響《ひゞき》の物《もの》に應《おう》ずる如《ごと》くである、併《しか》し祈禱《きたう》し請願《じやうぐわん》するには夫《そ》れ〳〵禮儀法式《れいぎはふしき》がある、今左《いまさ》に其通式順序《そのつうしきじゆんじよ》を示《しめ》すべし。

最初《さいしよ》　祈禱《きたう》の祭壇《さいだん》を設《まう》く。但壇《たゞしだん》は南面《なんめん》とす。

次《つぎに》　祭壇《さいだん》に向《むか》ひて敬拜《けいはい》す。

次《つぎに》　着座《ちやくざ》　座《ざ》しながら揖《れい》す。

次《つぎに》　稽首再拜《けいしゆはいはい》し拍手《はくしゆ》して祓詞《はらひことば》を宣《のよ》る。

次《つぎに》　幣《へい》にて不淨《ふじやう》を拂《はら》ふ、又《また》は警蹕《けいひつ》。

次《つぎに》　招神《せうしん》の詞《のりと》を奏上《そうじやう》す。

次《つぎに》　献供《けんぐ》す　一拍《いつぱく》して供進《ぐしん》す。

次《つぎに》　祝詞《のりと》　音容端正《おんようたんせい》にして中音《ちうおん》にて奏上《そうじやう》す。

次《つぎに》 行事《ぎやうじ》 願《ねが》ふ所《ところ》の呪法《じゆはふ》を行《おこな》ふ事《こと》。

次《つぎに》 手《て》を胸《むね》に當《あ》て瞑目《めいもく》して祈念《きねん》す。

次《つぎに》 稽首再拜《けいしゆさいはい》し、拍手《はくしゆ》二度《ど》。

次《つぎに》 供物《くもつ》を撒《さ》ぐ、此《これ》は時宜《じぎ》によりて其儘供置《そのまゝそなへお》くも妨《さまたげ》なし。

次《つぎに》 送神詞《さうしんし》を奏上《そうじやう》す。

次《つぎに》 起座《きざ》して座揖《ざしふ》す。

次《つぎに》 退塲《たいぢやう》 此時三《つのときみ》足後《あしす》退《ざり》て一拜《いつぱい》して去《さ》る。

又勸請《またくわんじやう》の法《はふ》には 橘式《たちばなしき》、多々良式其他《たゝらしきそのた》種々《しゆく》ありて一樣《やう》ならず、左《さ》れば今茲《いまこゝ》には單《たん》に其勸請《そのくわんじやう》の名目《めいもく》を記《き》するに止《とゞ》め、實式具法《じつしきぐはふ》は直傳《ちきでん》に讓《ゆづ》るものとす。

極秘勸請《ごくひくわんじやう》　玉勸請《たまくわんじやう》　笏勸請《しやくくわんじやう》　御柱勸請《みはしらくわんじやう》　鏡勸請《かゞみくわんじやう》　榊勸請《さかきくわんじやう》　神籬勸請《かみまがきくわんじやう》

札勸請《ふだくわんじやう》

心《こゝろ》だに誠《まこと》なれば祈《いの》らずとも神《かみ》や守《まも》らんと云《い》ふけれど、夫《それ》は聖人君子《せいじんくんし》か大悟徹底《たいごてつてい》した者《もの》の事《こと》であつて、普通《ふつう》の人《ひと》はそうはゆかぬ、矢張《やは》り祈禱《きたう》せねば心《こゝろ》が本氣《ほんき》にならぬ、而《しか》して又人間相互《またにんげんさうご》の間《あひだ》でも、禮儀萬《れいぎばん》端正《たんせい》しく整《とゝ》はねば、相談《さうだん》が出來《でき》惡《にく》いと同《おな》じく、神《かみ》に對《たい》しても法式《はふしき》を嚴格《げんかく》にせねばいけぬ。

神勅降臨の法式

神明《しんめい》の冥護《みやうご》を受《う》け、其靈驗《そのれいけん》を仰《あふ》ぐには、祈禱《きたう》せねばならぬ、祈禱《きたう》するには、先《ま》づ神《かみ》の降臨《かうりん》を仰《あふ》がねばならぬ、夫《それ》には前《まへ》の祈禱《きたう》の通式《つうしき》に從《したが》つて招神之詞《せうしんののりと》を奏上《そうじやう》するのが必要《ひつえう》である、今《い》ま左《さ》に其《そ》の詞文《しぶん》を示《しめ》すべし。

招神之詞《せうしんのし》

謹而奉勸請《つゝしんでくわんじやうたてまつる》御《み》社奈岐《やしろなき》此所爾《このところに》降臨鎭座《かうりんちんざ》仕《し》給而《たまひて》神祇之《しんぎの》祓《はらひ》可壽《かず》々々《ゞ》平介久《たひらけく》安良介久《やすらけく》聞食旦《きこしめして》願布所《ねがふところ》乎《を》感應納受《かんおうなうじゆ》奈《な》左《さ》志《し》女《め》給幣《たまへ》誠恐誠惶《せいきようせいくわう》降烈來座《かうれつらいざ》敬白《けいはく》

大哉《おほいなるかな》賢哉《けんなるかな》乾元亨利《けんげんかうり》貞如律令《ていによりつれい》

又卜筮《またはくせい》に據《よ》りて吉凶《きつきよう》を伺《うかゞ》はんと欲《ほつ》する時《とき》は左《さ》の文《ぶん》を唱《とな》ふべし。

伏而惟《ふしておもんみるに》易者《えきは》民用《みんよう》を前《すゝ》め卦神明合《くわしんめいにあふ》顒若《ぎようじやくとして》有レ孚《まことあり》感而遂通《かんじてつひにつうず》謹而《つゝしんで》先天之《せんてんの》筆數《てうけう》を叩《たゝ》く願《ねがはくば》後進《こうしんの》迷途開《めいとをひらき》玉《たまひ》敬《つゝしんで》爐香《ろかう》を燃《たい》て朔聞《さくぶん》す

惟《これ》皇《くわうたる》上帝《じやうてい》宇宙之《うちうの》神聖《しんせい》此聞ニ寶香一《このほうかうをきいて》願《ねがはくば》降臨仕玉《かうりんしたまひ》某年某月某日某國某郡某町村某姓某名其事《そのことを》禱祈《たうきす》猶豫《いうよ》未レ決所レ疑《いまだけつせずうたがうところ》質ニ神靈一《しんれいにたゞす》請皇慇垂而《こふくわうびんをたれて》速《すみやかに》吉凶《きつきよう》を示玉《しめしたま》へ。

此詞《このりと》を奏上《そうじやう》して揲筮《てふせい》す可《べ》し。

次《つぎに》送納《さうなう》之《の》要《えう》文《ぶん》（此《これ》は神《かみ》を送《おく》り歸《かへ》す詞《し》文《ぶん》なり）

掛巻毛賢岐《かけまくもかしこき》天神地祇《てんじんちぎ》爰爾《ここに》降臨《かうりん》一切乃《いつさいの》諸神等《しよしんたち》元乃《もとの》本宮《はんきう》幣《へ》送利奉留《おくりたてまつる》恐禮奈加良《おそれながら》承引給幣《うけひきたまへ》送納《さうなう》歸宮《きくう》住社《ぢうしや》

敬白《けいはく》天福《てんぷく》皆來《かいらい》地福《ちふく》圓滿《ゑんまん》神道《しんたう》神力《しんりき》一切《いつさい》諸願《しよぐわん》成就《じやうじゆ》守良世給幣止《まもらせてまへと》恐美《おそれ》恐美申須《まうす》

又《また》卜筮《ぼくぜい》之《の》送文《さうぶん》

小子《せうし》其事《そのこと》に臨《のぞん》て猶豫《いうよ》未レ決《いまだけつせず》依《よつて》所レ疑《うたがうところ》神靈《しんれい》に質《たゞ》す靈鑑《れいかん》炳然《へいせん》として其卦爻《そのくわかう》を得《え》せしむ、小子《せうし》恭敬《きやうけい》して敢《あへ》て其變《そのへん》に隨《したがつ》て稽首《けいしゆ》して送《おく》り奉《たてまつ》る、各《かく》上天《じやうてん》に歸玉《かへりたま》ひ、重《かさね》て告愬《こくさく》あらば願《あがに》ば降臨《かうりん》を望《のぞ》まん、稽《けい》首歸依《しゆきえ》、伏《ふし》て惟《おもんみるに》珍重《ちんちよう》

右《みぎ》の招神《せうしん》の詞《のりと》と送納《さうなう》の文《ぶん》とは、中音《ちうおん》にて極《きは》めて静《しづ》かに底力《そこちから》のある音聲《おんせい》にて讀《よ》むべし、又之《またこ》れを讀《よ》むときは少《すこ》しく體《からだ》を前《まへ》に屈《かゞ》め、神《かみ》が前《まへ》に來《きた》り居《を》る樣《やう》に、或《あるひ》は神《かみ》が前《まへ》に過《す》き行《ゆ》くを後《あと》より之《こ》れを送《おく》る樣《やう》の態《たい》度《ど》を執《と》るべし。

誠心誠意《せいしんせいい》は申《まうす》までもないが、神《かみ》は音聲《おんせい》に應《おう》じて降臨《かうりん》あり、又祈願《またきぐわん》の趣意《しゆい》を聞食召《きこしよくめ》すのであるから、降《かう》神送納《しんさうなう》の詞《じ》文《よん》や、祈《き》請《せい》の辭《じ》は、極《きわ》めて流暢《りうやう》なる美《び》文《よん》でなくはならぬ、又之《またこれ》を讀《よ》む音聲《おんえい》は腹《はら》の底《そか》から出《で》る誠《まこと》の籠《こも》つた力《ちから》のある嚴格《げんかく》なものでなくてはならぬ、甃《とし》の談《はなし》でも詞遣《ことばづかい》が惡《わる》い爲《た》め、敬意《けいい》の無《な》い爲《た》めに打壞《うちこわ》す事《こと》は、人間界《にんげんかい》でも神明《しんめい》でも同《おな》じ道理《だうり》である。

九字《じ》の切方圖解

九字《じ》とは臨兵闘者皆陳裂在前《りんぴやうとうしかいちんれつざいぜん》にて、臨《りん》は外縛《げばく》二中立印《ちうりついん》、兵《ひやう》は大金剛輪印《だいこんがうりんいん》、闘《とう》は外縛《げばく》二頭立合印《とうりつがふいん》、者《しや》は內獅子印《ないしゝいん》、皆《かい》は外獅子印《げじゝいん》、陳《ちん》は隱形印《おんぎやういん》、列《れつ》は智拳印《ちけんいん》、在《ざい》は日輪印《にちりんいん》、前《ぜん》は寳瓶印《ほうべいいん》なり、此《こ》の九字《じ》は元來《ぐわんらい》抱朴子《はうぼくし》に出《い》で、陰陽道《いんやうだう》の一大事《だいじ》とせるもの、眞言密教等《しんごんみつけうとう》にても修驗者《しゆげんじや》は九字《じ》を切《き》ると稱《しよう》し、劔印《けんいん》を結《むす》び、其印《そのいん》にて此《こ》の九字《じ》を劃《くわく》し、惡魔《あくま》を斬捨《きりすて》ることを爲《な》せり、神道《しんだう》にては禁厭法中此《きんえんはふちうこれ》に類《るゐ》せるものあり、要《えう》するに此《こ》の九字《じ》を切《き》り一切《さい》の災難《さいなん》を拂《はら》ふことは、神道祓《しんだうはらひ》の意《い》を骨《ほね》と爲《な》し、陰陽道《いんやうだう》と佛教《ぶつけう》の印明《いんみやう》とを合《あは》せて大成《たいせい》せしものにて、戰陣旅行其他《せんぢんりよかうそのた》一切《さい》の災害惡魔《さいがいあくま》を拂《はら》ふに神變不思議《しんぺんふしぎ》の功德靈驗《くどくれいけん》あるものなり。

九字《じ》を切《きる》とか印《いん》を結《むす》ぶとか眞言《しんごん》を唱《とな》ゆるとか云《い》ふ僅《わづ》か指《ゆび》や口《くち》を動《うご》かす位《くらゐ》の事《こと》に、何《なん》でそんな不思議《ふしぎ》があろうか夫《それ》は野蠻《やばん》である、誤魔化《ごまくわし》であると云《い》ふものもあるが、夫《それ》は實《じつ》に淺墓《あさはか》である、全體人間《ぜんたいにんげん》は宇《う》宙大靈《ちうたいれい》の分身《ぶんしん》で、宇宙《うちう》の縮圖《しゆくづ》である、指《ゆび》一本《ぽん》の屈伸《くつしん》でも、夫《それ》は直《たゞ》ちに宇宙全體《うちうぜんたい》に關係《くわんけい》するのである、塞爾比亞《セルビヤ》の一壯漢《さうかん》が僅《わづ》かに人指指《ひとさしゆび》を三分《ぶ》ばかり屈《かゞ》めて、短銃《ピストル》の引金《ひきがね》を引《ひい》たばかりに、歐亞《おうあ》の大戰亂《たいせんらん》が起《おこつ》て、何《なん》百萬《まん》の死人《しにん》や、何《なん》百億《おく》の金《かね》を費《つひや》し、殆《ほと》んど世界全體人類《せかいぜんたいじんるゐ》の總《すべ》てが安穩《あんをん》にして居《を》られぬと云《い》ふ事《こと》になつたのである、又《また》一言《ごん》で帝者《ていしや》の師《し》と爲《な》るとか、一語《ご》で幾萬人《いくまんにん》を動《うご》かすとか、一句《く》の金言《きんげん》が幾《いく》千年《ねん》の久《ひさ》しい間多《あひだおほ》くの人心《じんしん》を支配《しはい》することもある、夫《それ》で何事《なにごと》でも誠心《せいしん》と法術《はふじゆつ》と儀式《ぎしき》と相一致《あひち》する時《とき》は、一《ひとつ》の指《ゆび》を弾《はぢ》くのでも、一音《おん》の詞《ことば》でも天地《てんち》を動《うご》かし、神明《しんめい》を感格《かんかく》せしめ、又諸《またもろ〳〵》の悪魔邪鬼《あくまじやき》を却《しりぞ》くるのは固《もと》より当然《たうぜん》である、又神明《またしんめい》の降臨《かうりん》を仰《あふ》ぎたる時《とき》は左《さ》の神向《かみむかひ》の歌《うた》を誦《せう》すべし。

神《かみ》向《むかひ》の歌《うた》

○千早《ちはや》ふる爰《こゝ》も高天原《たかまがはら》なり集《あつま》り給《たま》へ四方《よも》の神々《かみ〴〵》

○幣立《へいたて》て此處《こゝ》も高天原《たかまがはら》なれば集《あつま》り給《たま》へ四方《よも》の神々《かみ〴〵》

○明《あけ》て見《み》よ神《かみ》の寶藏《ほうざう》に何《なに》もなし、祈《いの》りし所神風《ところかみかぜ》ぞふく

○神垣《かみがき》や居垣《ゐがき》にばかりすがたにて無《な》きこそ神《かみ》の姿《すがた》なりけり

○心《こゝろ》だに誠《まこと》の道《みち》に叶《かな》ひなば祈《いの》らずとても神《かみ》や守《まも》らん

南無《なむ》九萬八千神來臨守護《しんらいりんしゆご》急急如律令《きふきふちよりつれい》

合掌《がつしやう》天之御柱 地之御柱　次《つぎ》に彈指《だんし》但し右の五種の歌を三遍唱ふべし後に三種の祓を再度讀むべし

九字を戻す法

九字《じ》を戻《もど》す法《はふ》は種々《しゆ〴〵》あるも、普通《ふつう》に行《おこな》はるゝは、左《さ》の除指《ぢよこう》の呪《じゆ》を三遍唱《べんとな》ふるに在《あ》り。

をんきりきやら、はらはら、ふたらん、ばそつ、そわか。

九字《じ》の切方《きりかた》左圖《さづ》の如《ごと》し

又《また》九字《じ》を切《き》るには、先《ま》づ金剛合掌《こんがうがつしやう》し、南無本尊會界摩利支天來臨影向其甲守護令給《なむほんぞんえかいまりしてんらいりんえかうそのかふまもらしめたまへ》と唱《とな》ふべし。

臨《りん》

普《ふ》賢《けん》三《さん》昧《まい》耶《や》

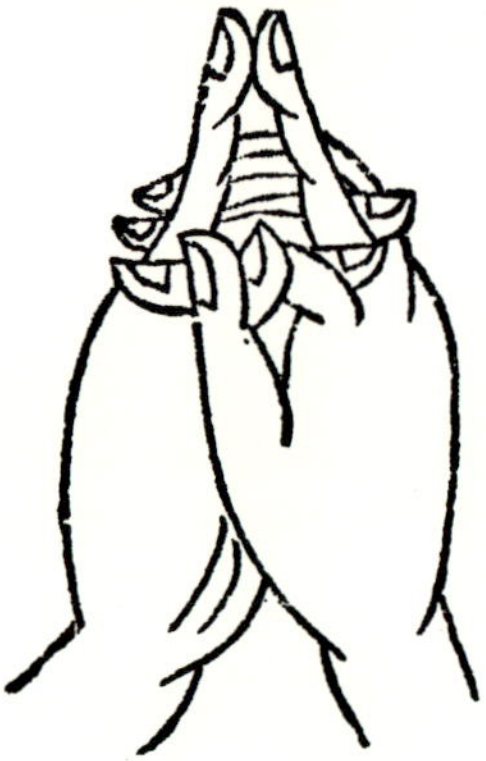

天照皇太神宮《てんせうくわうだいじんぐう》

毘沙門天《びしやもんてん》

闘《とう》

外《げ》獅《じ》子《し》

春日大明神《かすがだいみやうじん》

如意輪觀世音《によいりんくわんせおん》

兵《へう》

大《だい》金《こん》剛《がう》輪《りん》

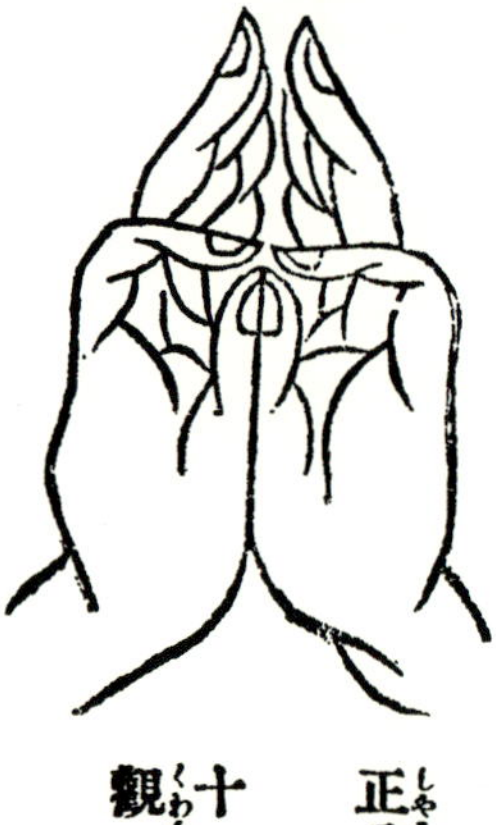

正《しやう》八幡《まん》大神《だいじん》

十一面《めん》觀《くわん》世《せ》音《おん》

者《しや》

内《ない》獅《じ》子《し》

加茂大明神《かもだいみやうじん》

不動明王《ふどうみやうわう》

皆《かい》

外《げ》縛《ばく》

稲荷大明神《いなりだいみやうじん》

愛《あい》染《ぞめ》明王《みやうわう》

陳《ちん》

内《ない》縛《ばく》

住吉大明神《すみよしだいみやうじん》

正観世音《しやうくわんぜおん》

裂《れつ》

智《ち》拳《けん》

丹生大明神《にふだいみやうじん》

阿彌陀如來《あみだによらい》

在《ざい》

日《にち》輪《りん》

日天子《につてんし》

彌勒菩薩《みろくぼさつ》

前《せん》

隠《おん》形《ぎやう》

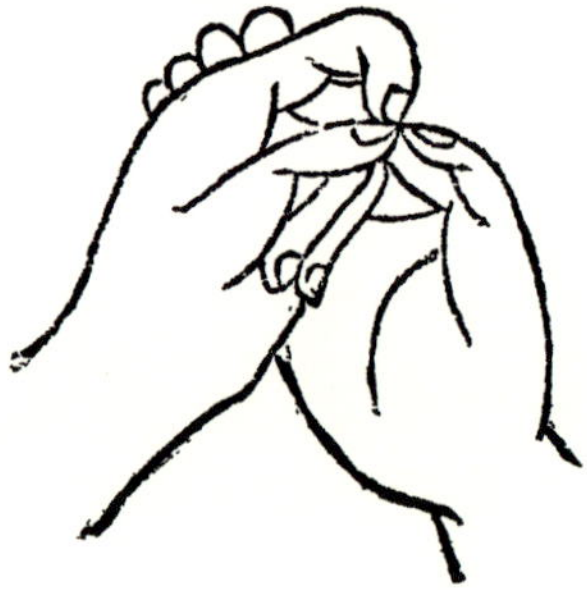

摩《ま》利《り》支《し》天《てん》

文《もん》殊《じゆ》菩《ぼ》薩《さつ》

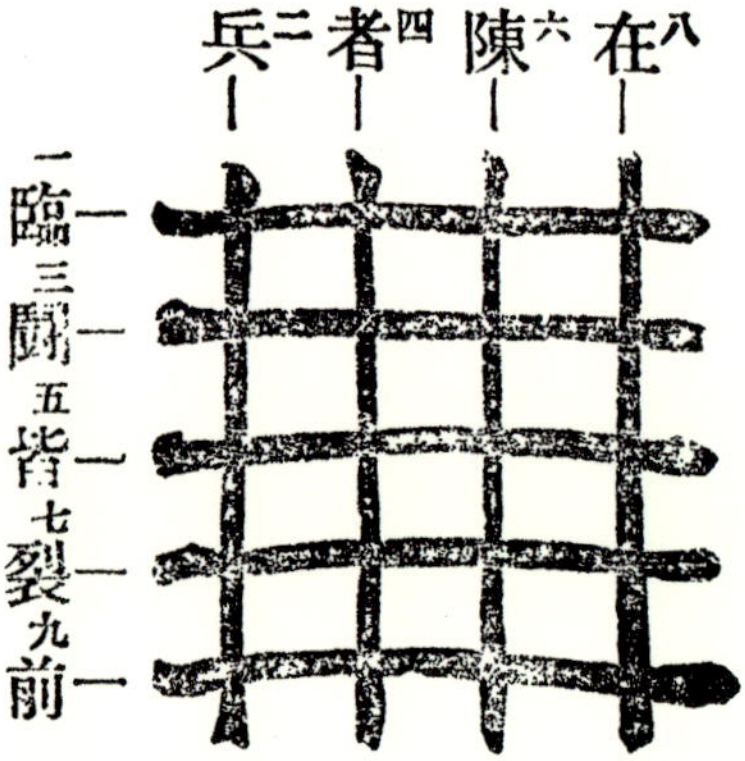

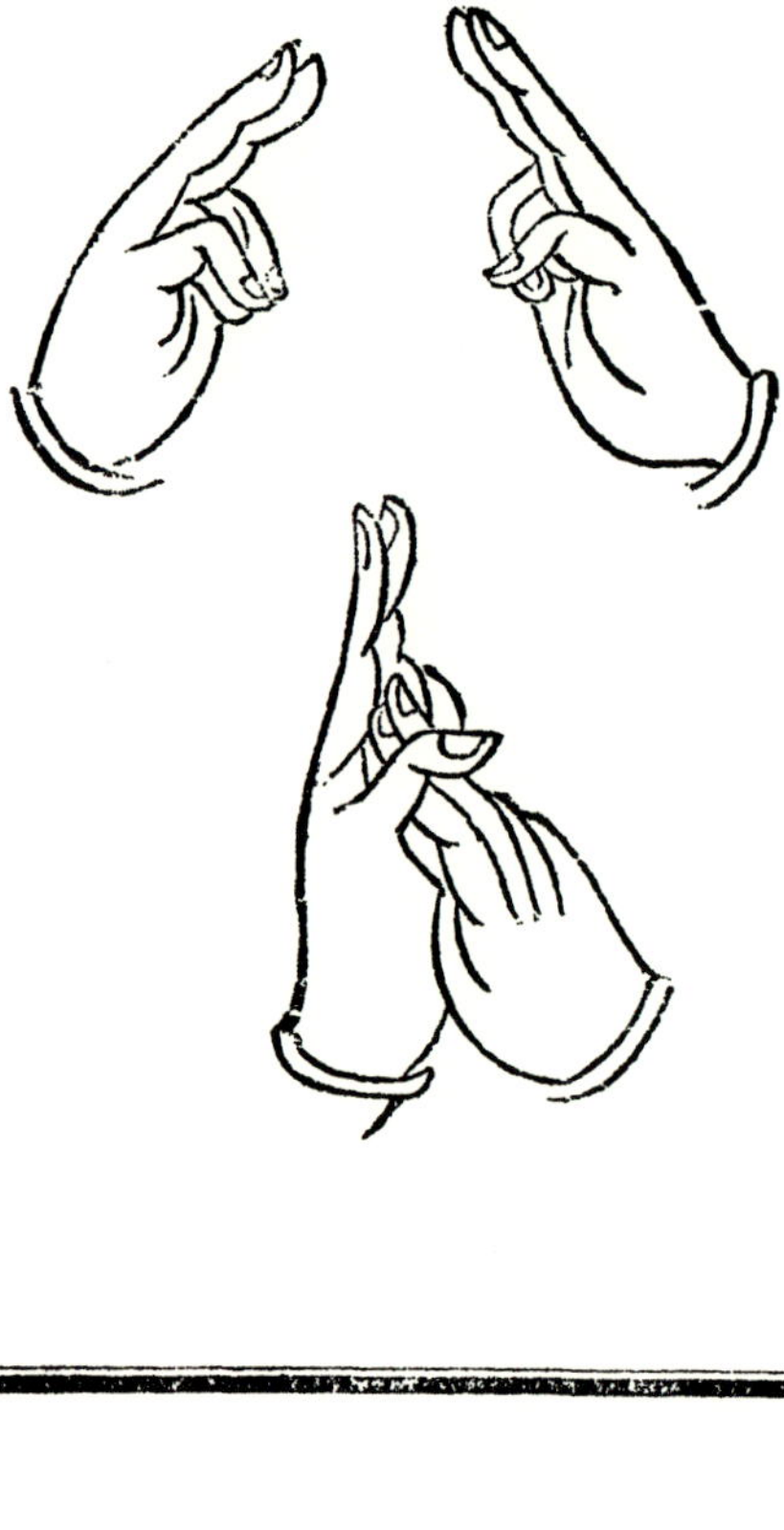

此《こ》の隠形《いんけい》の事《こと》は陰陽道《いんやうだう》にても、眞言秘密《しんごんひみつ》の法《はふ》にても、一大事《だいじ》として容易《ようい》に發表《はつぺう》せざるものなり、蓋《けだ》し惡用《あくよう》の恐《おそれ》あるが故《ゆゑ》なり、此《こ》の修法《しうはふ》は別冊拙著神通術奥傳《べつさつせつちよしんつうじゆつおくでん》に詳説《しやうせつ》なり。

稻荷大神勸請法（別に神式あり、例に由て知るべし）

大神勸請《たいしんくわんじやう》の秘傳《ひでん》は兩部神道《りやうぶしんたう》の極意《ごくい》なり其法式《そのはふしきさ》左の如《ごと》し。

（一）極秘《ごくひ》神體勸請《しんたいくわんじやう》——大神《たいしん》の御璽《みたま》の箱《はこ》は五握《にぎり》四方《はう》、檜木《ひのき》を以《もつ》て造《つく》る、蓋《ふた》あり箱《はこ》の內《うち》に神體《しんたい》を納《い》れ藏《をさ》む箱《はこ》は錦《にしき》を以《もつ》て包《つゝ》み絲《いと》を以《もつ》て結《むす》び堅《かた》めて前表《ぜんへう》に札《ふだ》を挿《はさ》み立《た》つ神體《しんたい》は渾沌《こんとん》の形《かたち》なり（口傳に曰く御璽の寸法は五握に定らず、社の大小に應じ其御璽の箱、大小宜しく造るべし）極秘《ごくひ》に傳《つた》ふ靈山《れいざん》の淸《きよ》き所《ところ》の四面《めん》に榊《さかき》を立《た》て鎮縄《しづめなは》を引《ひ》き一年前《ねんぜん》、或《あるひ》は一月前《くわげつぜん》、或《あるひ》は一旬前《じゆんせん》より淸祓《きよはらひ》を行《おこな》ひ其處《そのところ》の埴土《はにど》を取《とつ》て圓形《えんけい》の玉《たま》に造《つく》り白絹《しろきぬ》を以《もつ》て包《つゝ》み奉《たてま》つるものなりと（口傳に曰く神明は其元始を貴む未だ勸請せざる神體は天地開けざるが如し故に渾沌となづく神體となるべき玉を安置する處を渾沌殿と申す此玉を白絹にて幾重にも包み奉つること肝要なり）

（二）御柱勸請《みはしらくわんじやう》——大神《おほかみ》の御璽《みたま》の箱《はこ》は檜木《ひのき》を以《もつ》て造《つく》る箱《はこ》の內《うち》の上下《じやうげ》に縱橫《じうわう》の木《き》を入《い》れ御柱《みはしら》を立《た》つ御柱《みはしら》は靈山《れいざん》の淸《きよ》き所《ところ》の榊《さかき》の本末《ほんまつ》を斷《き》り捨《す》て中段《ちうだん》を長《なが》さ五握《あく》に造《つくり》て白絹《しろきぬ》を以《もつ》て包《つゝ》み麻《あさ》にて纏《まと》ひ奉《たてまつ》り麻《あさ》二筋《すぢ》を以《もつ》て下《した》より上《うへ》へ一筋《すぢ》は左《ひだり》に纏《まと》ひ一度《ど》に纏《まと》ひ上《あ》げ左《ひだり》の表《おもて》より上下《じやうげ》に結《むす》び奉《たてまつ》り箱《はこ》の中央《ちうわう》に立《た》て奉《たてまつ》り此箱《このはこ》の內《うち》の御柱《みはしら》の外《そと》を榊《さかき》の枝《えだ》にて飾《かざ》り奉《たてまつ》る箱《はこ》の外《そと》は極秘《ごくひ》神體勸請《しんたいくわんじやう》の如《ごと》し。

（三）榊勸請《さかきくわんじやう》——檜木《ひのき》の圓《まる》き器《うつは》を作《つく》り內《うち》に靈山《れいざん》の埴土《はにど》を納《をさ》めて榊《さかき》の枝《えだ》を美《うつく》しく中央《ちうわう》に指《さ》し立《た》て木綿《もめん》を垂《たれ》て神體《しんたい》と爲《な》し外《そと》に幾重《いくへ》にも榊《さかき》の枝《えだ》を立《た》て中央《ちうわう》の榊《さかき》を覆《お》ひ藏《かく》し外《そと》に注連《しめ》を引《ひ》く此《これ》を神籬勸請《かみまがきくわんじやう》といふ上《うと》に衾《ひとね》を覆《おほ》ひ奉《たてまつ》る或傳《あるでん》にいふ御璽《みたま》の神體《しんたい》は勸請《くわんじやう》に同《おな》じく榊《さかき》の枝《えだ》二本《はん》を左右《さいう》の手《て》に持《も》ち器《うつは》の內《うち》へ

幸魂《さきみたま》奇魂《くしみたま》を思入《おもひいれ》て打《う》ち込《こ》み則《すなは》ち警蹕《けいひつ》ありて蓋《ふた》を覆《おほ》ひ奉《たてまつ》る。

（四）神體封緘《しんたいふうかん》＝清殿《きよでん》にて封《ふう》するものなり先《ま》づ清殿《きよでん》へ神體《しんたい》を具《そな》ひ神寶等《しんぱうとう》を移《うつ》し左右《さいう》の案《あん》に置《お》き御璽《みたま》の箱錦絹《にしききぬ》、絲等《いとゝう》悉《ことごと》く祓《はら》ひ清《きよ》む榊《さかき》の枝《えだ》に水《みづ》を灑《そゝ》ぎ洗清《あらひきよ》め大麻《おほぬさ》にて祓《はら》ひ清《きよ》め箱《はこ》は錦《にしき》にて包《つゝ》み蓋《ふた》を覆《おほ》ひ案《あん》の上《み》に置《お》き奉《たてまつ》り衾《ひとね》を掛《か》け奉《たてまる》る箱《はこ》は五握《あく》四方《はう》、蓋《ふた》は上《うへ》にあり板《いた》は厚《あつ》きを用《もち》ひ木《き》は檜《ひのき》を用《もち》ひ四方釘《はうくぎ》を以《もつ》て打付《うちつ》け蓋《ふた》は釘《くぎ》を用《もち》ひず錦《にしき》を以《もつ》て四方《はう》より包《つゝ》み下《した》を折《を》り反《かへ》し上《うへ》に錦《にしき》を餘《あま》して蓋《ふた》を覆《おほ》ひ後《のち》、飾《かざり》を折《を》り反《かへ》して包《つゝ》むなり、かくて纏《まと》ひの後《のち》に掛《か》く絲《いと》は白糸《しろいと》の組又《くみまた》は紫又《むらさきまた》は緋《ひ》なり向《むかふ》より下《した》、次《つぎ》に南《みなみ》より西《にし》、次《つぎ》に東《ひがし》、次《つぎ》に前《まへ》、次《つぎ》に隅《すみ》、次《つぎ》に右《みぎ》、次《つぎ》に向《むかふ》、次《つぎ》に左《ひだり》、次《つぎ》に南《みなみ》、次《つぎ》に隅《すみ》、次々《つぎつぎ》に掛《か》け奉《たてまつ》る總《すべ》て縦《たて》五筋《すぢ》、横《よこ》も五筋《すぢ》、二殿掛《でんか》け奉《たてまつ》る左右《さいう》へ廻《まは》して掛《か》け結《むす》び鎮《しづ》め奉《たてま》つる（口傳に曰く纏ひは勸請以後に掛け奉つるなり）又《また》、始《はじめ》より神體《しんたい》を箱《はこ》に藏《おさ》め封《ふう》じ纏《まと》ひ奉《たてまつ》りて後《のち》に勸請《くわんじやう》を爲《な》すものなり……封《ふう》じ事終《ことをは》りて清殿《きよでん》の御戸《みと》を閉《とぢ》て退出《たいしゆつ》す。

（五）勸請法式《くわんじやうはふしき》＝御靈移《みたまうつ》しは子《ね》の刻《こく》なり先《ま》づ清殿《きよでん》の階下《かいか》にて美曾幾《みそぎ》し進《すゝん》て清殿《きよでん》へ入《い》り御璽《みたま》の箱《はこ》を戴《いたゞ》き渾沌殿《こんとんでん》の前階《せんかい》より進《すゝん》で殿内《でんない》の渾沌社《こんとんしや》の内《うち》に案《あん》に置《お》き奉《たてまつ》る從者渾沌殿《じうしやこんとんでん》の内《うち》の燈《とう》に雲蓋《うんがい》を覆《おほ》ひ殿《でん》を出《い》て外《そと》より前《まへ》の御戸《みと》を閉《と》ぢ後《うしろ》の御戸《みと》を開《ひら》く祭主勸請《さいしゆくわんじやう》の極秘《ごくひ》あり勸請《くわんにやう》終《をは》りて微音《びおん》に從者《じうしや》を召《め》す從者《じうしや》進《すゝん》で後《うしろ》の御戸《みと》を閉《と》ぢ前《まへ》の御戸《みと》を開《ひら》く進《すゝ》み入《いり》て雲蓋《うんがい》を撤《てつ》す祭主面《さいしゆおもて》を覆《おほ》ひ手繦《てむつき》を掛《か》く從者《じうしや》また退出《たいしゆつ》す御《み》戸《と》を閉《と》づ祭主御纏《さいしゆみんまと》ひを掛《か》け御札《みふだ》を立《た》て御舟《みふね》に乘《の》せ奉《たてまつ》り衾《ひとね》を覆《おほふ》て退出《たいしゆつ》す斯《かく》て勸請《くわんじやう》の時《とき》、祭《まつ》る處《ところ》の神來《かみきた》り給《たま》へて御璽《みたま》の箱《はこ》に止《とゞま》り給《たま》ふ（口傳に曰く勸請前の行事一切は祭式恒例による勸請極秘は虛津彦、神光、鳴動、感心これなり）

稲荷大神祭式法（此は両部の秘法なり別に神式あり例に由て知るべし）

（一）神事《しんじ》祭式《さいしき》＝先《ま》づ神事《しんじ》祭式《さいしき》を行《おこな》ふ此祭式《このさいしき》は恒例《かうれい》による。

（二）如意《によい》寶珠法《ほうじゆほふ》＝大神本地《おほかみほんち》の法徳《ほふとく》は世《せ》間出世間《けんしゆつせけん》の財寶《ざいほう》を出生《しゆつしやう》する如意《によい》寶珠《ほうじゆ》なりと觀《くわん》じ修法《しゆほふ》す順序如左《じゆんじよさのごとし》

先《ま》づ護身法《ごしんぼふ》を修《しゆ》す、印相《いんさう》は如意《によい》寶珠形《ほうじゆぎやう》と習《なら》ふ蓮華合掌《れんげがつしやう》（虚心合掌して兩の頭指、中指、無名指の三指を開き指頭を少しく屈す是れ八葉の蓮華の形なり）印明《いんみやう》は唵《おん》娑《そ》縛《ば》婆《そ》縛《ば》秫《く》馱《た》薩縛《さつば》達摩《たるま》娑《そ》縛《ば》婆《そ》婆《ば》秫《く》度《ど》憾《かん》、百八遍唱《へんとな》ふ。

次《つぎ》に灑水《れいする》すること一度《ど》、次《つぎ》に加持《かぢ》供物《くもつ》は三杵印《きよいん》を用《もなひ》て結護《けつご》し（此印は三股杵の形したるものにして片手に結べるものなり）印明《いんみやう》は唵阿《おんあ》密《みつ》哩《り》帝吽《てんうん》發吒《ばつた》、百八遍《へん》を唱《とな》ふ。

次《つぎ》に飲食印《いんしよくいん》を結《むす》ぶ（虚心合掌して掌を開き頭指以下頭を狂へ大指を頭指の側に附す是れ鉢の形にして飯食を入るゝ形の印相なり）印明《いんみやう》は阿《あ》羅《ら》々《ゝ》迦《か》羅《ら》々《ゝ》末隣捺《まつりんな》娜《だ》尾《び》沫隣捺《まつりんな》帝《てい》摩訶《まか》沫里《まつり》娑《そ》婆《ば》訶《か》、百八遍《へん》を唱《とな》ふ。

次《つぎ》に道場《だうぢやう》觀《くわん》を爲《な》し法界定印《はふかいぢやういん》を結《むす》ぶ（法界定印の印相は胎藏界大日如來の印にして膝の上に左の手を傾け次に右の手を仰け大指頭を狂ふ即ち左右重ね合せ大頭指を互に合せしものなり）世《せ》間《けん》、出世間《しゆつせけん》の事業《じごふ》みな大神《おほかみ》の利益《りえき》を蒙《かう》むらざるものなしと觀《くわん》すべし。

次《ぎ》に如意《によい》寶珠大陀羅尼印《ほうじゆだいだらにいん》を結《むす》び根本陀羅尼《こんぽんだらに》を唱《とな》ふること百八遍《へん》すべく、印明《いんみやう》は娜《そ》謨曷羅《まくかつら》怛《た》那《な》多《た》羅《ら》夜《や》耶《や》、南無《なむ》陀《た》利《り》耶《や》、波《ば》盧《ろ》吉帝《きやてい》濕《しつ》波《ば》囉《ら》耶《や》、菩《ほ》提《だい》薩《さつ》陀《た》波《ば》耶《や》、摩訶《まか》薩陀《さつた》波《よ》耶《や》、摩訶《まか》迦盧《きやろ》尼《に》迦《か》耶《や》、他《た》爾《に》耶《や》他《た》唵《おん》阿慕《あんは》伽《きや》摩《ま》尼《に》、摩訶《まか》摩抳《まに》、鉢頭《はんど》摩《ま》々《ゝ》抳《に》、莎《そ》婆《ば》訶《か》次《つぎ》に其思《そのし》念《ねん》する處《ところ》を祈願《きねん》し一座《ざ》を終《をは》るのなり。

白狐勸請法

(此は兩部の秘法なり別に神道式あり例に由り知るべし)

(一)吒枳尼天《だきにてん》の印明《いんみやう》＝印明《いんみやう》は南莫《なむ》三滿多《さんまんた》沒駄《ぼつた》南訖利《なんこつり》訶莎婆訶《かそばか》百八遍《へん》を唱《とな》ひ、印相《いんさう》は金剛合掌《こんがうがつしやう》を用《もち》ゆ。

(二)惣禮《そうたい》＝諸佛救世者《しよぶつきうせいしや》、住於《ぢうお》大神通《だいじんつう》、爲《ゐ》悅衆生故《えつしゆうじやうこ》、現無量神力《げんむりやうしんりき》……次《つぎ》に南無《なむ》歸命頂禮《きみやうちやうれい》茶枳尼天王子《だきにてんわうじ》眷《けん》屬心中所願《ぞくしんちうしよぐわん》 決定《けつぢやう》 圓滿《ゑんまん》(三遍唱ふ)

(三)敬白《けいはく》＝敬《つゝしん》で常住《じやうぢう》の三寶《さんぽう》茶枳尼天《だきにてん》、王子《わうじ》眷屬等《けんぞくとう》に白《まう》して言《まう》さく夫《そ》れ本地《ほんち》は大聖文珠師利《だいしやうもんじゆしり》菩薩《ぼさつ》なり傳《つた》へ聞《き》く辰狐王《しんこわう》は一切衆生《さいしゆうじやう》の願《ねが》ふ處《ところ》に隨《したが》ひ悉地《しつち》を施與《せよ》し給《たま》ふと爰《こゝ》に我等《われら》貧究《ひんきう》の身《み》に生《うま》れて萬品《ばんぽん》の望《のぞみ》に叶《かな》はず就中《なかんづく》、貧者《ひんしや》を救《すく》はんと欲《ほつす》するも財寶闕《ざいほうか》く愚者《ぐしや》を導《みちび》かんと欲《ほつ》すれども般若乏《はんにやとほ》し但《たゞ》し安然《あんぜん》として日《ひ》を暮《くら》し昏々《こんくく》として夜《よ》を明《あか》す憑《たの》む處《ところ》は彼《か》の天《てん》の願海《ぐわんかい》、仰《あふ》ぐ處《ところ》は此尊《このそん》の本誓《ほんせい》なり故《ゆゑ》に經《きやう》に曰《いは》く此天《このてん》を持《ぢ》念《ねん》すれば利生《りしやう》を施與《せよ》すること十九種《しゆ》あり一には諸病《しよびやう》を除《のぞ》き二には福德《ふくとく》を得《え》せしめ三には敬愛《きやうあい》を得《え》せしめ乃至《ないし》十九には一切《さい》の靈驗自《れいげんし》然無《せんむ》究《きう》なりと加之《しかのみならず》、四天王子《てんわうじ》、八大童子《だいどうじ》各々其本誓《おの〳〵そのほんせい》に任《まか》せて衆《しゆう》生《じやう》の願《ねがひ》を滿《みた》すこと圓月《ゑんげつ》の遍水《へんする》に浮《うか》ぶが如《ごと》し、凡《およ》そ此尊《このそん》の本迹《ほんじやく》は幽玄《ゆうげん》にして不思議《ふしぎ》すべからず悉地《しつち》遠《とほ》からず誠《まこと》を祈《いの》るの有無《うむ》により感應近《かんおうちか》きにあり誠《まこと》の心《こゝろ》の厚薄《かうはく》に任《まか》す仰《あふ》ぎ願《ねが》くは大聖尊者吒枳尼天伏《だいしやうそんじやだきにてんふ》して乞《こ》ふ八大聖子部類從屬本誓《だいしやうしぶるゐじうぞくほんせい》を誤《あやま》らず我等《われら》が願《ねが》ふ處《ところ》を心《こゝろ》の願《ねがひ》の如《ごと》く成就圓滿《じやうじゆゑんまん》せしめ法界《ほつかい》に及《およ》ぼし平《びやう》等利益《とうりやく》し給《たま》へ敬《つゝしん》で白《まう》す。次《つぎ》に此天《このてん》の印明《いんみやう》、唵吒枳尼曳莎婆訶《おんだきにえいそはか》、百八遍《へん》を唱《とな》ふ。

稻荷神符の事

(一)神符《しんぷ》書寫《しよしや》＝神符《しんぷ》の書寫《しよしや》は大神信者《おほかみしんじや》が其心化《そのしんくわ》の靈《れい》を留《とゞ》めむとの守《まもり》の御璽《みたま》をつくるものなり。

(二)書寫《しよしや》の準備《じゆんび》＝硯《すゞり》、墨《すみ》、筆《ふで》、水及書寫《みづおよびしよしや》すべき紙又《かみまた》は木《き》は極《きはめ》て心《こゝろ》を用《もち》ふべきものなり之《これ》を概說《がいせつ》すれば硯《すゞり》は純色《じゆんしよく》を用《もち》ひ墨《すみ》は膠《にかわ》を用《もち》ひざる香墨《かうぼく》を擇《えら》び筆《ふで》は純毛《じゆんもう》を選《えら》ぶべし水《みづ》は深山幽谷《しんざんゆうこく》の淸淨《しやうじやう》の地《ち》を流《なが》るゝ瀧水《りうする》を用《もち》ひ紙《かみ》は鳥《とり》の子《こ》、木《き》は檜木《ひのき》をよしとす。

(三)書寫《しよしや》の吉日《きつじつ》＝亥卯酉《がいばういう》の日《ひ》大吉《だいきつ》なり猶《な》は之《これ》に次《つ》ぐべき吉日《きちにち》は甲子《かふし》、乙亥《おつがい》、己未《きび》、壬寅《じんいん》、甲寅《かふいん》、丙午《へいご》、戊辰《ぼしん》、己酉《きいう》、壬午《じんご》、甲辰《かふしん》、丙辰《へいしん》、戊午《ぼご》、己亥《きがい》、甲午《かふご》、丁酉《ていいう》、戊申《ぼしん》、庚寅《かういん》、甲戌《かふじゆつ》、戊子《ぼし》、己巳《きし》、壬子《じんし》なりといふ、

(四)衣裳《いしやう》と方位《はうゐ》＝神符《しんぷ》を書寫《しよしや》せんとする吉日《きちにち》の朝早《あさはや》く起《お》き沐浴《もくよく》し口《くち》を漱《すゝ》ぎ新衣《しんい》を着《ちやく》し春《はる》は東《ひがし》に夏《なつ》は南《みなみ》秋《あき》は西《にし》、冬《ふゆ》は北《きた》に向《むか》ひ、土用《どよう》は四季《き》ともに中央《ちうわう》に向《むか》ふ心《こゝろ》を爲《な》すべし。

(五)書寫《しよしや》の觀念《くわんねん》＝神符《しんぷ》を書寫《しよしや》せんとする時其身《ときそのみ》五玉《ぎよく》となると心得《こゝろえ》ふべし五玉《ぎよく》とは四季《き》の色《いろ》に從《したが》ふものなり春《はる》は靑《あを》く、夏《なつ》は赤《あか》、秋《あき》は白《しろ》、冬《ふゆ》は黑《くろ》、土用《どよう》は黃《き》なり、因《ちなみ》に大神《おほがみ》の神符《しんぷ》の中《うち》、最《もつと》も大切《たいせつ》なるものもの降《くだ》り來《き》て我《わ》が口《くち》より腹《はら》の中《なか》に入《い》ると觀念《くわんねん》して後《のち》、一字《じ》一點誤《てんあやま》らず、大神我《おほがみわ》が身《み》に宿《やど》り給《たま》へぬとし、は豐作《ほうさく》、鎭土《ちんど》、除災《ぢよさい》、福富《ふくとみ》の守《まもり》、狐憑《こひよう》を避《さ》くる符等《ふとう》なり。

(六)書寫後《しよしやご》の祈禱《きたう》＝稻荷《いなり》大神祭式秘傳《おほかみさいしきひでん》により其所願《そのしよぐわん》及《および》福德《ふくとく》を授《さづ》かるやう祈願《きぐわん》すべし。

狐憑を放す法

狐憑《きつねつき》を放《はな》す尤《もつか》も簡單《かんたん》なる何人《なんぴと》にも出來得《できう》る法《はふ》は左《さ》の如《ごと》し。

由來《ゆらい》狐《きつね》と犬《いぬ》とは其性氣《そのせいき》相反《あひはん》せるものにして、四國《こく》に狐憑《こひよう》なきは全《まつた》く彼國《かのくに》に、犬蠱《けんこ》あるによるなり、また狐《きつね》の居《を》る國《くに》には犬蠱《けんこ》なしと傳《つた》ふ之《これ》により方術者《はうじゆつしや》は狐憑《こひよう》に犬《いぬ》の牙《きば》を粉《こ》にしたるものを素湯《さゆ》にて呑《の》ましむる時《とき》、犬《いぬ》の牙《きば》を懐《ふところ》に入《い》れしむ若《も》し狐憑之《こひようこれ》を太《いた》く厭《いと》ふことあるも強《しひ》て此法《このはふ》を行《おこな》ふときは三回《くわい》を出《い》でずして狐憑必《こひようかなら》ず去《さ》るものなり實《じつ》に不思議《ふしぎ》の妙法《めうはふ》と謂《い》ふべし。

又兩部法《またりやうぶはふ》に由《よ》れば、不動《ふどう》の眞言《しんごん》を唱《とな》へ、九字《じ》を切《き》りて、病人《びやうにん》を加持《かぢ》し、額《ひたひ》、胸及頭《むねおよびかしら》、脇《わき》、腹《はら》、左《さ》右《いう》の手《て》に不動眞言《ふどうしんごん》の梵字《ぼんじ》を珠數《じゆず》にて書《か》くべし。

又狐憑《またこひよう》なるや否《いな》やを知《し》るには、病人《びやうにん》を神前《しんぜん》に安座《あんざ》せしめて幣《へい》を持《も》たしめ、稲荷大神《いなりおほがみ》の勸請文《くわんじやうもん》を讀《よ》む時《とき》は、狐憑《こひよう》なれば御幣震動《ごへいしんどう》す、其時背《そのときせ》に犬《いぬ》と云《い》ふ字《じ》を三字書《じか》きて、其背《そのせ》を打《う》てば卒倒《そつたう》して憑《よ》りし狐《きつね》は忽《たちま》ち落《おつ》るなり。

此他病人《このたびやうにん》に掛《か》けしむる兩部《りやうぶ》の秘符及狐退散《ひふおよびきつねたいさん》の神灸秘法等《しんきうひはふとう》あり、詳《くは》しくは口傳《くでん》を要《えう》す。

因《ちなみ》に狐憑《きつねつき》の有無《いうむ》に就《つい》ては種々議論《しゆ〳〵ぎろん》あるも、全體動物《ぜんたいどうぶつ》は人間《にんげん》に及《およ》ばざる點多《てんおほき》も、又《また》一點丈《てんだけ》は人間以《にんげんい》上《じやう》の能力《のうりよく》を有《いう》し、人間《にんげん》に對《たい》して此能力《このうりよく》を善《ぜん》にも惡《あく》にも使用《しよう》すると云《い》ふ事《こと》は最《も》早確說《はやかくせつ》となれり。

地祭の法式

（神道にては埴山神を主神とし、産土神其他を加へて、祭るを常とす、其法式は如例、今玆には兩部の秘法を示す）

護《ご》身《しん》法《ぱふ》九字《じ》安《あん》宅《たく》神《しん》呪《じゆ》經《きやう》　法《はつ》華《け》經《きやう》陀《だ》羅《ら》尼《に》品《ほん》神《しん》祇《ぎ》講《かう》式《しき》五大《だい》尊《そん》眞《しん》言《ごん》八大《だい》龍《りう》王《わう》寶《ほう》號《がう》を唱《とな》へ

外《げ》五古《こ》印《いん》　アビラウンケン佛《ぶつ》眼《げん》眞《しん》言《ごん》ヲンボダロシヤコソワカ

智《ち》拳《けん》印《いん》　バサラダドウバン日《にち》輪《りん》印《いん》　ヲンアニチソワカ

金《こん》剛《かう》合《がつ》掌《しやう》　ヲンロキヤロキヤキヤラヤソワカ　地《ち》神《しん》眞《しん》言《ごん》ヲンビリチビエイソワカ

四《し》天《てん》王《わう》唱《とな》へ　東《とう》方《はう》持《ぢ》國《こく》天《てん》王《わう》南《なん》方《ぱう》　増《ぞう》長《ちやう》天《てん》王《わう》西《さい》方《はう》　廣《くわう》目《もく》天《てん》王《わう》北《ほく》方《はう》　多《た》聞《もん》天《てん》王《わう》　次《つぎ》に神《しん》歌《か》

君《きみ》が世《よ》は千《ち》代《よ》に八《や》千《ち》代《よ》にさざれ石《いし》のいはほとなりてこけのむすまで　三返

祈《き》禱《たう》終《をは》りて後《のち》に幣《へい》帛《はく》と札《ふだ》を宅《たく》に埋《うづ》むべし。

札之書樣

東方慈父　南方施福德

中央堅牢地神　喼急如律令

北方壽命　西方慈母

青色　東方幣

赤色　南方幣

黄色　中央幣

黒色　北方幣

白色　西方幣

神符の由來

神符《しんぷ》には神社《じんしや》より一般信徒《ばんしんと》に授《さづ》くるものと、加持祈禱《かぢきたう》を爲《な》したる特別《とくべつ》のものに授《さづ》くる呪符靈符《じゆふれいふ》等《とう》の如《ごと》きものとある、孰《いづ》れも之《これ》を神棚《かみだな》に安置《あんち》するか、或《あるひ》は門戸《もんこ》等《とう》に貼《は》るか、又《また》は嚢《ふくろ》に納《をさ》め、或《あるひ》は身體《しんたい》に帶《お》ぶるかするもので、其功徳《そのくどく》は神々《かみがみ》の職分《しよくぶん》に由《よ》りて異《こと》なるけれど、要《えう》は災異《さいい》を攘《はら》ひ、福徳《ふくとく》を招《まね》くためのものである、夫《それ》で信徒《しんと》の熱誠《ねつせい》と渇仰《かつかう》とに由《よ》れば、此《これ》に由《よ》りて如何《いか》なる願意《ぐわんい》をも達《たつ》し、息災延命《そくさいえんめい》の幸福《かうふく》を得《う》るものである。

神符《しんぷ》の起源《きげん》は未《いま》だ詳《つまび》らかでないが、神代《しんだい》に天照大神《あまてらすおほかみ》が父神《ふしん》より賜《たま》はりし玉《たま》を倉棚《くらだな》の神《かみ》として祀《まつ》つたのは、神棚《かみだな》の起源《きげん》と共《とも》に神札《しんさつ》や神符《しんぷ》の倆始《はじめ》と云《いつ》ても宜《よ》い、又道家《またたうけ》にては靈符《れいふ》ありて、人皇《じんくわう》四十五代聖《だいせい》武天皇天平《むてんわうてんぺい》十二庚辰《かうしん》の年《とし》、肥後國《ひごのくに》八代郡白木《しろぐんしらき》山神宮寺《やましんぐうじ》に於《おい》て、仙家《せんけ》の靈印靈符《れいいんれいふ》に倣《なら》ひ板《いた》に彫《は》りて神符《しんぷ》を出《いだ》せりとある。

○神符《しんぷ》を封《ふう》ずる理由《りいう》　神符《しんぷ》を封《ふう》ずる事《こと》は加持祈禱《かぢきたう》の精神《せいしん》を物《もの》に封《ふう》じ留《とゞ》めて、神明《しんめい》が其物《そのもの》を帶《お》ぶる人《ひと》や、其物《そのもの》を安置《あんち》する處《ところ》を守護《しゆご》し給《たま》ふ義理《わけ》である、故《ゆゑ》に其年月日時《そのねんげつじつに》や、祈禱者《きたうしや》の姓名《せいめい》を記《しる》す時《とき》は、其心化《そのしんくわ》の靈《れい》、即《すなは》ち神明《しんめい》の威力《ゐりよく》と祈願者《きぐわんしや》の眞心希望《まごころきばう》とを同化《どうくわ》して、離《はれ》れ動《うご》かざる樣《やう》に永久《えいきう》に存在《そんざい》せしめ、永《なが》く効《かう》驗《けん》あらしむる爲《ため》である、夫《それ》で祈願《きぐわん》が異《ことな》り、神符《しんぷ》の書《か》き方《かた》も違《ちが》ひ、神符《しんぷ》その物《もの》も或《あるひ》は紙《かみ》、或《あるひ》は木《き》とか、玉《たま》、鏡《かゞみ》、劔等《つるぎとう》と品《しな》は變《かは》つても、効驗利益《かうけんりやく》に於《おい》ては異《こと》なる事《こと》は無《な》い、而《しか》して此神符《このしんぷ》の造方《つくりかた》は神々《かみ／＼》に由《よ》りそれ／＼秘傳《ひでん》の存《そん》するものである。

○神符《しんぷ》と御守《おまもり》とは同一《どう》なり　橘家《たちばなけ》にては神符《しんぷ》を守符《しゆふ》と云《い》ひ、古今神學類編《こきんしんがくるゐへん》には札守《ふだまもり》と名《なづ》け、俗《ぞく》には守札《まもりふだ》と云《いつ》て居《を》る、孰《いづ》れも同《おな》じ意味《いみ》である、守《まもり》とは守護《しゆご》の意《い》で、マモリの和語《わご》は心《こゝろ》の眼常《まなこつね》に此《こゝ》にありといふ事《こと》にて、信心厚《しんじんあつ》く之《これ》を持つが故《ゆゑ》に名《な》づけたもので、膚《はだ》に掛《か》け枕《まくら》の上《うへ》に掛《かく》るも理《り》は同《おな》じである、又《また》呑《の》むべき神符《しんぷ》は濃《こ》き墨《すみ》を忌《い》む、或《あるひ》は白字《はくじ》の傳《でん》もある、札《ふだ》の銘《めい》を記《しる》すに點劃《てんくわく》、墨繼等《すみつぎとう》にはそれ／＼口傳《くでん》がある、要《えう》するに神《かみ》の方《はう》より云《い》へば神符《しんぷ》であつて、夫《それ》を受《う》けたる信徒《しんと》の方《はう》より我身我家《わがみわがや》の御守《おまもり》なる故《ゆゑ》守《まもり》である、又信徒《またしんと》は一時の災難《さいなん》を拂《はら》ふ御守《おまもり》と、其生《そのうま》れ年等《としとう》に應《おう》じたる一生《しやう》の守本尊《まもりほんぞん》と云《い》ふものとある、其他《そのた》神符《しんぷ》は家《いへ》や牛馬《ぎうば》、五穀等《こくとう》に關《くわん》し、澤山《たくさん》の種類《しゆるゐ》の在《あ》るものである、而《しか》して又神符《またしんぷ》の異靈《いれい》ある事實《じじつ》や池鯉鮒大明神《ちりふだいみやうじん》の神符《しんぷ》が長虫《ながむし》を除《のぞ》く効驗《かうけん》あり、稲荷《いなり》の神符《しんぷ》が狐憑《こひよう》を放《はな》す靈驗新《れいけんあらた》なる如《ごと》きは、何人《なんびと》も普《あまね》く知《し》れる所《ところ》である。

○福富祭《ふくとみさい》の神符《しんぷ》　神祇伯家行事傳《しんぎはくけぎやうじでん》に、福富祭《ふくとみさい》と題《だい》して、左《さ》の如《ごと》き神符《しんぷ》を記《しる》せり。

奉祝詞
伊弉諾尊　蛭兒尊
豊宇賀野女
事代主神　保食神
安鎮座

新座福富祭之札

何之司職
何之何某敬白

店《みせ》びらきならば開店《かいてん》又常々《またつねぐ》の祭《まつり》ならば交易福富祭《かうえきふくとみさい》と書《か》くべし。

福富之守調進

稚座靈　金　銀
倉福魂命　衣食住　満足
保食神　米　錢

如此同寸の白紙を以て巻くるむ是をかけ紙と云ふ守は一枚にて認むものなり

糊固《のりつけ》にして錦《にしき》に包《つゝ》み、上《うへ》に福富神《ふくとみじん》と書《か》く。

○五穀成就《こくじやうじゆ》の神符《しんぷ》　五穀《こく》の神《かみ》は神誠教會奉齋主神《しんせいけうくわいほうさいしゆじん》五社稲荷《しやいなり》大神《おほかみ》と天照大神《あまてらすおほかみ》を祀《まつ》る、此《こ》れ天祖《てんそ》は倉稲魂《うかのみたまの》神《かみ》の化現《けげん》せる種子《しゆし》を取《と》り始《はじ》めて農業《のうじ》を始《はじ》め給《たま》へる故《ゆゑ》なり、其神符《そのしんぷ》を左《さ》に示《しめ》す、此他《このた》各神社《かくじんじや》に於《おい》て各別《かくべつ》の五穀豊穣《こくほうじやう》の神符《しんぷ》あるは固《もと》よりとす。

一、鎮土《ちんど》の神符《しんぷ》

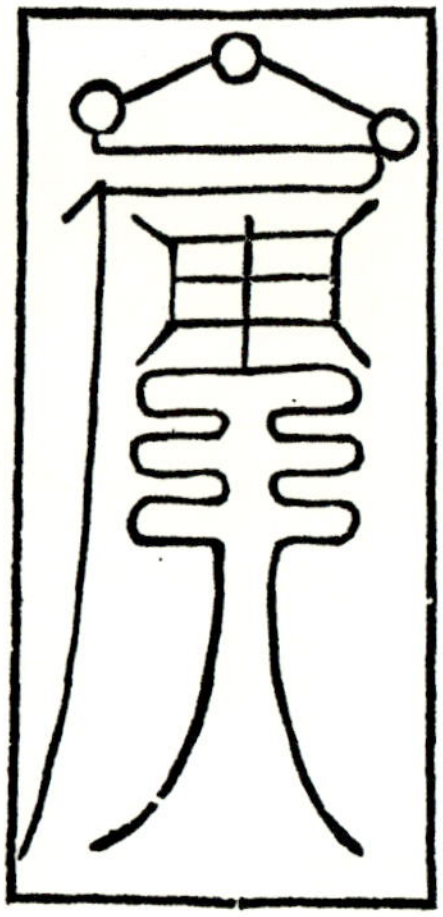

この神符《しんぷ》は田畠一切《たはたいつさい》の草木《さうもく》五穀《こく》に蟲付《むしつき》たるに書《かき》て立《たつ》れば其虫《そのむし》を除《のぞ》く靈驗新《れいけんあら》たかなり

一、除災《ぢよさい》の神符《しんぷ》

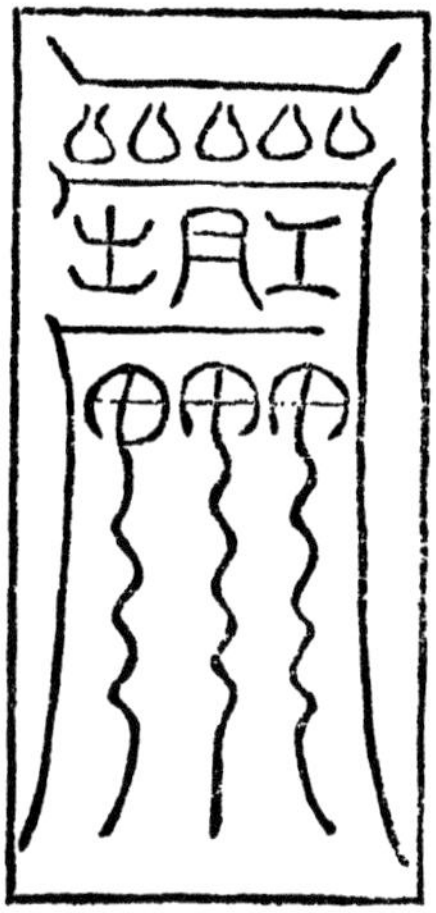

此神符《このしんぷ》は田畠山林藪等《たばたさんりんやぶとう》に書《かい》て立《たつ》れば一切《いつさい》の災《わざはひ》を除《のぞ》く靈驗響《れいげんひゞき》の物《もの》に應《おう》ずるが如《ごと》しといふ

一、豐作《ほうさく》の神符《しんぷ》

此神符《このしんぷ》は田畠山林藪等《たはたさんりんやぶとう》を求《もと》めたる時書《ときかい》て立《た》つるときは其主《そのあるじ》の長久《ちやうきう》を守《まも》り豐作《ほうさく》と爲《な》し給《たま》ふ靈《れい》驗嚴重《げんげんちう》なりといふ

神道焼火祭

天地《てんち》間《かん》の萬物《ばんぶつ》は悉《ことごと》く水火《するくわ》の作用《さよう》に由《よつ》て成立《なりたつ》て居《を》る、水《みづ》は陰性《いんせい》で長養滋持《ちやうやうじぢ》の効能《かうのう》を以《もつ》て居《を》る、夫《それ》で人間《にんげん》の死體《したい》でも水氣《するき》の在《あ》る所《ところ》に埋《うめ》て置《お》けば、永《なが》く腐敗《ふはい》せぬ、樹木《じゆもく》でも何《なん》でも其體中《そのたいちう》の過半《くわはん》は水《みづ》である、火《ひ》は陽性《やうせい》で物《もの》の生命《せいめい》である、活動力《くわつどうりよく》の本源《ほんげん》である、其代《そのかは》りに熾烈《しれつ》であつて、一切《さい》を破壞《はくわい》し、還元《くわんげん》せしむるものである。

又水《またみづ》は外部《ぐわいぶ》から附着《ふちやく》した汚穢《をくわい》を拂《はら》ひ清《きよ》むる力《ちよら》をもつて居《を》るのであるが、火《ひ》は内部《ないぶ》の邪毒《じやどく》を燒《や》き盡《つく》す作用《さよう》がある、火《ひ》も水《みづ》も共《とも》に物《もの》を清淨《せいじやう》にするもので、我國《わがくに》は固《もと》より神代以來《しんだいいらい》此《こ》の水火《するくわ》の二力《りよく》を以《もつ》て汚《よご》れと毒《どく》とを除《のぞ》く法式《はふしき》を傳《つた》へて居《を》るが、印度《いんど》や支那《しな》でも盛《さかん》に之《これ》を行《おこな》ふて居《を》る、燒火《たきび》と云《い》ふ事《こと》は極《きは》めて神聖《しんせい》なる宗教上《しうけうじやう》の儀式《ぎしき》である、印度《いんど》の事火法《じくわはふ》や、佛教《ぶつけふ》で護摩《ごま》等焚《とうた》くのは皆此《みなこ》の意味《いみ》である、又神佛《またしんぶつ》の前《まへ》に水《みづ》を供《そな》ゆるのは其塲所《そのばしよ》を清淨《せいじやう》にするのであつて、燈明《とうみやう》を上《あ》げるのは惡魔《あくま》の來《こ》ぬように防《ふせ》ぎ、又附近《またふきん》の惡魔《あくま》毒虫《どくむし》を燒《や》き亡《ほろ》ぼす爲《た》めである、夏《なつ》の夜《よ》でも火《ひ》があれば毒虫《どくむし》は皆之《みなこれ》に燒《や》かれて仕舞《しま》ふのである。

而《しか》して燒火祭《せうくわさい》には燒火《せうくわ》と心火《しんくわ》と相一致《あひいつち》して宇宙《うちう》の陽性《やうせい》を盛《さかん》にし、一切《さい》の濕毒病災害惡《しつどくびやうさいがいあく》を燒《や》き盡《つく》すのである、此《こ》の心火《しんくわ》と事火《じくわ》との相應《さうおう》と云《い》ふ事《こと》が極《きは》めて肝要《かんえう》で、次《つぎ》は陽火《やうくわ》と浄水《じやうすゐ》とが相應《さうおう》して惡水惡火《あくするあくくわ》を却《しりぞ》け、清淨《せいじやう》なる水火丈《するくわだけ》が相和《あひわ》して益々《ますます》盛《さかん》に發達《はつたつ》する事《こと》になるのを信念《しんねん》せねばならぬ。

焼火祭法

先《ま》づ神前飾物《しんぜんかざりもの》、祭神《さいしん》に幣帛《へいはく》神酒《みき》御洗米《おせんまい》外《ほか》に種々《しゆ〴〵》の海川物《かいせんもつ》を供《そな》へて行《おこな》ふべし、祭神《さいじんさ》左の如《ごと》し
天照皇大神《あまてらすすめおほかみ》　火産靈神《はむすひのかみ》　水波女神《みづはつめのかみ》　埴山姫神《はにやまひめのかみ》　水神《みづのかみ》　火神《ひのかみ》　土神《つちのかみ》　金神《かねのかみ》　木神《きのかみ》　產土大神《うぶすなのおほかみ》
天地神《あめつちのかみ》　千五百萬大神《ちいはよろづおほかみ》を祭神《さいじん》とすべし、神事《しんじ》は如常《つねのごとし》
次《つぎ》に身曾貴祓《みそぎはらひ》　大祓《おほはらひ》　鎮火祭《ちんくわさい》祓《はらひ》　招神祝詞《せうしんのりと》　大幣《たいへい》を持《もつ》て祈念《きねん》するなり、祈念文《きねんぶん》に曰《いは》く
我《われ》は水《みづ》の神《かみ》の神座《しんざ》を借《か》り奉《たてまつ》る神座《しんざ》に座《ざ》す上《うへ》は我《われすなはち》則《》水《みづ》の神《かみ》と同躰《どうたい》なりと唱《とな》へて

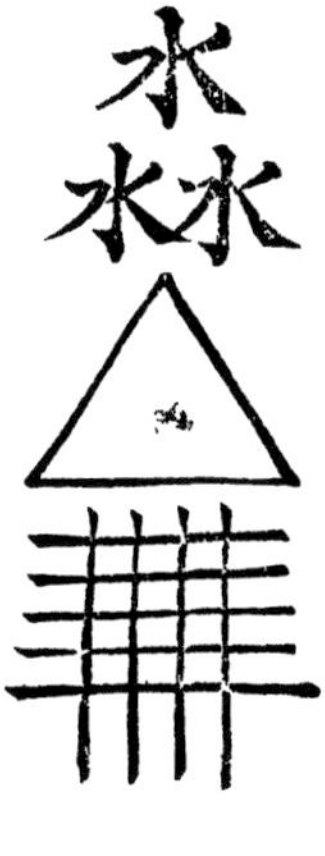

七だんにつむ
五だんにつむ
三だんにつむ

上《うへ》につみたる中《なか》に祈念文《きねんもん》又《また》は病者《びやうしや》が頼《たの》む人《ひと》の姓《せい》名《めいい》入れてたくなり九字護身法《じごしんほふ》用《もち》ふべし火《ひ》に鹽《しほ》を掛《か》るなり積《つみ》たる木《き》松杉檜《まつすぎひのき》の木《き》の五寸位《すんぐらゐ》にわりて積《つ》むなり木《き》の數《かず》は百八本《はん》其外《そのほか》適宜《てきぎ》なるべし

紙十二枚入たれに切りてつみ上へつるべし
水天大事《するてんだいじ》　源《みなもと》の求《もとむ》る水《みづ》を手《て》にとりて放《はな》せば九千八海《かい》となり
大海大事《たいかいだいじ》　青空《あをそら》とび行《ゆ》く雲《くも》の打晴《うちは》れて垂《た》れぞ同《おな》じ龍神《りうじん》の水《みづ》

剱印

水雨流天《すいうりうてん》

三度

四方八方《はうはう》へ九字《じ》きり火《ひ》に向《むか》ひて龍神龍王本心《りうじんりうわうほんしん》そわか龍神龍王本心《りうじんりうわうほんしん》そわかと火《ひ》をつけて加持《かぢ》すべし。

寃罪及雷災消除法

寃罪《えんざい》と云《い》ふ事《こと》は人間界《にんげんかい》には常《つね》に在《あ》る事《こと》で、恰《あたか》も天地《てんち》の間《あひだ》に時々《ときどき》暴風雨《ばうふうう》のあるようなものである、暴《ばう》風雨《ふうう》の際《さい》には天日《てんぴ》も光《ひかり》を晦《かく》し、天地《てんち》の砕《くだ》けるかと思《おも》ふばかりである、併《しか》し一定《てい》の時間《じかん》が經過《たて》ば、暴風《ばうふう》雨《う》は去《さ》つて、天日《てんぴ》は再《ふたゝ》ひ輝《かゞや》き、天地《てんち》は本《もと》の靜《しづ》かになるのである、太陽《たいやう》すら風雨《ふうゝ》の爲《た》めに暫《しばら》く其光《そのひかり》を覆《おほ》ひ、隱《かく》さるゝのである、天照大神《あまてらすおほかみ》も御弟《おんおとうと》の兇暴《きようばう》の爲《た》めに、天岩戸《あまのいはと》に隱《かく》れ給《たま》ふた事《こと》もある、併《しか》し風雨《ふうう》が覆《おほ》ひ隱《かく》したからとて太陽《たいやう》の光《ひかり》が無《なく》なるのではない、夫《それ》と同《おな》じで寃罪《えんざい》は何所《どこ》までも寃罪《えんざい》であるから、何時《いつ》かは晴《は》れるが、成《な》るべく速《すみや》かに之《これ》を雪《すゝ》ごうとするには、神明《しんめい》に祈願《きぐわん》せねばならぬ、我國《わがくに》では神代《しんだい》より天照大神《あまてらすおほがみ》や大巳貴命《おほあなむちのみこと》、天穂日命《あまのほひのみこと》を主神《しゆじん》として寃罪祓《えんざいはらひ》の祭式《さいしき》があつたが、後世天滿宮《こうせいてんまんぐう》を祈念《きねん》するようになつた、天滿宮《てんまんぐう》を祈念《きねん》する事《こと》は誠《まこと》に適當《てきたう》である。

此《こ》の寃罪消除法《えんざいせうぢよはふ》は、災難者《さいなんしや》の精神《せいしん》を旺《さかん》にして、宇宙《うちう》の大精神《だいせいしん》を刺激《しげき》し、神明《しんめい》の冥護《みやうご》に依《よつ》て、刑官《けいくわん》や他人《たにん》の疑念《ぎねん》を拂《はら》ひ除《のぞ》き、又他《またた》に眞《しん》の罪人《ざいにん》あれば夫《それ》を自然《しぜん》に發現《はつげん》せしむるのであつて、宇宙《うちう》の大精神《だいせいしん》と災難者《さいなんしや》の精神《せいしん》との間《あひだ》に、自分《じぶん》に辛《から》き實驗《じつけん》を嘗《な》められたる天滿宮即《てんまんぐうすなは》ち菅原道實公《すがはらみちざねこう》の靈神《れいしん》が加《くは》つて、眞《しん》の罪人《ざいにん》の心《こゝろ》や、係官《かゝりくわん》の心《こゝろ》を責《せ》めるのである。

又雷災除《またらいさいよけ》は、天滿宮《てんまんぐう》が雷神《らいじん》になつて、怨敵《おんてき》を取殺《とりころ》したと云《い》ふ傳説《でんせつ》から起《おこ》つた事《こと》であるが、天滿宮《てんまんぐう》が雷神《らいじん》に爲《な》ると爲《な》らぬとは別《べつ》として、夫《それ》には大《だい》なる眞理《しんり》が籠《こも》つて居《を》る、全體《せんたい》雷《かみなり》は天地《てんち》の間《あひだ》に充《み》ちて居《を》る電氣《でんき》、即《すなは》ち宇宙大精神《うちうだいせいしん》の陽性《やうせい》の活動力《くわつどうりよく》が激變《げきへん》するから起《おこ》るものである、支那《しな》でも一少女《せうぢよ》を寃罪《えんざい》で殺《ころ》した爲《た》め、其地方《そのちはう》には三年凶歳《ねんきようさい》が續《つゞ》いたと云《い》ふ事《こと》さへある如《ごと》く、人間《にんげん》が眞《しん》に怒《いか》りたる時《とき》は、其精神《そのせいしん》の力《ちから》が宇宙《うちう》の大精神《だいせいしん》を動《うご》かして、電氣《でんき》に激《はげ》しき變動《へんどう》を起《おこ》さしむるものである、左《さ》れば天滿宮《てんまんぐう》の精神力《せいしんりよく》が電氣《でんき》を激動《げきどう》せしめて雷《らい》を起《おこ》したと云《い》ふのは尤《もつと》もである、夫《それ》で雷《らい》は天滿宮《てんまんぐう》の神力《しんりよく》に由《よつ》て左右《さいう》され、又信者《またしんじや》の精神《せいしん》と天滿宮《てんまんぐう》の神力《しんりよく》と一致《ち》するから自然雷災除《しぜんらいさいよけ》になる譯《わけ》である。

今兩部法《いまりやうぶはふ》に由《よ》り天滿宮《てんまんぐう》を主神《しゆじん》とする寃罪雷災消除法《えんざいらいさいせうぢよはふ》を左《さ》に示《しめ》す。

無所不至印《むしよふしいん》　をんろけいじんばらきりくそわか　此《これ》は觀音《くわんおん》の眞言《しんごん》で怨敵退散《おんてきたいさん》七難即滅《なんそくめつ》の呪《じゆ》である。

具一切功德慈眼視衆生福聚海無量是故應頂禮《ぐいつさいくどくじげんししゆうじやうふくしゆうかいむりやうぜこおうちやうらい》

南無天滿大自在天神急急如律令《なむてんまんだいじざいてんじんきふきふによりつれい》　と唱《とな》へ。

次《つぎ》に左《さ》の歌《うた》を讀《よ》むべし。

我《わ》れ賴《たの》む人《ひと》に災難《さいなんあ》有らざれば北野《きたの》の神《かみ》となをばよばれん

次《つぎ》に　をんとうどうしんしんそわか　の眞言呪《しんごんじゆ》を唱《とな》ふべし、此《こ》の眞言《しんごん》は一切《さい》の惡鬼毒邪《あくきどくじや》を除《のぞ》く呪《じゆ》なり。

田畑作物虫除法

元來《ぐわんらい》昆蟲等《こんちうとう》云《い》ふものは、天地《てんち》の間《あひだ》に本據《よりどころ》のない、怨靈《おんりやう》瘴毒《しやうどく》の陰濕《いんしつ》の氣《き》を受《う》けて化成《くわせい》せるものであるから、作物等《さくもつとう》の未《いま》だ幼稚《えうち》で抗抵力《かうていりよく》 防衞 力《ばうゑいりよく》の少《すくな》い内《うち》に、其心髓《そのしんずゐ》に食《く》ひ入《いつ》て、靜《しづか》に待《まつ》て居《ゐ》て、作物《さくもつ》が生長《せいちやう》して、滋養分《じやうぶん》の多《おほ》くなつた時《とき》に、盛《さかん》に其精髓《そのせいずゐ》を吸《す》ふものである、恰《あたか》も人間《にんげん》が結核菌等《けつかくきんとう》で苦《くるし》めらるゝと同《おな》じ事《こと》である、夫《それ》で此等《これら》の害蟲《かいちう》を驅除《くちよ》するには、どうしても陽性《やうせい》の力《ちから》を發揚《はつやう》して、精氣《せいき》を活動《くわつどう》せしめ癘鬱《れいうつ》の氣《き》を退散《たいさん》させて撼死《しんし》せしめねばならぬ、それには祈禱《きたう》を爲《な》す者《もの》が先《ま》づ陽氣《やうき》の精神《せいしん》を振《ふる》ひ起《おこ》して、全身《ぜんしん》の精力《せいりよく》を盡《つく》して御祓《おはらひ》を讀《よ》み、或《あるひ》は九字《じ》を切《き》り、神符《しんぷ》を造《つく》る時《とき》は、神明《みやうじん》の力《ちから》が之《これ》に加《くは》はつて、陽乾《やうけん》の生氣《せいき》が作物《さくもつ》の上《うへ》に覆《おほ》ひ充《み》ちて、害蟲《がいちう》も之《こ》れに近寄《ちかよ》る事《こと》が出來《でき》ぬようになる、若《も》し又誤《またあやまつ》て近寄《ちかよ》る時《とき》は、忽《たちま》ち壓倒《あつたう》されて撼死《かんし》するのである。

此《こ》の作物蟲除《さくもつむしよけ》の神法《しんぱふ》は農家《のうか》に於《おい》ては、實《じつ》に大切《たいせつ》の事《こと》である、今日《こんにち》の如《ごと》く農事《のうじ》が發達《はつたつ》して、田畑《でんばた》に就《つい》て、一々害蟲《がいちう》を驅除《くちよ》するのは固《もと》より必要《ひつえう》であるが、夫丈《それだけ》の人力《じんりよく》では到底及《たうていおよ》び難《がた》い點《てん》がある、夫《それ》には何《なん》としても、此《こ》の自然《しぜん》の大眞理《だいしんり》に依《よ》る神祭神法《しんさいしんぱふ》を行《おこな》はねばならぬ、斯《か》くて神力 人 力《しんりよくじんりよく》相伴《あひともな》ふて始《はじ》めて五穀《こく》の豐穰《ほうじやう》を見《み》るものであるから、決《けつ》して心得違《こゝろえちがひ》をしてはならぬ。

作物蟲除神札《さくもつむしよけしんさつ》の法《はふ》　神前普通神拜《しんぜんふつうしんぱい》　祓祝詞《はらひのりと》　次《つぎ》に左《さ》の神札《しんさつ》を書《しよ》すべし。

大年三柱大神

天照皇大神　大地主大神　五穀成就昆蟲退散御祓　祭主

保食大神　八百萬大神　敬白

此時昆蟲《このときこんちう》の災羽蟲《わざはひはむし》の災祓《わざはひはら》ひ除《のぞ》き給《たま》へと白《まう》す、次《つぎ》に歌《うた》

○天地《てんち》をめぐむ蟲《むし》は知《し》ねども蟲《むし》よけ給《たま》ひ保食《うけもち》の神《かみ》

○みつぎもの作《つく》る其田《そのた》につく蟲《むし》を祓《はら》ひ給《たま》へと天津《あまつ》神風《かみかぜ》

○なでに北南《きたみなみ》のために作《つく》り置《お》く西《にし》や東《ひがし》の蟲《むし》ども

○南《みなみ》から北《きた》と思《おも》はずものにつく西《にし》や東《ひがし》の油蟲《あぶらむし》除《よ》け

○大君《おほぎみ》のみつぎに民《たみ》の作《つく》る稲喰《うか》の蟲殺《むしころ》す牽牛《あさがほ》の花《はな》

○葉《は》を枯《から》す稲喰《いねく》ふ蟲《むし》の口腫《くちはれ》てうごきもやらず水《みづ》に流《なが》るゝ

次《つぎ》に九字《じ》を切《き》り、天地玄妙行神變通力《てんちげんめうかうしんぺんつうりき》と唱《とな》ふ。

次《つぎ》に神事中臣祓《しんじなかとみはらひ》を讀終《よみをは》りて、神風《かみかぜ》でかりもすごき秋《あき》のよのあけゆく蟲《むし》の音《おと》もなし　と歌《うた》ふ。

毎年夏五月《まいねんなつぐわつ》五穀成就《こくじやうじゆ》の祈禱《きたう》のとき此法《このはふ》を行《おこな》ひ田畑《でんばた》に前《まへ》の神札《しんさつ》を立《た》つれば蟲害《ちうがい》を除《のぞ》くものなり。

病者祈禱の祓

元來人間《ぐわんらいにんげん》の精神《せいしん》は産靈《むすび》の神《かみ》の分靈《わけひ》であつて、又身體《またしんたい》は體化《たいくわ》の神《かみ》たる諾冊《いざなぎいざなみ》兩尊《りやうそん》の分身《ぶんしん》である、夫《それ》で人間《にんげん》の心身《しんしん》には本質《ほんしつ》に於《おい》て決《けつ》して病氣等云《びやうきとうい》ふものはない、然《しか》るに實際《じつさい》は病氣《びやうき》の多《おほ》いのは何故《なにゆゑ》であるかと云《い》ふに、夫《それ》は自分《じぶん》で此《こ》の神聖《しんせい》なる心身《しんしん》を汚《けが》がすのと、又或《またあるひ》は同業同果《どうがふどうくわ》の理《り》に由《よ》りて他《た》の爲《ため》に汚《けが》されて災難《さいなん》を受《う》くるのとある、急性《きふせい》の中毒《ちうどく》とか傳染病《でんせんびやう》に罹《かゝ》るとか云《い》ふのは、全《まつ》たく自分《じぶん》の不注意《ふちうい》や臨時《りんじ》の災難《さいなん》であつて、夫《それ》は又特別《またとくべつ》の法式《はふしき》も用《もち》ひねばならぬが、一體人間《たいにんげん》が慢性的《まんせいてき》の長病《ちやうびやう》をすると云《い》ふのは、自分《じぶん》を汚《けが》して居《を》る上《うへ》に、神明《しんめい》まで汚《けが》して居《を》るとか、或《あるひ》は他《た》から怨氣《をんき》を受《う》けて居《を》るとか、單《たん》に身體《しんたい》の上《うへ》の病氣《びやうき》ばかりではない、どうしても天地自然《てんちしぜん》の大法《たいはふ》に背《そむ》いて、神氣《しんき》を害《そこな》ひ、精氣《せいき》を傷《きず》つけて居《を》るのである、醫藥《いやく》も必要《ひつえう》であり、自分《じぶん》の養生《やうじやう》も肝要《かんえう》ではあるが、夫《そ》れ以上《いじやう》に特《とく》に此《こ》の汚《けがれ》を拂《はら》ひ、神明《しんめいい》の怒《いかり》を慰《なぐさ》め、天地《てんち》の生氣《せいき》を融和《ゆうわ》して、病者《びやうしや》と神明《しんめい》とを感應《かんおう》せしめて、本然《ほんねん》の性《せい》に復《かへ》らしめねばならぬ。

病氣祈禱《びやうききたう》の方法《はうはふ》は我國《わがくに》にては、既《すで》に神代《しんだい》より、大巳貴命《おほあなむちのみこと》之《これ》を始《はじ》め給《たま》ひ、爾來益々《じらいます〱》其法式《そのはうしき》は整《とゝの》ひ備《そなは》つて、朝廷《てうてい》に於《おい》ても常《つね》に之《これ》を行《おこな》はせられて居《を》る、支那《しな》や印度《いんど》にても病者祈禱《びやうしやきたう》と云《い》ふ事《こと》は盛《さかん》に行《おこな》はれて、其法《そのはふ》も亦極《またきは》めて完全《くわんぜん》に出來《でき》て居《を》る、今左《いまさ》に神道《しんだう》の病者祈禱祓《びやうしやきたうはらひ》の文《ぶん》を掲《かゝ》ぐ、此《これ》は長病《ちやうびやう》を治《ち》する禁厭《きんえん》で、祭式祈禱《さいしききたう》は常《つね》の如《ごと》く、又黄色《またくわうしよく》の幣帛《へいはく》を用《もちゆ》れば速《すみやか》に治《ち》すと云《い》ふ。

病者祈禱祓詞

謹美敬天行奉留《つゝしみうやまつておこなひたてまつる》夫天地開闢《それてんちかいびやく》國常立尊《くにとこたつのみこと》分身爾而《ぶんしんにて》伊邪那岐命《いざなぎのみこと》伊邪那美命《いざなみのみこと》血脈爾而《ちすぢにて》天照皇大神《あまてらすすめらおほかみ》乃《の》生美《うみ》靈止成給布《みたまとなしたまふ》然波《しかれば》天津御末爾天《あまつみすゑにて》夫人成加《それひとなるが》故爾《ゆゑに》目爾《めに》觸禮《ふれ》口爾《くちに》觸禮《ふれ》身爾《みに》觸禮《ふれ》愚成心爾志天《おろかなるこゝろにして》其身乃《そのみの》神光乎《しんくわうを》失給布加《うしなひたまふが》故爾《ゆゑに》今一心乃《いまいつしんの》源乎《みなもとを》清久清良加爾《きよくきよらかに》改天《あらためて》神代乃《かみよの》古實乎《こじつを》崇天《あがめて》此身爾《このみに》神光乎《しんくわうを》返志《かへし》鎭《しづめ》祭奉留《まつる》所乃《ところの》八百萬乃《やほよろづの》大神乃《おほかみの》大前爾《おほまへに》愼美敬比恐美恐美白佐久《つゝしみうやまひかしこみかしこみまうさく》此身病平愈成佐志米給布《このみのやまひへいゆなさしめたまふ》爲爾《ために》神光乎《しんくわうを》返《かへし》鎭祭《しづめまつる》故爾《ゆゑに》瀛津鏡《おきつかゞみ》邊津鏡《へつかゞみ》八握劔《やつのつるぎ》生玉《いくたま》死玉《まかるかへすのたま》足玉《たるたま》道反玉《ちかへしのたま》蛇比禮《をろちのひれ》蜂乃比禮《はちのひれ》品々物比禮《くさぐさもののひれ》捧奉留《さゝげまつる》一二三四五六七《ひふみよいむな》八九十止《やこゝとゝ》加持奉留《かぢたてまつる》布留部由良由良《ふるべゆらゆら》死止毛《まかるかへしとも》生返天《いきかへして》命乃御名乎《みことのみなを》申天《まうして》稱詞意奉天《たゝへことをまつりて》萬民乃病《まんみんのやまひ》患留者波《うれふるものは》毛穴《もうけつ》九竅《きうけう》ト須《とす》八萬四千乃《はちまんしせんの》神也《かみなり》然波則《しかればすなはち》五行乎以天《ごぎやうをもつて》其體止須《そのたいとす》五行《ごぎやう》則《すなはち》木火土金水乎《もくくわどごんすゐを》以天《もつて》五行止須《ごぎやうとす》五臟波則《ござうはすなはち》青黄赤白黒成加《せいわうしやくびやくこくなるが》故爾《ゆゑに》五臟止須《ござうとす》五臟波《ござうは》心肝腎脾肺也《しんかんじんひはいなり》然波《しかれば》心乃臟波《しんのざうは》赤色成加《あかきいろなるが》故爾《ゆゑに》天之五十合魂命乎《あまのいそあひむすびのみことを》鎭祭玉布《しづめまつりたまふ》肝乃臟波《かんのざうは》青岐色成加《あをきいろなるが》故爾《ゆゑに》天之八十萬日魂命乎《あめのやそよろづひむすびみことを》鎭祭給布《しづめまつりたまふ》腎乃臟波《じんのざうは》黒伎色成加《くろきいろなるが》故爾《ゆゑに》天之三降魂命乎《あめのみくだりむすびのみことを》鎭祭玉布《しづめまつりたまふ》脾乃臟止波《ひのざうとは》黄色成加《きいろなるが》故爾《ゆゑに》天之八百日魂命乎《あめのやほひむすびのみことを》鎭祭給布《しづめまつりたまふ》肺臟波《はいのざうは》白色成加《しろきいろなるが》故爾《ゆゑに》天之合魂命乎《あめのあひむすびのみことを》鎭祭給布《しづめまつりたまふ》如斯五臟爾《かくのごときざうに》神光乎返給布《しんくわうをかへしたまふ》五體不具爾《ごたいふぐに》不成時波《ならざるときは》如何成難病多利共《いかなるなんびやうたりとも》速爾《すみやかに》身《しん》

體《たい》乎《を》放禮《はなれ》給布《たまふ》加《が》故爾《ゆゑに》無上靈寶神道加持《むじやうれいはうしんだうかぢ》三元三行《さんげんさんぎやう》　三妙加持《さんめうかぢ》以《い》加行神力神道加持《かぎやうしんりきしんだうかぢ》乃《の》神秘《しんぴ》乃《の》秘文《ひもん》乎唱《をとなへ》戸然《しかれ》波《は》此身爾《このみに》如何成難病多利《いかなるなんびやうたり》共《とも》　速爾《すみやかに》　退介《しりぞけ》増牟《まさん》　加《が》　故爾《ゆゑに》　由良湯津美須眞留乎《よらよづみすまたるを》　延續岐《のべつゞき》　千秋長秋萬代迄爾《ちあきながあきよろづよまでに》　布理《しり》續岐《つゞき》長久《ながく》久久《ひさしく》皇御孫乃命乃《すめらみことのみことの》公民乎《おほたからを》守艮世給天《まもらせたまひて》加持奉留《かぢたてまつる》身乃《みの》内與利《うちより》起留《おこる》病奈久《やまひなく》外與利《そとより》病《やまひ》來留《きたる》事奈久《ことなく》當《たう》病立所爾《びやうたちどころに》　速爾《すみやかに》　平愈令爲給止《へいゆなさしめたまひと》常盤爾《ときはに》　堅盤爾《かきはに》夜之守日乃守護利給天《よのまもりひのまもりまもりたまひて》　神佛乃咎《かみほとけのとがめ》生靈死靈乃祟利《いきりやうしりやうのたゝり》宇津毛《うつも》禮《れ》家乃《いへの》古井乃《ふるゐの》障利乎《さはりを》除《よけ》狐狸乃《こりの》災禍無久《わざはひなく》祓給比天《はらひたまひて》稱言竟奉留事別爾《たゝひごとをいまつることわけに》申佐久《まうさく》神直日《かんなほひ》大直日爾《おほなほひに》毛《も》禮《れ》奈《な》須事有《すことのあら》乎波《をば》深久《ふかく》正久祭爲　疾病　災難波《まさしくまつりなししつびやうさいなんは》　少名彥那命大巳　貴　命是乎《すくなひこなのみことおほあなむちのみことこれを》　守里《まもり》　玉布《たまふ》　故爾《ゆゑに》　病災波本乎《びやうさいはもとを》　以天《もつて》　土乎《つちを》　尅《こく》　須留《する》加《が》如志《ごとし》　水乎《みづを》　以天《もつて》　火乎《ひを》　消須加《けやすが》　如久《ごとく》　祈念乃《きねんの》　當病《たうびやう》　立所爾《たちどころに》　平愈令爲玉布加《へいゆなさしたまふが》　故爾《ゆゑに》年月日時《ねんげつじつじ》今日《けふ》生日乃足日乃《いくひのたるひの》宇《う》豆乃《づの》御幣乎《くらを》　帛捧《さゝげ》奉禮波《まつれば》　萬上萬天明加爾而《ばんじやうばんてんあきらかにして》鏡爾《かゞみに》影乃《かげの》移世留加《うつせるが》　如久《ごとく》家内安全息災延命當病平愈爾《かないあんぜんそくさいえんめいたうびやうへいゆに》　守里幸《まもりさひは》比《ひ》給止《たまひと》　畏美畏美毛申須《かしこみかしこみまうす》　　御神歌《ごしんか》を唱《とな》ふべし。

惡鬼惡靈　生靈　死靈怨敵靈神高天原《あくきあくりやういきりやうしりやうおんてきれいしんたかまがはら》へ歸艮世《かへらせ》給布《たまふ》

物《もの》の化《け》を引《ひき》て放《はな》してあづさゆみ受取給《うけとりたま》ひ今日《けふ》の聞《き》き神惡《かみあく》は去《さ》る神《かみ》は此座《このざ》へ神座《ましま》して願望成就《ぐわんもうじやうじゆ》うたがひはなし。

神道星祭法

天地間《てんちかん》の萬物《ばんぶつ》には總《すべ》ての物《もの》に共通《きようつう》して居《を》る自然《しぜん》の大法則《たいはふそく》がある、日月星辰《じつげつせいしん》の運行《うんかう》する法式《はふしき》も、人間《にんげん》や草木《さうもく》の生々化育《せい〱くわいく》する次第《しだい》も、其原理《そのげんり》は同《どう》一であつて、時《とき》に盛衰《せいすゐ》あり、物《もの》に榮枯《えいこ》あり、人《ひと》に吉凶《きつきよう》あり、天《てん》の陽氣《やうき》旺《さかん》なれば地《ち》の生々活潑《せい〱くわつぱつ》にして、人《ひと》に幸福《かうふく》あり、天氣《てんき》邪濁《じやだく》なれば地氣《ちき》陰毒《いんどく》にして、人其災禍《ひとそのさいくわ》を受《う》く、殊《こと》に星辰《せいしん》の運行《うんかう》と人間《にんげん》の運氣《うんき》とは互《たがひ》に相賴《あひよ》り相伴《あひとも》ふものであつて、人《ひと》は其年月日《そのねんぐわつぴ》に由《よ》つて天上《てんじやう》行運《かううん》の星辰《せいしん》と相生《さうしやう》するあり相剋《さうこく》するあり、以《もつ》て一生《しやう》を不遇不幸《ふぐうふかう》に終《をは》ることもあれば、或《あるひ》は其年其月其《そのとしそのつきその》日《ひ》に災難不幸《さいなんふかう》を招《まね》くこともある、即《すなは》ち終身相伴《しうしんあひとも》ふ星《ほし》の善惡《ぜんあく》と、其年其月其日《そのとしそのつきそのひ》に伴《ともな》ふ星《ほし》の善惡《ぜんあく》とがある。

此《こ》の星辰《せいしん》の運行《うんかう》と人《ひと》の生年月日《せいねんぐわつぴ》とは自然《しぜん》の成行《なりゆき》であるから、人力《じんりよく》のみでは如何《いかん》ともすることは出來《でき》ぬ、そこで宇宙《うちう》一切《さい》を主宰《しゆさい》する大靈《おほみたま》たる神明《しんめい》の力《ちから》を借《か》りて、此《こ》の惡運《あくうん》を祓《はら》ひ除《のぞ》きて、災禍《さいくわ》を轉《てん》じて幸《かう》福《ふく》に遷《うつ》る法《はふ》を講《かう》せねばならぬ、行者祭主《ぎやうじやさいしゆ》の法力《はふりき》と、信者《しんじや》の精力《せいりよく》と大靈《おほみたま》の神力《しんりよく》と此《こ》の三力《りよく》が相《あひ》一致《ち》する時《とき》は、宇宙《うちう》の間《あひだ》に在《あ》りとあらゆる邪陰《じやいん》の氣《き》を壓迫《あつぱく》して動《うご》かぬようにする事《こと》が出來《でき》る、此《こ》の三力《りよく》一致《ち》の開運招福《かいうんせうふく》の祭式《さいしき》は實《じつ》に大切《たいせつ》なもので、古來《こらい》より星祭《ほしまつり》と稱《しよう》して、王公大臣《わうこうだいじん》も軍陣《ぐんぢん》に於《おい》ても皆之《みなこれ》を行《おこな》つて居《を》つた殊《こと》に支那《しな》では天文《てんもん》が盛《さかん》で星祭《ほしまつり》は一切《さい》の祭《まつり》に勝《すぐ》れて居《を》るものとして、戰爭《せんさう》の時《とき》は非常《ひじやう》に大切《たいせつ》に行《おこな》ふたものである。

星祭法式及祭文

先《ま》づ浄衣《じやうい》を着《ちやく》し　神酒《しんしゆ》　飾餅三組《かざりもちみくみ》　神燈《しんとう》　祓祝詞《はらひのりと》　信心《しんじん》に任《まか》せて唱《とな》ふべし　星祭文《ほしまつりぶん》

早天金闕《さうてんきんけつ》玉皇大帝《ぎよくくわうたいてい》天之御中主神《あまのみなかぬしのかみ》星主《はしぬし》北極《ほくきよく》紫微《しび》大帝《たいてい》高皇産靈神《たかみむすびのかみ》神皇産靈神《かんみむすびのかみ》周天《しうてん》三百六十纏度《てんど》星尊《せいそん》諸之《もろ／＼の》天津神《あまつかみ》大歳至德尊神《たいさいしとくそんしん》天津彥火火瓊瓊杵命《あまつひこほほににぎのみこと》貪狼大星君《どんらうたいせいくん》巨門元星君《きよもんげんせいくん》祿存眞星君《ろくそんしんせいくん》文曲紐星君《ぶんきよくじんせいくん》武曲紀星君《ぶきよくきせいくん》廉貞允星君《れんていいんせいくん》破軍星君《はぐんせいくん》羅喉星君《らごうせいくん》土曜星君《どえうせいくん》水曜星君《すゐえうせいくん》金曜星君《きんえうせいくん》日曜星君《にちえうせいくん》火曜星君《くわえうせいくん》計都星君《けいとせいくん》月曜星君《げつえうせいくん》木曜星君《もくえうせいくん》東方《とうはう》青《せい》春《しゆん》泥土煑尊《うひぢにのみこと》沙土煑尊《すひぢにのみこと》青《せい》南方《なんはう》赤《せき》夏《か》豐斟渟尊《とよくんぬのみこと》熒惑星《けいわくせい》朱雀《しゆじやく》中央《ちうあう》土用《どよう》面足尊《おもたるのみこと》惶根尊《かしこねのみこと》黄龍《くわうりやう》西方《せいはう》白《はく》秋《しう》大戸之道尊《おほとのぢのみこと》大苫邊尊《おほとまべのみこと》大白星《たいはくせい》白虎《びやくこ》北方《ほくはう》黒《こく》冬《とう》國狹槌尊《くにさづちのみこと》玄武《げんむ》一切諸神身體《さいしよじんしんたい》無㆑恙《なくつゝが》而堅㆑乎《かたくより》㆓金石《きんせき》㆒爾《に》守里《まもり》壽乎《じゆを》數倍《かぞへ》久乎久倶松止《まつと》竹止《たけと》夜之《よるの》守里《まもり》日之《ひるの》護爾《まもりに》惠美幸比給登《めぐみさいはひたまへと》恐美恐美毛《おそれみおそれみ》白壽《まうす》

次《つぎ》に北辰咒文《はくしんじゆもん》　天地者《あめつちは》御《み》中之《なかの》際《きは》爾《に》鎭米《しづめ》持際《もちきは》星神之《ほしかみの》皇良《すめら》大神《おほかみ》

次《つぎ》に七曜之《えうの》印《いん》　行年《かうねんご》護身《しん》三元加持《げんかぢ》一切諸宿曜我護《さいしよしゆくえうがご》我《が》年月日時《ねんげつじつじ》災禍消除《さいくわせうぢよ》

次《つぎ》に拍手《はくしゆ》　天長地久《てんちやうちきう》

天地《てんち》玄妙神變《げんめうしんぺんか》加持《ぢ》　善星皆來惡星退散《ぜんせいかいらいあくせいたいさん》　百遍

善星皆來　祈主敬白

太上神仙鎭宅靈符尊守護

惡星退散　何歳男女

鎭火祭及火渡法

火《ひ》は陽性《やうせい》であつて、萬物《ばんぶつ》の生氣《せいき》である、陽火《やうくわ》の大源《だいげん》は太陽《たいやう》である、太陽《たいやう》なければ萬物《ばんぶつ》悉《ことごと》く生氣《せいき》なく生命《せいめい》がないのである、水《みづ》は陰性《いんせい》で萬物《ばんぶつ》の生育《せいいく》を扶《たす》けるものである、陰水《いんすゐ》の大源《だいげん》は太陰《たいいん》即《すなは》ち月《つき》である、此《こ》の水火《すゐくわ》は互《たがひ》に相賴《あひよ》り相扶《あひたす》けて萬物《ばんぶつ》が生々化育《せいせいくわいく》し、四時《じ》の序《じよ》が整《とゝの》ふものである、然《しか》るに陽火《やうくわ》は其性《そのせい》熾《し》烈《れつ》にして時《とき》に物《もの》を破壞空消《はくわいくうせう》せしむる事《こと》がある、そこで夏季《かき》の陽火盛《やうくわさかん》なるに先《さきだ》ち春季《しゆんき》の終《をはり》に於《おい》て鎭火祭《ちんくわさい》を行《おこな》ひ、人間《にんげん》の病災《びやうさい》は固《もと》より五穀豐饒養蠶安全等《ごこくはうじやうやうさんあんぜんとう》の祈念《きねん》を爲《な》すべきものである。

鎭火祭《ちんくわさい》とは熾烈《しれつ》なる陽火《やうくわ》を鎭《しづ》むるに陰水《いんすゐ》の力《ちから》を以《もつ》てして陰陽水火《いんやうすゐくわ》を調和《てうわ》せしめ、適度《てきど》にして災害《さいがい》のないようにするのである、全體吾々《ぜんたいわれわれ》の目《め》には燃《も》ゆる火《ひ》と流《なが》るゝ冷《つめた》き水《みづ》としか見《み》へぬけれど、其他《そのた》にそれ以上《いじやう》に吾人《ごじん》の目《め》に見《み》へぬ陽火《やうくわ》と陰水《いんすゐ》とがあるのである、例《たと》へば月《つき》と海水《かいすゐ》の間《あひだ》には何《なに》も目《め》に見《み》へる連《れん》絡《らく》は無《ない》ようであるけれど、水《みづ》の大源《だいげん》たる月《つき》は能《よ》く海水《かいすゐ》を動《うご》かして干滿《かんまん》あらしむるのである、夫《それ》で此《こ》の鎭火祭《ちんくわさい》と云《い》ふのは單《たん》に目《め》に見《み》へる火《ひ》を目《め》に見《み》へる水《みづ》で鎭《しづ》め消《け》すのではない、水《みづ》の精神《せいしん》たる月《つき》の神力《しんりよく》を以《もつ》て有形《いうけい》の火《ひ》や無形《むけい》の災害《さいがい》を爲《な》すべき火《ひ》を鎭《しづ》めて、之《これ》を調和《てうわ》して、萬物《ばんぶつ》に適《てき》するようにするのである、薪《たきゞ》を焚《たい》た火《ひ》でも、水《みづ》の精神《せいしん》で以《もつ》て、其火《そのひ》を鎭《しづ》むれば火《ひ》の精神《せいしん》が動《うご》かなくなる、夫《それ》で跣足《はだし》で火《ひ》に入《はい》つて渡《わた》ても決《けつ》して火傷《やけど》をせぬのである。

鎭火祭火渡法式

祭神《さいじん》は天合魂命《あめのあひたまのみこと》　高龗神《たかをはのかみ》　彥龍媛龍神《ひこたつひめたつのかみ》　五行大神《いつつらのおほかみ》　產土神《うぶすなのおほかみ》　次《つぎ》に祭場《まつりば》

先《ま》づ祭處《まつりどころ》の四方《しはう》に七五三《しめ》のなはを竹《たけ》に結付《ゆひつ》け神殿《しんでん》に神號《しんがう》及《およ》び三本《さんぼん》の幣帛《へいはく》を立《た》て五行神《ごぎやうがみ》を祭《まつ》り祓具《はらひぐ》は平生《つね》の如《ごと》し天津《あまつ》祝詞《のりと》一返大祓詞《いつぺんおほはらひことば》一遍《いつぺん》次《つぎ》に大幣行事《おほぬさぎやうじ》

但《たゞ》し祭場《まつりば》及《およ》び薪木《たきゞ》を能《よ》く淸《きよ》むべし次《つぎ》に中央《ちうわう》に積置《つみお》ける槇《まき》に東西南北《とうざいなんぼく》と四方《しはう》より火《ひ》を附《つけ》る次《つぎ》に槇火《まきひ》を隔《へだ》て丶神殿《しんでん》に向《むか》ひ着坐《ちやくざ》す天津《あまつ》祝詞《のりと》一返大祓《いつぺんおほはらひ》詞五《ご》返又一返《へんまたいつぺん》なし次《つぎ》に祈念《きねん》次《つぎ》に槇《まき》の火《ひ》七分《よ》ぐらひ燃《もえ》たる時《とき》に火《ひ》に向《むか》つて左《さ》の神符《しんふ》を北方幣帛《ほくはうへいはく》を以《もつ》て天《でん》に向《むか》つて空書《くうしよ》す後《のち》に東西南北《とうざいなんぼく》四方《はう》より書《か》き火《ひ》のまはり一體《たい》に書《か》く。

幣を以て天地四方へ書なり

次《つぎ》に左《さ》の御神歌《ごしんか》を唱《とな》へる　三返

霜柱《しもはしら》　氷《こほり》の梁《はり》の雪《ゆき》の桁雨《けたあめ》のたるきに露《つゆ》のふき草《くさ》

源《みなもと》の　求《もとむ》る水《みつ》を手《て》にとりて放《はな》せば九《く》千八海《せんはつかい》となる

雨《あめ》あられ雪《ゆき》や氷《こほり》をかきあつめ火《ひ》防《ばせ》に結《むす》ぶ水《みつ》くきのあと

北方《ほくはう》で南《みなみ》を尅《こく》す鎭火祭丸《ちんくわさいまる》なる中《なか》は坎《かん》の水《みつ》なり

次《つぎ》に左《さ》の神號《しんがう》を三返唱《さんべんとな》へ大海印《たいかいいん》を結《むす》びて。

高《たか》　龗神《おほのかみ》　天合魂命《あめあひたまのみこと》　彦龍姫龍神《ひこたつひめたつのかみ》　春季祭《はるまつり》なれば農家《のうか》養蠶場《やうさんば》は行者蠶《ぎやうじやかひこ》の種《たね》を以《もつ》て渡《わた》す可《べ》し。

次《つぎ》に三種祓《さんしゆはらひ》を唱《とな》へながら順《じゆん》に火《ひ》の周圍《まはり》を何返《なんべん》もまはりながら鹽《しほ》を火《ひ》の中《なか》にまきちらすべし。

次《つぎ》に火《ひ》に青色《あをいろ》を含《ふく》む時《とき》に大麻《おほぬさ》を以《もつ》て足《あし》の下《した》に賦《ふ》の字《じ》を書《か》き點《てん》の火《ひ》の中《なか》に打《う》ちまじなひて正壇《せいだん》へ向《むか》ひ

火中《ひのなか》を渡《わた》る但《たゞ》し逆渡《ぎやくわた》りすべからず。

次《つぎ》に願主《くわんしゆ》を渡《わた》す。

次《つぎ》に叄詣人《さんけいにん》を渡《わた》すなり身體《しんたい》を清《きよ》めて渡《わた》るべし不淨《ふじやう》のある人《ひと》は鎭火《ちんくわ》の法戻《はふもと》るなり。

次《つぎ》に一同禮拜。

次《つぎ》に昇神祝詞《しようしんのりと》を唱《とな》へ火《ひ》を消《け》すべし。

衰運を挽回する法

人《ひと》の不幸不運《ふかうふうん》は其人《そのひと》の不注意不勉強《ふちういふべんきやう》に依《よ》る事《こと》もあるけれども、如何《いか》に氣《き》を付《つ》け、能《よ》く勉強《べんきやう》しても、爲《な》す事《こと》する事行違《ことゆきちが》ひて悲況《ひきやう》に陷《おちい》るものもあれば、又如何《またいか》に立派《りつぱ》な人格《じんかく》、聖賢《せいけん》の君子《くんし》でも、災難不運《さいなんふうん》を免《まぬか》れぬ事《こと》が多《おほ》い、此等《これら》の不運不幸《ふうんふかう》は親先祖《おやせんぞ》の餘殃《よあう》である事《こと》もあれば、居所等《きよしよとう》の惡《わる》いより起《おこ》る事《こと》もある、又自身《またじしん》には分《わか》らぬけれど、其家《そのいへ》や族類《ぞくるゐ》に對《たい》して、怨靈《おんれい》の氣《き》が覆《おほ》ひ塞《ふさ》がつて居《を》るような事《こと》より來《きた》るのもある、孰《いづ》れにしても人力《じんりよく》の及《およ》ばぬ不祥《ふしやう》なる邪氣《じやき》惡靈《あくれい》の殃禍《わざはひ》に苦《くる》しめらるゝのである。

夫《それ》で此《こ》の不幸不運《ふかうふうん》を防《ふせ》ぎ衰運《すゐうん》を挽回《ばんくわい》するには、古代《こだい》より傳來《でんらい》して居《を》る法式《はふしき》に由《よ》つて、災除《さいぢよ》の祈禱《きたう》、開運《かいうん》の祭願《さいぐわん》を行《おこな》ひ、或《あるひ》は神符《しんぷ》を造《つく》つて家屋《かをく》に鎭《しづ》め、或《あるひ》は御守《おまもり》を封《ふう》じて膚《はだ》に添《そ》へて祈念《きねん》する等必要《とうひつえう》である、斯《か》くすれば神力《しんりよく》の生氣《せいき》が常《つね》に家《いへ》や身《み》を離《はな》れぬ故《ゆゑ》、如何《いか》なる邪氣《じやき》惡魔《あくま》も近寄《ちかよ》る事《こと》が出來《でき》ぬのである、既《すで》に邪氣《じやき》を拂《はら》ふて神明《しんめい》の生氣《せいき》を得《う》れば、缺《か》けたる月《つき》が滿《み》ち始《はじ》め、黑雲《こくうん》に覆《おほ》はれたる日光《につくわう》が雲《くも》より出《い》でゝ輝《かゞや》き渡《わた》ると均《ひと》しく運氣《うんき》盛《さかん》にして、萬事《ばんじ》意《い》の如《ごと》くなるものである。

又此《またこ》の衰運挽回法《すゐうんばんくわいはふ》は、神人感應術《しんじんかんおうじゆつ》たる易理《えきり》と相伴《あひともな》はねばならぬものである、易理《えきり》に由《よつ》て災邪《さいじや》の由來《ゆらい》を知《し》り、祈禱《きたう》に由《よ》つて夫《それ》を除《のぞ》き、更《さら》に將來如何《しやうらいいか》なる方針《はうしん》に由《よつ》て活動《くわつどう》すれば、發達《はつたつ》するかを決《けつ》するには易理《えきり》と祈禱《きたう》と相伴《あひともな》ふて始《はじ》めて萬全《ばんぜん》であり、確固《かくこ》たる發達《はつたつ》を遂《と》ぐるものである。

祈願の法式

先《ま》づ家《いへ》を造《つく》つてより火災來《くわさいきた》り、惡《あし》き事度重《ことたびかさな》り、金神凶方祟《こんじんきようはうたゝ》り養蠶農事《やうさんのうじ》不作《ふさく》、或《あるひ》は病災《びやうさい》絶《た》へざる時《とき》は、屋敷《やしき》の四方中央《はうちうわう》五ケ所《しよ》に深《ふか》さ四尺《しやく》ほどの穴《あな》を堀《は》り中央《ちうわう》の山《やま》、中央《ちうわう》の穴《あな》の邊《あた》りに堀《は》りし土《つち》を積《つ》みよせ、之《これ》を山《やま》といひ、山《やま》に榊《さかき》を立《た》て、天《てん》の五行《ぎやう》の神《かみ》を勸請《くわんじやう》し、五穀《こく》を各盛《おのおのも》り分《わけ》て五行《ぎやう》の神《かみ》に供《そな》ふべし。

天の五行神

元氣水德神《げんきすゐとくじん》　國狭槌尊《にさつちのみこと》
元氣火德神《げんきくわとくじん》　豐斟渟尊《とよくむぬのみこと》
元氣木德神《げんきもくとくじん》　泥土煑尊《うひぢにのみこと》、沙土煑尊《すひぢにのみこと》
元氣金德神《げんきこんとくじん》　大戸之道尊《おほとのぢのみこと》、大苫邊尊《おほとまべのみこと》
元氣土德神《げんきどとくじん》　面足尊《おもだるのみこと》、惶根尊《かしこねのみこと》

地の五行神

木祖《きのみおや》　句句廼馳神《くゝのちのかみ》　東《ひがし》
火祖《ひのみおや》　軻遇突智神《かぐつちのかみ》　南《みなみ》
土祖《つちのみおや》　埴安姫命《はにやすひめのみこと》　中央《ちうわう》
金祖《かねのみおや》　金山彦命《かなやまひこのみこと》　西《にし》
水祖《みづのみおや》　水速女命《みづはやめのみこと》　北《きた》

鐵玉《てつぎよく》五つを入《い》れる箱《はこ》五つ、劔《つるぎ》一振此《ふりこれ》を納《をさ》め此劔《このつるぎ》を神體《しつたい》として經津主命《ふつぬしのみこと》、武甕槌命《たけみかづちのみこと》を祭《まつ》り、中心《ちうしん》には天之御中主神《あめのみなかぬしのみこと》と切付《きりつ》け(但《たゞ》し紙《かみ》に書《か》き巻てもよし)及《やつば》のわきは素盞嗚命《すさのをのみこと》、八千戈命《やつほこのみこと》、天葺根命《あめのふきねのみこと》、八十猛命《やそたけるのみこと》、武御名方命《たけみなかたのみこと》、事代主命《ことしろぬしのみこと》を祭《まつ》るべし、是《こ》れ最《もつと》も大切《たいせつ》なり。

先《ま》づ中央《ちうわう》の山《やま》の前《まへ》に進《すゝん》で立《た》つ加持《かぢ》　如常《つねのごとし》　次《つぎ》に再拝拍手《さいはいかしはで》　護身神法《ごしんじんはふ》　祓眞讀《はらひしんどく》。

次《つぎ》に諸神勸請《しよじんくわんじやう》　供物《そなへもの》し供物祝詞唱《そへもののりとゝな》へ次《つぎ》に五方《はつ》の穴《あな》の上《うへ》に勸請供物同前《くわんじやうそなへもののまへとおなじ》。

次《つぎ》に中央《ちうわう》の山《やま》の前《まへ》に劔《つるぎ》を神體《しんたい》として勸請《くわんじやう》し次《つぎ》に祝詞《のりと》　次《つぎ》に劔之行事神歌《つるぎのぎやうじしんか》を唱《とな》へて。

出雲路八雲村雲十握《いづもちやくもむらくもとつか》にて降《くだ》る劔《つるぎ》に罪《つみ》は消《き》へけり

先《ま》づ立《たつ》て　天地人體護堅《てんちじんたいごけん》

中央穴《ちうわうあな》の前《まへ》にて太上段雲払《たいじやうだんくもばらひ》

東《ひがし》の穴《あな》の前《まへ》にて青龍《せいりう》の劔《つるぎ》　南《みなみ》の穴《あな》の前《まへ》にて朱雀《しゆじやく》の劔《つるぎ》

西《にし》の穴《あな》の前《まへ》にて白虎《びやくこ》の劔《つるぎ》　北《きた》の穴《あな》の前《まへ》にて玄武《げんぶ》の劔《つるぎ》

中央《ちうわう》の穴《あな》の前《まへ》にて　三比禮《さんひれい》の劔《つるぎ》と振《ふ》り納《をさ》む。

次《つぎ》に十種行事《しゆぎやうじ》　鐵玉《てつたま》を掌《て》の中《なか》に握《にぎ》りて振《ふ》る事口傳《ことくでん》あり。

口傳《くでん》に云《い》ふ鐵《てつ》の玉《たま》一つ掌《て》の中《なか》に取《とり》て左《さ》の神言《しんごん》を讀《よ》み有留部由良由良《あるべゆらゆら》と云《い》ふて鐵《てつ》の玉《たま》を手《て》の內《うち》にて振《ふ》り箱《はこ》に納《をさ》む五つとも同然《どうせん》たり神言《しんごん》に曰《いは》く。

東方木祖句句廼馳命《とうはうきのみおやくゝのちのみこと》　澳津鏡《おきつかゞみ》邊津鏡《へつかゞみ》八握劔《やつかつゝぎ》生玉《いくたま》死返玉《まかりかへりのたま》　足玉《たるたま》道反玉《ちかへしたまの》　蛇比禮《おろちのひれ》　蜂比禮《はちのひれ》　品品物比禮《くさくさものひれ》

甲《きのえ》乙《きのと》丙《ひのえ》丁《ひのと》戊《つちのえ》己《つちのと》庚《かのえ》辛《かのと》壬《みづのえ》癸《みづのと》一《ひ》二《ふ》三《み》四《よ》五《い》六《む》七《な》八《や》九《こ》十《と》布留部《ふるべ》由良《ゆら》由良《ゆら》と布留部《ふるべ》

祓《はら》ひ十種神寳《しゆしんぼう》を唱《とな》へて加持《かぢ》すべし次《つぎ》に皆《みな》一柱《ひとはしら》づゝ十種《しゆ》の神寳《しんぼう》を唱《とな》へ加持《かぢ》すべし。

次《つぎ》に南方火祖軻遇突智命《なんばうひのみおやかぐつちのみこと》　神言前《しんごんまへ》に同《おな》じ十種神寳《しゆしんぼう》を唱《とな》ふべし。

次《つぎ》に西方金祖　金山彦　命《せいはうかのおやかなやまひこのみこと》　神言前《しんごんまへ》に同《おな》じ。

次《つぎ》に北方水祖水速　女　命《ほくはうみづのみおやみづはやめのみこと》　神言前《しんごんまへ》に同《おな》じ。

次《つぎ》に中央土祖埴安　姫　命《ちうわうつちのみおやはにやすひめのみこと》　神言前《しんごんまへ》に同《おな》じ皆《みな》十種《しゆ》の神寳《しんぽう》を唱《とな》ふべし。

但《たゞ》し東方《とうはう》の神言《しんごん》を唱《となへ》て鐵玉《てつたま》を入《いれ》る箱《はこ》には東《ひがし》の符號《ふがう》を豫《かね》て記《しる》し置《お》くべし祈禱《きたう》終《をは》れば五方《はう》の穴《あな》の幣《へい》の本《もと》に埋《うづ》むなり劔《つるぎ》も箱《はこ》に納《をさ》めて棟木《むなぎ》大國柱《だいこくばしら》に齋奉《いつきまつ》りて永《なが》く家《いへ》の守《まも》りとす。

次《つぎ》に神送《かみおく》り次《つぎ》に拍手《はくしゆ》二拜《はい》座《ざ》立退《たちの》け祈禱《きたう》終《をは》り。

畧式

土金祭行事《どごんさいぎやうじ》の略式《りやくしき》は生氣《せいき》吉方《きつぱう》の土《つち》を少《すこ》し取《と》り金紙《きんし》を少々《せう〳〵》切交《きりま》ぜ五寸《すん》四方《はう》ほどの箱《はこ》に入《い》れ五行神符鐵《ぎやうしんぷてつ》の玉《たま》を十種《しゆ》の行事《ぎやうじ》して入《い》れ屋敷《やしき》の五方《はう》に埋《うづ》む又木劔《またもくけん》をこしらへて神體《しんたい》を勸請《くわんじやう》し眞劔《しんけん》にて行事《ぎやうじ》して其靈威《そのれいゐ》を木劔《もくけん》に遷《うつ》し奉《たてまつ》りて家《いへ》の鎭護《ちんご》とす。

口傳《くでん》に五行《ぎやう》の神符《しんぷ》とは五行《ぎやう》の神號《しんがう》を記《しる》して守護《しゆご》せしものなり土生金《どしやうごん》の吉方《きつぱう》とは正月子《しやうぐわつね》二月丑《ぐわつうし》三月《ぐわつ》寅《とら》四月卯《ぐわつう》五月辰《ぐわつたつ》六月巳《ぐわつみ》七月午《ぐわつうま》八月　未《ぐわつひつじ》　九月申《ぐわつさる》十月酉《ぐわつとり》十一月戌《ぐわついぬ》十二月亥《ぐわつゐ》の方《はう》をいふなり。

諸病間接祈禱法

此《こ》の法《はう》は病人《びやうにん》が重病《ぢうびやう》とか遠方《ゑんぱう》とかにて祈禱者《きたうしや》の許《もと》へ來《く》ることの出來《でき》ぬ時《とき》、祈禱者《きたうしや》の方《はう》も亦病人《またびやうにん》の家《いへ》に行《ゆ》くことの出來《でき》ぬ時《とき》に、祈禱者《きたうしや》は自分《じぶん》の内《うち》にて通常《つうじやう》の祈禱《きたう》を爲《な》し、夫《それ》より下《しも》の如《ごと》き法式《はふしき》に由《よ》つて神《しん》符《ぷ》を造《つく》り、夫《それ》を以《もつ》て病者《びやうしや》に與《あた》へ、病人又《びやうにんまた》は家人《かじん》をして病者《びやうしや》の身體《しんたい》を撫《なで》しむる法《はふ》である。

全體病人《ぜんたいびやうにん》が醫者《いしや》に掛《かゝ》り、藥《くすり》を呑《の》んで病氣《びやうき》を癒《なほ》すのでも、第《だい》一に醫藥《いやく》の力《ちから》が相當《さうたう》でなくてはならぬ、即《すなは》ち醫者《いやく》の診察見立《しんさつみたて》と云《いふ》ものが充分《じうぶん》で、又藥《またくすり》も夫々相當《それ〳〵さうたう》な良藥《りやうやく》でなくてはならぬ、夫《それ》から病人自分《びやうにんじぶん》の方《はう》では、此《こ》の醫者《いしや》は良《よ》い、此《こ》の藥《くすり》は必《かなら》ず利《き》く、此《こ》の病氣《びやうき》は是非《ぜひ》癒《なほ》さねばならぬと云《い》ふ信念力《しんねんりよく》が無《なく》てはならぬ、即《すなは》ち病人《びやうにん》の信念力《しんねんりよく》と醫藥力《いやくりよく》とが相《あひ》一致《ち》せねば癒《なほ》らぬ、併《しか》し夫丈《それだけ》でもいけぬ、第《だい》三に看護《かんご》の力《ちから》が充分《じうぶん》でなくてはならぬ、大抵《たいてい》の病氣《びやうき》は看病人《かんごにん》の手《て》で七分《よ》方癒《かたなほ》るとしたものである、醫藥《いやく》と信念《しんねん》と看護《かんご》、此《こ》の三力《りよく》が具足《ぐそく》して始《はじめ》て病氣《びやうき》も癒《なほ》るのである、天地萬物《てんちばんぶつ》は皆《みな》こういふ工合《くふう》に三つの力《ちから》が相頼《あひよ》らねば何事《なにごと》も成功《せいこう》せぬ、難病《なんびやう》や醫藥《いやく》の力《ちから》の及《およ》ばぬ長病等《ちやうびやうなど》は、どうしても神力《しんりよく》を借《か》らねばならぬ、神力《しんりよく》と祈《き》禱者《たうしや》の法術《はふじゆつ》の力《ちから》と病人《びやうにん》の信神力《しんしんりよく》とが相《あひ》一致《ち》すれば病氣《びやうき》は屹度《きつど》癒《なほ》るものである、夫《それ》で間接《かんせつ》の祈禱《きたう》でも、神力《しんりよく》や法力《はふりよく》は立派《りつぱ》に整《とゝな》ふけれど、直接《ちよくせつ》でやる程病人《ほどびやうにん》の信念力《しんねんりよく》を強《つよ》むる事《こと》が出來《でき》ぬ、そこで神力《しんりよく》と法力《はふりよく》の籠《こも》つた神符《しんぷ》で、病人《びやうにん》の體《からだ》を撫《な》で、病人《びやうにん》の信力《しんりよく》を起《おこ》さすると同時《どうじ》に、三力合《りよくがつ》して病魔《びやうま》を壓迫《あつぱく》するのである。

神符の作法

先《ま》づ神符《しんぷ》の中符《ちうふ》十種神寶《しゆしんぼう》の圖《づ》を書《か》くなり但《たゞ》し紺紙《こんし》か青紙《せいし》を以《もつ》てすべし。外符《ぐわいふ》は邪氣《じやき》打出《うちだし》法《はふ》の呪字《じゆじ》また九字《じ》の印《いん》を第《だい》一番《ばん》より二十番《ばん》まで式《しき》の如《ごと》く祈念《きねん》して書《か》き之《これ》を包紙《つゝみがみ》として内符《ないふ》を包《つゝ》み調《とゝな》ふ但《たゞ》し呪《じゆ》字《じ》また九字《じ》の印《いん》いづれも

と書《か》き廻《まは》して黒符《こくふ》となす上包《うはづゝみ》は別紙《べつし》を以《もつ》て左《さ》の如《ごと》く封《ふう》ず。

但《たゞ》し神靈朱印《しんれいしゆいん》又《また》は水引《みづひき》をかくることは隨意《ずゐい》たるべし拜受《はいじゆ》者口《しやくち》を嗽《すゝ》き手《て》を洗《あら》ひ朝《あさ》は東方《とうはう》に向《むか》ひて拜《はい》し夕《ゆふ》は西方《せいはう》に向《むか》ひて拜《はい》し符《ふ》を頂《いたゞ》き心《こゝろ》の内《うち》にて天照大神《あまてらすおほかみ》　天神地祇《あまつかみくにつかみ》八百萬《やほよろづ》神《かみ》と念《ねん》して神符《しんぷ》を以《もつ》て身體《しんたい》を撫《な》で兩眼《りやうがん》を閉《と》ぢ此《こ》の災禍《さいくわ》を除《のぞ》き給《たま》へ此病《このやまひ》を祓《はら》ひ給《たま》へと幾度《いくたび》もくりかへし唱《とな》ふべし毎《まい》日朝夕《にちてうせき》二度《ど》づゝ七日《か》間《かん》行《おこな》ふべし。

病氣封加持祈禱法

此《これ》は病毒《びやうどく》即《すなは》ち黴菌等《ばいきんとう》を法力《はふりよく》と神力《しんりよく》とで封《ふう》じ込《こ》んでしもうて、病魔《びやうま》の働《はたらき》の出來《でき》ぬようにすると同時《どうじ》に、衰弱《すゐじやく》せる病人《びやうにん》の五體《たい》を加持《かち》して精力《せいりよく》を付《つ》け元氣《げんき》を回復《くわいふく》せしむる法《はふ》である、元來加持《ぐわんらいかぢ》と云《い》ふ事《こと》は初《はじ》めにも逃《の》てある如《ごと》く、神《かみ》や佛《ほとけ》の威徳《ゐとく》が人間《にんげん》に乘《の》り移《うつ》り、人間《にんげん》が其威徳《そのゐとく》を受持《うけもつ》て健全《けんぜん》に立派《りつぱ》になる事《こと》である。

病魔《びやうま》の爲《た》めに五體《たい》は衰《おとろ》へ四支《し》五官《くわん》は汚《よご》れ傷《いた》んで居《を》る、そこで此《と》の衰《おとろ》へ傷《いた》みたる病體《びやうたい》に神佛《しんぶつ》の陽氣《やうき》を吹《ふ》き込《こ》んで、元氣《げんき》を起《おこ》させるので、例《たと》へば如何《いか》に腐《くさ》れて居《を》る水《みづ》でも、清淨《せいじやう》なる水《みづ》を加《くは》ゆる時《とき》は、腐毒《ふどく》は下《した》に沈《しづ》みて立派《りつぱ》な奇麗《きれい》な水《みづ》になると同《おな》じく、人間《にんげん》と神佛《しんぶつ》とは精神《せいしん》に於《おい》ても、身體《しんたい》に於《おい》ても本來《ほんらい》は親《おや》子《こ》の如《ごと》きもので、同性不二《どうせいふじ》のものであるから、病氣《びやうき》の爲《た》めにいくら衰《おとろ》へ損《そん》じて居《を》つても、神佛《しんぶつ》の威徳《ゐとく》と同化融和《どうくわゆうわ》する事《こと》は決《けつ》して六ヶ敷譯《しきわけ》ではない、祈禱者《きたうしや》の法力《はふりよく》が充分《じうぶん》で、病人《びやうにん》の信念《しんねん》さへ確《たし》かであれば、神威《しんゐ》は直《たゞ》ちに乘《の》り移《うつ》りて病者《びやうしや》の心身《しんしん》と同化《どうくわ》するのである、既《すで》に神威《しんゐ》が移《うつ》れば、如何《いか》なる病魔《びやうま》も忽《たちま》ち閉《へい》息《そく》して災禍《わざはひ》を爲《な》すことは出來《でき》ぬと同時《どうじ》に、腐水《ふすゐ》が清水《せいすゐ》の爲《た》めに奇麗《きれい》になると同《おな》じく、如何《いか》なる病體《びやうたい》も直《たゞ》ちに元氣《げんき》を回復《くわいふく》して恰《あた》かも薄紙《うすがみ》を剝《は》ぐが如《ごと》く、日々《にち／＼》に健康《けんかう》に赴《おもむ》き、後《のち》には以前《いぜん》よりも却《かへつ》て健全《けんぜん》なる心身《しんしん》になる事《こと》が出來《できる》のである、加持力《かぢりよく》の偉大《ゐだい》なる事《こと》は實《じつ》に非常《ひじやう》なものであつて、難病長病《なんびやうちやうびやう》の人《ひと》は是非《ぜひ》此法《このはふ》に依《よ》らねばならぬ。

諸病封加持秘文

病者《びやうしや》に向《むか》ひて九字《じ》護《ご》身法《しんぽふ》　白幣束《しろへいそく》を以《もつ》て加持《かぢ》すべし。

夫《そ》れ清《すめ》るを天《てん》とし濁《にご》るを地《ち》とす陰陽交《いんやうまじは》り萬物《ばんぶつ》を生《じやう》じ悉《こと〴〵》く身佛生《しんぶつしやう》あり最《もつと》も人倫《じんりん》をえらみ身佛《しんぶつ》となる故《ゆゑ》に八葉《えふ》のうてなに大《たい》さい二十八宿《しゆく》を三界《さんかい》とす行者《ぎやうじや》謹《つゝし》み敬《うやまひ》て白《まう》す火《ひ》もゆく事不能《ことあたはず》水《みづ》もたゞよはす事《こと》不能刀兵《あたはずとうひやう》も勝事不能壽《かつことあたはずじゆ》は百壽《じゆ》の秋《あき》を保《たも》ち頭《かしら》は五智寶冠《ちほうくわん》の大日如來《だいにちによらい》髮《かみ》は倶利加羅《くりから》大日大聖不動明王《だいにちだいしやうふどうみやうわう》耳《みゝ》は身祿菩薩《みろくぼさつ》左《ひだり》の眼《まなこ》は日天子《につてんし》右《みぎ》の眼《まなこ》を月天子《ぐわつてんし》鼻《はな》は藥師如來《やくしによらい》口《くち》は地藏菩薩《ちざうぼさつ》左手《ひだりて》は千珠菩薩《せんじゆぼさつ》右手《みぎて》は普賢菩薩《ふげんぼさつ》左《ひだり》の足《あし》は正觀世音菩薩《しやうくわんぜおんぼさつ》右《みぎ》の足《あし》は大勢至菩薩《だいせいしぼさつ》膝《ひざ》は地持天《ちぢてん》肝《かん》の臟《ざう》は降三世夜叉明王《かうさんぜやしやみやうわう》心《しん》の臟《ざう》は軍荼利夜《ぐんだりや》叉明王《しやみやうわう》肺《はい》の臟《ざう》は大威德夜叉明王《だいゐとくやしやみやうわう》碑《じん》の臟《ざう》は金剛夜叉明王《こんがうやしやみやうわう》脾《ひ》の臟《ざう》は中央大日大聖不動明王《ちうあうだいにちだいしやうふどうみやうわう》　其心《そのこゝろ》　諸神諸《しよじんしよ》菩薩《ぼさつ》住《ぢう》し給《たま》ふ其《そ》の德廣厚《とくくわうかう》として諸天善神金輪奈落《しよてんぜんしんこんりんならく》の底《そこ》までも之《これ》を照《てら》す阿吽《あうん》の息風《いきかぜ》と成《な》て衆生《しゆうじやう》の苦《くるし》み災《わざはひ》を吹散《ふきちら》し大智《だいち》の劔《けん》を定規《ぢやうぎ》とす四方《はう》の趣意《しゆい》愚《おろか》なる心《こゝろ》にして恨《うら》みを爲《な》すもの祓《はら》ひ清《きよ》め行者《ぎやうじや》の經數《きやうかず》なしと雖《いへど》も神佛擁護《しんぶつえうご》の加持《かぢ》を以《もつ》て守護頭《しゆごかしら》に頂《いたゞ》き怨敵《おんてき》　諸《もろ〳〵》　の障碍《しやうげ》をなす物皆《ものみな》　悉《こと〴〵》　く退散《たいさん》し去《さら》ん、　唵者儞志《おんしやにし》陀儞娑婆訶《だにそはか》と唱《とな》ふべし。

流行病送り出し法

流行病《りうかうびやう》は黴菌《ばいきん》の傳播《でんぱん》である、此《こ》の黴菌《ばいきん》は天地間《てんちかん》に浮遊《ふいう》して據《よ》る所《ところ》の無《な》い、怨癘陰濕《をんれいいんしつ》の氣《き》に依《よつ》て化成《くわせい》するものである、夫《それ》で何人《なんぴと》でも心《こゝろ》に邪念《じやねん》を抱《いだ》くものや、恐怖《きようふ》の念《ねん》ある者《もの》には、直《たゞ》ちに感染《かんせん》するのである、夫《それ》で傳染病《でんせんびやう》の流行《りうかう》する際《さい》には、誰《たれ》も一層素直《そうすなほ》で、元氣《げんき》を鼓舞《こぶ》して、之《これ》に恐《お》ぢ畏《おそ》れぬのが肝要《かんえう》である、尤《もつと》も恐《おそ》れぬようにと云《い》つても、亂暴《らんばう》をして病地《びやうち》や病人《びやうにん》に接《せつ》せよと云《い》ふのではない、出來得《できう》る丈《だけ》の豫防《よばう》はせねばならぬ、愼《つゝし》みは必要《ひつえう》であるが、感染《かんしん》はせぬか〳〵と恐怖心《きようふしん》があつてはならぬ。

左《さ》れど既《すで》に流行病《りうかうびやう》に罹《かゝつ》たり、又家内中《またかないちう》に傳染《でんせん》した際《さい》には最早單《もはやたん》に人間《にんげん》の元氣《げんき》ばかりで抑《おさ》へきれぬ、そこで神秘《しんぴ》の力《ちから》を借《か》り、其陽正《そのやうせい》の精氣《せいき》で以《もつ》て、病虫《びやうちう》を壓迫《あつぱく》し退散《たいさん》せしめねばならぬのである、其神力《そのしんりよく》を受《う》けて流行病《りうかうびやう》を送《おく》り出《だ》す方式《はうしき》は左《さ》の如《ごと》くするのであつて、先《ま》づ第《だい》一に神前《しんせん》に幣束《へいそく》と赤飯《せきはん》とを供《そな》へて祀《まつ》り、家内中《かないちう》を祓《はら》ひ清《きよ》め、祭《まつ》り祓《はらひ》が終《をは》つたならば、此《こ》の幣束《へいそく》と赤飯《せきはん》とを持《も》ちて野外《やぐわい》に送《おく》り出《だ》して棄《すつ》るのである、斯《か》くすれば病災《びやうさい》は消滅《せうめつ》して、他《た》に傳染《でんせん》する恐《おそれ》もないのである、此《これ》は誠《まこと》に小兒欺《こどもだま》し見《み》たように思《おも》はるべけれど、今日《こんにち》の衞生法《えいせいはふ》から考《かんが》へても、傳染病《でんせんびやう》は大抵食物《たいていくひもの》から傳播《でんぱ》するのであるから、家内《かない》を清《きよ》め、黴菌《ばいきん》を赤飯《せきはん》と祓《はらつ》た幣《へい》とに集《あつ》めて、之《これ》を放逐《はうちく》するのであるから、道理上尤《だうりじやうもつとも》な譯《わけ》である上《うへ》に、神威力《しんゐりよく》を加《くは》へ信念力《しんねんりよく》を活用《くわつよう》するのであるから、必《かなら》ず効果《かうくわ》が現《あら》はるのである。

送り出し法式　（此法は一切の病氣にも用て宜し）

第一《だい》未《み》敷《ふ》蓮華《れんげ》印《いん》　をん天神《てんじん》ならゑんずいきそわか。

第二《だい》八葉印《はちえふいん》　をんさりさりちならゑんそわか。

第三《だい》四《し》方結印《はふけついん》　をんはらていごづ天王《てんわう》せいくわんいんめいそわか。

第四《だい》金剛合掌《こんがうがつしやう》　をん天神王子地神王子《あまつかみわうじくにつかみわうじ》ずいきゑんめいそわか。

第五《だい》内縛印《ないばくいん》　をん王神王子《わうじんわうじ》をんぎいんめいそわか。

第六《だい》智《ち》拳印《けんいん》　をんきりきりしよつりそわか。

先護《せんご》身法《しんぱふ》　獨古《とくこ》印次《いんつぎ》に文《もん》を唱《とな》へ。

抑《そもそ》も當病《たうびやう》なやまし給《たま》ふ頓欲中途《とんよくちうと》又流行神生靈死靈呪咀《またりうかうしんしやうれいしれいじゆそ》唯今《たゞいま》行者《ぎやうじや》の敎化《けうげ》に隨《したがつ》て病者身《びやうしやみ》の内《うち》を立退《たちの》き給《たま》ひ病家《びやうか》に來《きた》り給《たまは》ば流行疫神此《りうかうえきしんこ》の八葉《えふ》に乘《の》り給《たま》ひ天魔《てんま》外《げ》道生靈死靈《だうしやうれいしれい》四足《そく》二足靈氣《そくれいき》各《おの／＼》此《この》八葉《えふ》に乘《の》り給《たま》ひ成就《じやうじゆ》し給《たま》ひ他方《たはう》へ歸《かへ》らせ給《たま》へ　次《つぎ》の神歌《しんか》を唱《とな》ふ。

峰《みね》の八ッ谷《たに》は九ッ山《やま》こえて道《みち》は一ッで迷《まよ》ふ方《かた》なし

水《みづ》よりも風《かぜ》こそなみをたつるなり元《もと》の水《みづ》には煩《わづら》ひもなし

倶利加羅《くりから》の敎《をしへ》にまかせて住《すみ》たるや幣《へい》の上《うへ》には物《もの》のけはなし

車路印《しやろいん》にて　をんとろとろ　三返《べん》

なくまくしつちりやぢびきやなんをんざざろうぎやうぎやらんらん

祈禱後《きたうご》　わらだに幣帛《へいはく》をさして外《そと》へ持《もち》いだし　歌《うた》に曰《いは》く。

神《かみ》さいて穢《よご》れ祓《はら》ふといふことは此身《このみ》此儘神《このまゝかみ》のみたまぞ

次《つぎ》に　わらだを持ちいだす時不《ときふ》動縛文《どうばくぶん》を唱《とな》へ。

動《うご》くともよもゆるさず縛《ばく》のなは不動《ふどう》の心《こゝろ》あらん限《かぎ》りは五大尊《だいそん》の名號《みやうがう》を唱《とな》へ。

心經陀羅尼《しんきやうだらに》を唱《とな》へ鹽《しほ》をまき家内《かけい》を清《きよ》むる　野神作法注《のがみさはふちう》

先《ま》づもとの野原《のはら》なりける　となへ。

次《つぎ》に送《おく》り車路《しやろ》の印《いん》　をんとろとろそん。

寶車路《ほうしやろ》の印《いん》

なりまくしちりやぢびきやなんをんばろうぎやうきやらんそわか　九字《じ》十字内祓金剛合掌《じうちはらひこんがうがつしやう》して諸經《しよきやう》

諸眞言《しよしんごん》を唱《とな》へて内《うち》に入《い》る時護《ときご》身法《しんぽふ》九字《じ》十字《じ》唵《をん》けいしやけつしやそわか。

以上《いじやう》の眞言《しんごん》は皆除垢護《みなぢよこうご》身除災《しんぢよさい》の陀羅尼《だらに》で、病魔折伏息災延命《びやうませつぷくそくさいえんみやう》を意味《いみ》するものなり。

病に傳染せざる秘法及呪符

○痢病《りびやう》に罹《かゝ》らぬ法《はふ》

蛇鷹《へびいちご》を取《と》り端午《たんご》の日《ひ》朝露《あさつゆ》に當《あ》てゝ一つ清水《せいする》にて呑《の》むべし其年《そのとし》は如何《いか》に痢病流行《りびやうりうかう》するも傳染《でんせん》の恐《おそ》れなし實《じつ》に秘中《ひちう》に秘法《ひはふ》にして奇妙《きめう》の神法《しんはふ》なり。

○疫病《えきびやう》の流行《りうかう》するとき戸門《もんこ》に貼《は》る符《ふ》

又《また》

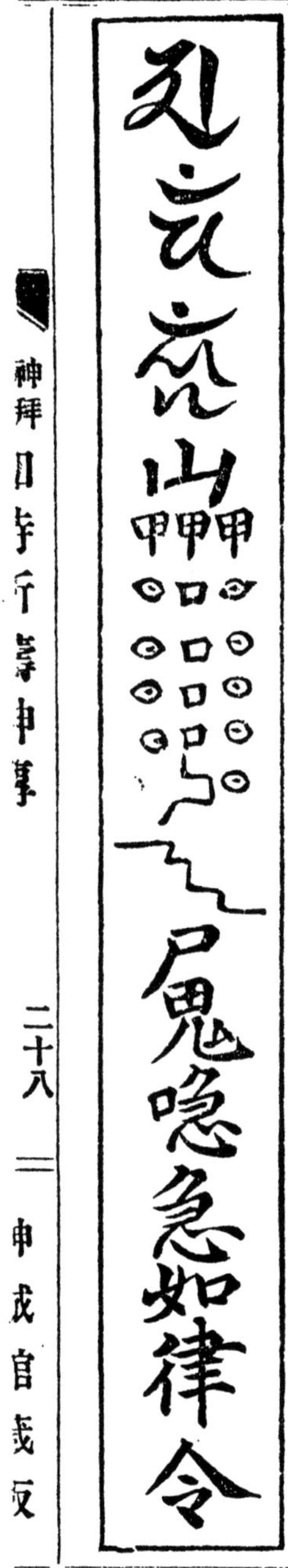

又《また》

⿺鬼卜⿺鬼乂⿺鬼弋⿺鬼聿⿺鬼朮⿺鬼雚⿺鬼壬⿺鬼雨⿺鬼留⿺鬼禹

右《みぎ》の十文字《もんじ》を柳《やなぎ》の木《き》の札《ふだ》に書《か》き門《もん》に貼《は》るべし。

又《また》疫病《えきびやう》ある家《いへ》に行《ゆ》くときは左《さ》の文字《もんじ》を書《か》き持行《もちゆく》べし。

⿰口⿱罒疋

此文字《このもんじ》を白紙《はくし》に認《したゝ》め更《さら》に
其上《そのうへ》を刀《たう》の印《いん》にて空書《くうしよ》す

傳染《でんせん》せざること妙《めう》なり。

又《また》法《はふ》

坎

此文字《このもじ》を右《みぎ》の中指《なかゆび》にて左《ひだり》の掌《てのひら》
に書《しよ》し堅《かた》く握《にぎ》りて行《ゆ》くべし

感染《かんせん》せさること奇妙《きめう》なり。

御嶽山祈禱法

御嶽山元祖普寛行者の法にして病氣平癒を禱る法なり病人の名と年とを記し火中に入るべし病により火のつけ處あるなり

神前《しんせん》に普《ふ》通《つう》祈《き》念《ねん》して四方《はう》を堅《かた》め九字《じ》護《ご》身法《しんはふ》心經《しんきやう》不動經《ふどうきやう》百八本《ほん》の木《き》をつむべし。

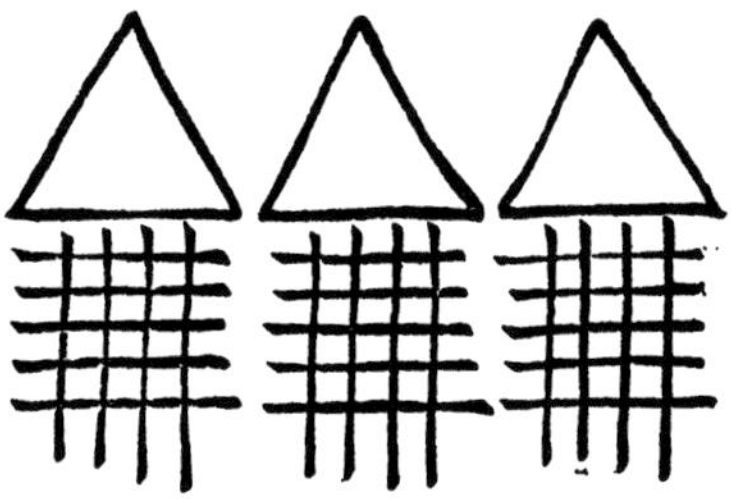

是《これ》を三ダンにつむ　あびらうんけんばろをんきりく　唱《とな》へ

是《これ》を五ダンにつむ　なうまくさんまんださゝらだけんだまかろこやそわたやらんたらたかんまん　唱《となへ》てつむなり

是《これ》を七ダンにつむ　なうまくこんがらりきほんからほろをんきりく

家内安全中《かないあんぜんなか》より火《ひ》をつくべし病人《びやうにん》により左《さ》の方角《はうがく》あり此《こ》の通《とほ》りにつくべし。

頭《かしら》病《やまひ》　乾《いぬゐ》の方《かた》　腰《こし》病《やまひ》　艮《うしとら》の方《かた》　熱《ねつ》病《やまひ》　南《みなみ》の方《かた》　胸《むね》病《やまひ》　北《きた》の方《かた》

腹《はら》病《やまひ》　巽《たつみ》の方時《かたとき》によりて坤《ひつじさる》の方《かた》　口《くち》病《やまひ》　西《にし》の方《かた》　手足病《てあしやまひ》　東《ひがし》の方《かた》

火《ひ》をつけたる時《とき》は不動《ふどう》の眞言《しんごん》を唱《とな》ふべし。

日待の法式

日《ひ》待《まち》とは毎朝《まいてう》顔《かほ》を洗《あら》ひ、東方《とうはう》に向《むか》ひ太陽《たいやう》を拜《はい》し、下《しも》の如《ごと》き神呪《しんじゆ》を唱《とな》ゆれば、一切《さい》の災難《さいなん》を消除《せうちよ》し、福壽《ふくじゆ》を得《え》、諸願成就《しよぐわんじやうじゆ》する法《はふ》を云《い》ふので、結局《つまり》日拜《にちはい》の深秘《しんぴ》なる兩部《りやうぶ》の法式《はふしき》である、元來太陽《ぐわんらいたいやう》は陽氣《やうき》の根《こん》源《げん》であつて、萬物《ばんぶつ》の生命《せいめい》であり、又生々活動《またせい〳〵くわつどう》の原動力《げんどうりよく》である、殊《こと》に我國《わがくに》の大廟《たいべう》たる天祖天照大神《てんそあまてらすおほかみ》は此《こ》の太陽《たいやう》の精靈《せいれい》であつて、大日靈貴《おほひるめむち》と稱《しよう》し、太陽即《たいやうすなは》ち天祖《てんそ》と云《い》ふも不可《ふか》なく、其內證《そのないしよう》に於《おい》ては兩者冥合《りやうしやめいがふ》一致《ち》して、共《とも》に宇宙萬有《うちうばんいう》を生々化育《せい〳〵くわいく》し、之《これ》に生命《せいめい》を與《あた》へ、此《これ》を發達《はつたつ》せしむるものである、夫《それ》で苟《いやし》くも我《わ》が日《ひ》の本《もと》に生《うま》れ、又神道《またしんだう》の敎《をしへ》に與《たづさ》わる者《もの》は毎朝日拜《まいてうにちはい》の法式《はふしき》に由《よつ》て、報恩謝德敬恭《はうおんしやとくけいきやう》の誠《まこと》を盡《つく》し、其冥《そのめい》護《ご》照鑑《せうかん》を仰《あふ》がねばならぬのは云《い》ふまでもなき所《ところ》である。

朝早《あさはや》く起《おき》て太陽《たいやう》を拜《はい》すれば陽氣《やうき》先《ま》づ眼星《めはし》を淸《きよ》めて、其蠱毒《そのこどく》を拂《はら》ひ、神呪《しんじゆ》を唱《とな》へて新鮮《しんせん》の生氣《せいき》と陽火《やうくわ》とを腹中《ふくちう》に吸入《すゐいる》れば、五臟《ざう》六腑《ぶ》の邪菌《じやきん》は恰《あた》かも土鼠《もぐら》の日光《につくわう》に遇《あ》ふと均《ひと》しく、悉《こと〴〵》く其生力《そのせいりよく》を失《うしな》ひて、內臟爲《ないざうた》めに患《うれひ》なく、又光熱《またくわうねつ》一度《たび》皮膚《ひふ》を照《てら》せば外界《ぐわいかい》より附着《ふちやく》せる塵虫《じんちう》は忽《たちま》ち枯死《こし》し、太陽《たいやう》の生氣《せいき》と人間《にんげん》の精氣《せいき》と相合《あひがつ》して一切《さい》の惡邪《あくじや》を拂《はら》ひ、身體《しんたい》は健全《けんぜん》に、精神《せいしん》は爽快《さうくわい》にして、不老長命《ふらうちやうめい》の第《だい》一根源《こんげん》と爲《な》り、從《したがつ》て何事《なにごと》を爲《な》すにも、勇氣《ゆうき》あり、萬事《ばんじ》意《い》の如《ごと》く進捗《しんせう》せざるはなく、其効果《そのかうくわく》功德《とく》の異《い》靈甚大《れいじんだい》なるは到底筆紙《たうていひつし》言語《ごんご》の盡《つく》すべき所《ところ》ではない、夫《それ》で行者《ぎやうじや》は勿論《もちろん》、何人《なんぴと》も此日《このひ》待《まち》の法式《はふしき》に依《よつ》て毎朝日拜《まいてうにちはい》を爲《な》さねばならぬのである。

日待大事

護身法《ごしんはふ》　經文《きやうもん》　信心次第《しんじんしだい》に讀誦《どくせう》すべし　次《つぎ》に日輪傘《にちりんさう》に向《むか》つて智拳印《ちけんいん》を結《むす》びて梵字《ぼんじ》を書《か》くべし。

如是《にょぜ》　金剛合掌文《こんがうがつしやうぶん》

皈命日天子本地觀世音爲度衆生故普照四天下《きみやうにつてんしほんちくわんぜおんゐどしゆうじやうこふせうしてんか》
一稱一禮者滅於貪瞋痴現世大安穩決定往生八《いつしやういちれいしやめつおとんしんちげんぜだいあんをんけつぢやうわうじやうにん》

次《つぎ》に日輪印《にちりんいん》

をんあにちやそわか　百遍《べん》　日天《につてん》の眞言《しんごん》、遍照成就《へんせうじやうじゆ》の意《い》

百遍《べん》　大日如來宇宙本體《だいにちによらいうちうほんたい》たる五大《だい》の眞言胎藏界《しんごんたいざうかい》

ばさらだうむ　百遍《べん》　金剛界大日如來《こんがうかいだいにちによらい》の眞言《しんごん》、成就功德《じやうじゆくどく》の意味《いみ》

家内安全息災延命子孫榮顯火盗退散急急如律令《かないあんぜんそくさいえんみやうしそんえいけんくわたうたいさんきふきふによりつれい》

庚申祭法式

我國《わがくに》にては古來猿田彦命《こらいさるたひこのみこと》を道祖《だうそ》神《じん》として崇祀《すうし》し、此《こ》の神《かみ》に祈請《きしやう》すれば能《よ》く方位《はうゐ》の兇災《きようさい》を拂《はら》ひ、且《か》つ五穀成就《こくじやうじゆ》の功《く》德《とく》ありと傳《つた》へられて居《を》る、此《これ》は猿田彦命《さるたひこのみこと》が天孫瓊《てんそんに》々杵尊《ぎのみこと》の降臨《かうりん》を案內《あんない》したのと福德《ふくとく》を司《つかさど》る神《かみ》であるからである、其後支那《そのごしな》陰陽道《いんやうだう》の來《きた》るに及《およ》び、此《こ》の道祖《だうそ》神《じん》と庚申祭《かうしんさい》と同化《どうくわ》して、庚申待《かうしんまち》なるものが出來《でき》た、斯《か》くて又佛敎《またぶつけう》の渡來《とらい》するや、其靑面金剛《そのせいめいこんがう》の法《はふ》と相融合《あひゆうわ》して庚申會《かうしんゑ》と云《い》ふものが始《はじ》められた、文武《ぶんぶ》天皇《てんわう》の大寶元年《たいはうぐわんねん》に難波《なには》の四天王寺《てんわうじ》に於《おい》て、始《はじ》めて庚申會《かうしんゑ》を行《おこな》ふたのである、以後靑面金剛《いごせいめんこんがう》を庚申《かうしん》の本地《ほんち》佛《ぶつ》とし、此《こ》の法《はふ》を修《おさ》むれば傳播病《でんぱんびやう》を除《のぞ》くことが出來《でき》ると信《しん》ぜられて居《を》る、臺密《たいみつ》にては此《こ》の靑面金剛《せいめんこんがう》を忿怒明王《ふんぬみやうわう》として非常《ひじやう》に尊崇《そんすう》し、八臂《び》の像《ざう》を造《つく》り、三猿卽《えんすなは》ち見《み》ざる、聞《きか》ざる、言《い》はざるの義《ぎ》と、其敎理《そのけうり》たる三諦《たい》の意《い》に由《よ》りて、功《く》德《とく》の甚大《じんだい》なるを說《とい》てある、此《こ》の猿《さる》と云《い》ふも畢竟猿田彦命《ひつきやうさるたひこのみこと》の猿《さる》より考《かんが》へたるものであろう。

庚申祭《かうしんさい》の法式《はふしき》は神道《しんだう》にては猿田彦命《さるたひこのみこと》を主神《しゆしん》として方位《はうゐ》の兇災《きようさい》を除《のぞ》き、五穀豐穰《こくほうじやう》を祈《いの》るのであるが、兩部法《りやうぶはふ》に由《よ》れば、庚申《かうしん》の日《ひ》、身體《しんたい》を淸淨《せいじやう》にし、神酒《みき》其他《そのた》の供物《くもつ》を捧《さゝ》げ、左《さ》の如《ごと》き修法《しゆはふ》を爲《な》すのである。

先《ま》づ護《ご》身法《しんはふ》を爲《な》す常《つね》の如《ごと》し、次《つぎ》に無《む》所不《しよふ》至《し》印《いん》、神酒《みき》、御饌《みけ》は意《い》に任《まか》せて供《ぐ》すべし。

おんこしれい、こしれい、まいだり、まいだり、そわか　十　遍《ぺん》

此《これ》は諸點北斗《しよてんほくと》の總呪《そうじゆ》で諸法守護《しよはふしゆご》息災《そくさい》の陀羅尼《だらに》である、次《つぎ》に般若心經《はんにやしんきやう》を誦《せう》する事《こと》三遍又《べんまた》は十遍《ぺん》、

次《つぎ》に

おんていばや、きしやはんだ、はんだ、かかか、そわか、そわか、數遍唱《すうへんとな》ふべし、此《これ》は青面金剛《せいめんこんがう》の眞言《しんごん》で、

四魔降伏《まかうふく》と除病《ぢよびやう》と意《い》で、兼《か》ねて青面金剛《せいめんこんがう》の功《く》德靈驗《とくれいけん》を讃歎《さんたん》する意味《いみ》も含《ふく》まれて居《を》るのである。

次《つぎ》に、しやうきやらや、いねや、さにねや、わかてこに、ねのるぞ、ねぬぞ、ねたるぞと、唱《とな》ふべし。此《こ》の降魔《かうま》の呪《のろひ》である。

次《つぎ》に　南無《なむ》庚申青面金剛明王《かうしんせいめんこんがうみやうわう》五穀豐登火盗退散《ごこくほうぢやうくわたうたいさん》病災消除《びやうさいせうぢよ》惡魔降伏《あくまかうふく》怨敵退散《をんてきたいさん》

此《こ》の庚申《かうしん》は靈驗《れいげん》の頗《すこぶ》る著《いちじ》るしき代《かは》りに、若《も》し庚申待《かうしんまち》に於《おい》て醉狂《すゐきやう》するとか、淫猥《いんわい》の所業《しよげふ》でもあれば、忽《たちま》ち罰《ばち》を蒙《かうむ》りて、非常《ひじやう》なる災害《さいがい》を受《う》くるものである。

要《えう》するに此《こ》の庚申祭《かうしんまつり》は天地《てんち》間《かん》に充塞《じうそく》して居《を》る、勇猛《ゆうまう》の神力《しんりき》を招《せう》し集《あつ》めて、人《ひと》を迷《まよ》はす邪魔《じやま》や五穀《こく》を害《がい》する毒蟲《どくちう》を擊退《げきたい》するのであつて、意味《いみ》の頗《すこぶ》る深重《しんちよう》なるものである。

支那《しな》でも印度《いんど》でも、此《こ》の庚申祭《かうしんさい》は非常《ひじやう》に盛《さかん》である、朝鮮等《てうせんとう》でも、村落《そんらく》の出端《ではな》には必《かなら》ず青面金剛《せいめんこんがう》の木《もく》像《ざう》が祀《まつ》つてある、此《こ》は病魔《びやうま》が其村落《そのそんらく》に這入《はい》るのを防《ふせ》ぐ爲《た》めである、我國《わがくに》の道祖神《だうそじん》とて石像《せきぞう》を道傍《みちばた》に立《た》つるのも、矢張《やは》り同意《どうい》である。

神傳死靈除の法

一體《たい》人間《にんげん》の靈魂《れいこん》と云《い》ふものは、産靈神《むすびのかみ》の分靈《わけひ》であるから、吾々《われ〳〵》が心《こころ》に迷《まよ》ひ汚《けが》れがなく、罪障《さいしやう》もなく、安心《あんしん》して死《し》ぬる時《とき》は、其靈魂《そのれいこん》は高天原《たかまがはら》に歸《かへ》つて、元《もと》と出《で》て來《き》た本體《ほんたい》である、産靈神《むすびのかみ》に還元歸着《くわんげんきちやく》するものである、然《しか》るに人間《にんげん》が罪惡《さいあく》が消《き》へぬとか、心《こころ》に迷《まよ》ひ汚《けが》れがあつて、苦《くる》しみて死《し》ぬる時《とき》は、其靈魂《そのれいこん》は汚《けが》れて居《を》るから、本體《ほんたい》に立《た》ち歸《かへ》る事《こと》は出來《でき》ぬ、即《すなは》ち行處《ゆくところ》がないから、宇宙《うちう》に彷徨《さまよう》て居《を》つて、種々《いろ〳〵》な事《こと》をする、幽靈《ゆうれい》とか死靈《しりやう》とか云《い》ふのは此《こ》の汚《けが》れた居所《うち》の無《な》い靈魂《れいこん》の事《こと》である。

此《こ》の死靈《しりやう》と云《い》ふものは、執着《しふちやく》の深《ふか》い所《ところ》から迷《まよ》ひ汚《けが》れて本體《ほんたい》の神《かみ》に立《た》ち歸《かへ》られぬのであるから、第《だい》一に自分《じぶん》の生前《せいぜん》に尤《もつと》も愛着《あいちやく》して居《を》つた者《もの》に附纏《つきまと》ふものである、即《すなは》ち後《あと》に遺《のこ》した幼兒《えうじ》とか、夫《をつと》とか、妻《つま》とかの所《ところ》に能《よ》く現《あら》はれる、併《しか》し此《これ》は別《べつ》に害《がい》を爲《な》す方《はう》ではない、次《つぎ》は怨《うら》みのある者《もの》に憑《つ》いて、之《これ》を苦《くる》しめる、夫《それ》から又怨《またうらみ》も緣《えん》もない者《もの》にでも、偶然《ぐうぜん》に憑《つ》いて苦《くる》しめる事《こと》もある、此《これ》は憑《つか》れた方《はう》の不運《ふうん》で、不時《ふじ》の災難《さいなん》である。

死靈《しりやう》の怨念《をんねん》を壓倒《あつたう》するに足《た》る丈《だけ》の強《つよ》い精神《せいしん》の力《ちから》を持《もつ》て居《を》るものなれば兎《と》も角《かく》、大抵《たいてい》の者《もの》は死靈《しりやう》の祟《たゝり》を受《う》ければ、其念力《そのねんりよく》に抑《おさ》へ付《つけ》られて、非常《ひじやう》に苦《くる》しむものである、即《すなは》ち自分《じぶん》の力丈《ちからだけ》では之《これ》を拂《はら》ひ除《の》く事《こと》が出來《でき》ぬ、そこで神力《しんりよく》を借《か》らねばならぬ、例《たと》へば死靈《しりやう》は惡人《あくにん》で、夫《それ》が人《ひと》を苦《くる》しめて居《を》る、そこに神力《しんりよく》と云《い》ふ警官《けいくわん》が來《き》て、此《こ》の惡人《あくにん》を捕縛《ほばく》すると云《い》ふ次第《しだい》であつて、左《さ》の神傳秘法《しんでんひほふ》に依《よ》れば、死靈《しりやう》の退治《たいぢ》は譯《わけ》の無《な》い事《こと》である。

札《ふだ》の書方《かきかた》は左《さ》の通《とほ》り祭神中札《さんじんなかふだ》に造《つく》り祈《き》念祓祝詞《ねんはらひのりと》心《こゝろ》に任《まか》せ意《こゝろ》に行《おこな》ふべし。

高皇產靈神　伊邪那岐二柱神　大巳貴神

天之御中主神　天日御魂神　神直日大直日大神守里幸比給比

神皇產靈神　產土大神　少彦那神

供物《くもつ》　神酒《みき》　御饌《みけ》　香火《かうくわ》　鹽水《えんすゐ》　菓子《くわし》　海川品物《かいせんひんもつ》供《そな》ふべし。

身曾貴祓《みそぎはらひ》　三遍《さんべん》中臣祓《なかとみはらひ》　十二遍《へん》其外《そのほか》意《い》に任《まか》せて行《おこな》ふべし又《また》左《さ》之《の》秘《ひ》文《ぶん》を唱《とな》ふべし。

諸乃《もろもろの》狂事《まがこと》罪穢乎《つみけがれを》　祓比《はらひ》　給比《たまひ》　清米《きよめ》　給幣《たまへ》　三遍《べん》

掛巻毛畏岐天之《かけまくもかしこきあめの》御中主神《みなかぬしのかみ》高皇產靈神《たかみむすびのかみ》神產靈神《かむむすびのかみ》伊邪那岐神《いざなぎのかみ》大天日《おほあめひ》魂御《むすび》大神《おほかみ》大巳貴神《おほあなむちのかみ》　少名彦那神《すくなひこなのかみ》產土《うぶすなの》大神乃《おほかみの》御前《みまへ》　謹敬比《つゝしみうやまひ》畏美《かしこみ》白佐久《まうさく》　浮禮流《うかれる》　死靈之《しりやうの》名《な》入禮天《をいれて》　御魂乎《みたまを》　天之日之若宮爾《あめのひのわかみやに》　返給比登《かへしたまひと》　納給比止《をさめたまひと》　堅石《かたいは》常磐爾《ときはに》　命長久《いのちながく》令在《あらせ》給比《たまひ》　夜之守《よのまもり》　日之護《ひのまも》里《り》　幸止給比《さきはひたまひと》畏美毛《かしこみも》　今日乃《けふの》御祭麗志久《みまつりうるはしく》　仕比《つかひ》　奉良令給止《まつらせめたまひと》　白須《まうす》

大元尊神《たいげんそんしん》生命成身《せいめいじやうしん》　者《と》　則《すなはち》　一元未生之《げんみしやうの》神明也《しんめいなり》元元《げんげん》　本《ほん》　而《として》依本心《ほんしんによる》登《と》天報命《てんはうめい》住日少宮《ひのわかみやすみ》

右之《みぎの》神文《しんぶん》を二十一遍唱《べんとな》へ又此《またこ》の文《ぶん》は靈璽《れいじ》の包紙《つゝみがみ》にも書《か》くべし。

天地乎《あめつちを》 二葉爾《ふたばに》分流《わかれ》 神心魂波《かみみたまは》元爾《もとに》返給幣與《かへしたまへよ》 三遍《べん》

生禮來奴先毛《うまれきぬさきも》 生禮矢住米流世毛《うまれやすめるよも》 死流毛《しぬるも》 神乃《かみの》 懷乃内《ふところのうち》 三遍《べん》 次供物納方《つぎにくもつをさめかた》

祈禱《きたう》終《をは》れば札供物《ふだくもつ》を其《そ》の死人《しにん》の墓《はか》に納《をさ》む、又《また》は墓近《はかちか》き處《ところ》に小塚《こづか》を築《きづ》きて納《をさ》めても宜《よろ》し、又家《またいへ》を祓《はら》ひ祈禱《きたう》すべし。又《ま》た別《べつ》の法《はふ》あり、死靈《しりやう》の祟《たゝ》り有《あ》らば祈禱《きたう》して死靈《しりやう》の名號《みやうがう》を書《か》き、兩傍《りやうはし》に左《さ》の通《とほ》り歌《うた》を書《か》くべし。

無人も今は佛と成りにけり

空戒名靈位

名のみ殘れる苔の下水

上札形つくり
死靈退散當病平癒守護

○暗《やみ》の夜《よ》になかぬ鴉《からす》のこゑきけば生《うま》れぬ先《さき》の父母《ちゝはゝ》ぞしる

○物毎《ものごと》にかげも形《かたち》も空《な》くなれば遺《ゐ》恨《こん》といふはなでかあらめや

○なき人《ひと》もいまは佛《ほとけ》となりにけり名《な》のみ殘《のこ》れる苔《こけ》の下水《したみづ》

○堀《ほり》の井《ゐ》のたまらぬ水《みづ》に浪《なみ》たちて影《かげ》も形《かたち》もなき人《ひと》かくむ

右《みぎ》の法《はふ》を行《おこな》ひ、札供物《ふだくもつ》一切墓地《さいはち》野原《のはら》へ送《おく》り家内《かない》を清淨《せいじやう》に祓《はら》ひて祈禱《きたう》すべし。

神傳盜難除法

全體盜難《ぜんたいたうなん》に遇《あ》ふと云《い》ふのは、盜《ぬす》まれる方《はう》で油斷《ゆだん》があるからである、盜《ぬす》む方《はう》は油斷《ゆだん》なく付覘《つけねらふ》て居《を》るのに、此方《こつち》でうつりして居《を》れば、虛《きよ》に付込《つけこ》まれるのである、併《しか》し油斷《ゆだん》をするなと云《い》つても、是非《ぜひ》寢《ね》ずの番《ばん》をせねばならぬとか、戸締《とじまり》を二重《ぢう》にも三重《ぢう》にもせねばならぬと云《い》ふのではなが、いくら寢《ね》ずに居《を》つても、强盜《がうたう》が來《く》れば仕方《しかた》はない、如何《いが》に戸締《とじまり》を嚴重《げんぢう》にして置《おい》ても、盜賊《たうぞく》の方《はう》では又夫丈《またそれだけ》の工夫《くふう》をして來《く》るから仕方《しかた》がない。

油斷《ゆだん》をせぬようにと云《い》ふのは、其家《そのいへ》に神氣《しんき》が充滿《じうまん》して、且《か》つ人間《にんげん》の元氣《げんき》溢《あふ》れて居《を》れば、それで宜《よ》い、神氣《しんき》と元氣《げんき》さへ充《み》ちて居《を》れば、たとへ能《よ》く寢《ね》入《いつ》て居《を》つても、戸締《とじまり》は堅固《けんご》でなくても、盜賊《たうぞく》は決《けつ》して近《ちか》寄《よ》る事《こと》が出來《でき》ぬ、劔術《けんじゆつ》に達《たつ》した人《ひと》は如何《いか》に能《よ》く眠《ねむ》つて居《を》つても、其傍《そのそば》には中々《なか〳〵》寄《よ》り付《つ》けないのと同《おな》じである、家《いへ》の内《うち》に神氣《しんき》も無《な》く、元氣《げんき》もないのは、如何《いか》に澤山人《たくさんひと》が居《を》つても空屋同然《あきやどうせん》で、人《ひと》は木偶《にんぎやう》と異《かは》りはない、そう云《い》ふ家《いへ》には盜賊《たうぞく》が這入《はい》りよい。

盜難除《たうぞくよけ》の秘法《ひはふ》を修《しゆ》すれば、神明《しんめい》が其家《そのいへ》を護《まも》つて神氣《しんき》が旺《さかん》である上《うへ》に、夫《それ》を行《おこな》ふ程《ほど》の者《もの》であれば、精《せい》氣《き》も强《つよ》い人《ひと》であるから、盜賊《たうぞく》の方《はう》に何《なん》となく恐氣《おぢけ》が付《つい》て逃《に》げてしまうのである、又既《またすで》に盜《ぬす》まれた上《うへ》は、左《さ》の神札《しんさつ》を以《もつ》て修法《しゆはふ》すれば、神力《しんりよく》と呪力《じゆりよく》と其人《そのひと》の元氣《げんき》とが溢《あふ》れて盜人《ぬすびと》を壓迫《あつぱく》するから直《す》ぐ現《あら》はれる。

夜《よる》いぬるとき外《そと》へ出《い》で裏口《うらぐち》表口《おもてぐち》にても左《さ》の神歌《しんか》を唱《とな》ふべし　三遍《べん》

横柴《よこしば》や竪柴垣《たてしばがき》や十文字《もんじ》四方《しはう》八方《はう》あびらうけん

小夜《さよ》ふけてもしも音《おと》づるものあらばひきおどろかせ我《わ》がまくら神《がみ》　唱《とな》へていぬべし。

盗人《ぬすびとい》入りたる後《のち》に跡《あと》に立《た》つれば現《あら》はるゝの護符《ごふ》

先《ま》づ人形《にんぎやう》の符《ふ》を左《さ》の圖《づ》の通《とほ》りに書《か》き是《これ》は正月《しやうぐわつ》歳徳神《としとくじん》七五三《しめ》なはに付《つけ》たるごぶ其志《そのこゝろざ》す場所《ばしよ》に付《つ》け封《ふう》じて其場所《そのばしよ》を赤魚《あかゑ》の生針《いきばり》にてさしとほし又《また》は削《けづ》りて飯《めし》のりに交合《まぜあは》會せ附《つけ》るなり。右《みぎ》の如《ごと》くして其上《そのうへ》の柱《はしら》に左《さ》の符形《ふぎやう》を押《お》すなり又他人《またたにん》なれば其人《そのひと》の足跡《あしあと》の中《なか》をほり左《さ》の符形《ふぎやう》を前《まへ》の如《ごと》く埋《うづ》め其上《そのうへ》へ今《いま》一符形《ふぎやう》を青竹《あをだけ》五尺《しやく》に切《き》りたるに付《つけ》て立《たて》るなりほどなくして驗《しるし》あり。

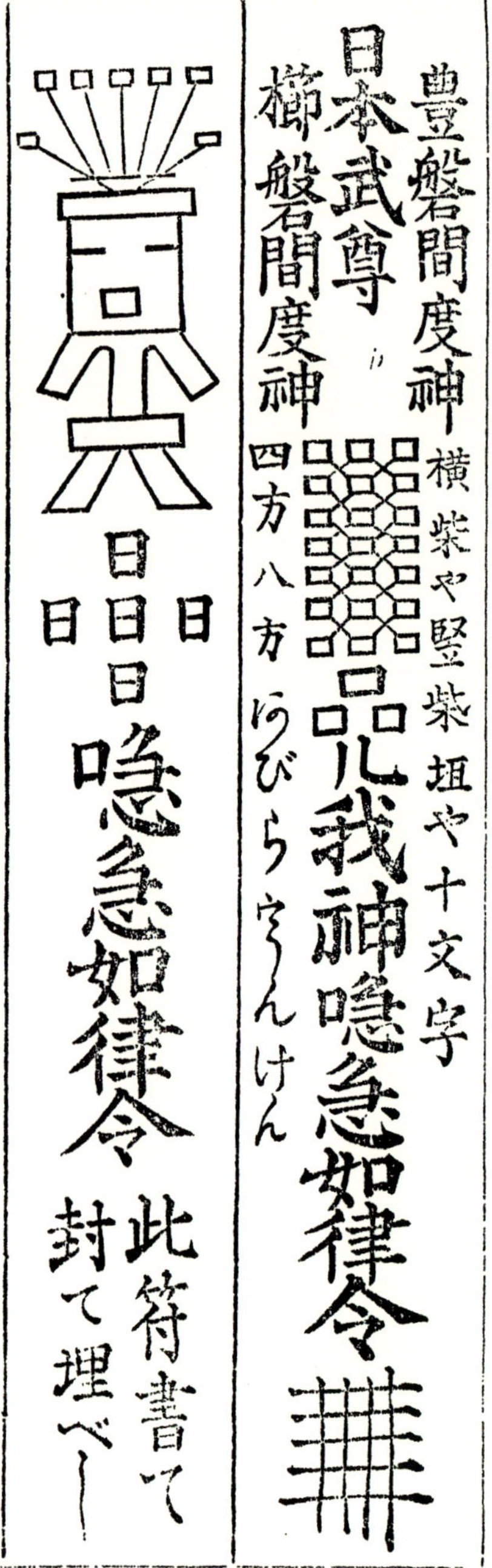

豊磐間度神　横柴や竪柴垣や十文字
日本武尊
櫛磐間度神　四方八方あびらうんけん
我神喼急如律令
喼急如律令
此符書て封て埋べし

年越祈禱法

天地《てんち》の運行星辰《うんかうせいしん》の循環《じゆんくわん》は、人間《にんげん》の生年月日《せいねんぐわつぴ》と相伴《あひともな》ふて、其間《そのかん》に吉凶禍福《きつきようくわふく》を生《しやう》ずるものであると云《い》ふ事《こと》は、既《すで》に前段星祭《ぜんだんほしまつり》の所《ところ》に於《おい》て述《の》べた所《ところ》であるが、此《こ》の運行《うんかう》に由《よ》つて何人《なんぴと》も非常《ひじやう》の凶年《きようねん》に遭遇《さうぐう》する事《こと》もあれば、又此《またこ》の循環數《じゆんくわんすう》より推《お》して男女《なんによ》に相性《さうしやう》と相剋《さうこく》とがある、此《これ》は事實《じじつ》の上《うへ》に於《おい》て實《じつ》に不思議《ふしぎ》に適《てき》中《ちう》するものである、例《たと》へば此《こゝ》に立派《りつぱ》な人《ひと》がある、甲《かふ》は其人《そのひと》を誠《まこと》に好《す》きな人《ひと》だと云《い》ひ、乙《おつ》はどこも別《べつ》に欠點《けつてん》は無《な》いが只何《たゞなん》となく嫌《きらひ》な人《ひと》だ、所謂虫《いはゆるむし》が好《すか》ぬと云《い》ふような事《こと》がある、又非常《またひじやう》な惡人《あくにん》でも、不奇量《ふきりやう》でも、それに却《かへつ》て好《す》く者《もの》もある、此《こ》の何《なん》となく好《すき》だとか、何《なん》となく嫌《きら》ひだと云《い》ふのは其人《そのひと》が善《よ》いとか惡《わる》いとか云《い》ふ理窟《りくつ》から來《き》たのではない、自然《しぜん》に好《すき》や嫌《きらひ》である、そこが所謂相性《いはゆるさうしやう》と相剋《さうこく》との運氣命數《うんきめいすう》から起《おこ》る事《こと》である、左《さ》れば夫婦共立派《ふうふともりつぱ》な人物《じんぶつ》であつても、相性《さうしやう》でなければ一家《か》が何《なん》となく和合《わがふ》せぬ、繁《はん》榮《えい》せぬ事《こと》は澤山《たくさん》ある、夫婦和合《ふうふわがふ》せぬのは六十年《ねん》の不作《ふさく》よりも損《そん》だと云《い》ふ諺《ことはざ》さへある、實《じつ》に相性《さうしやう》と云《い》ふ事《こと》は氣《き》を付《つ》けねばならぬ事《こと》である。

相性《さうしやう》でなくても是非結婚《せひけつこん》せねばならぬ塲合《ばあひ》とか、又相剋《まこさうこく》と知《し》らずして既《すで》に夫婦《ふうふ》に爲《な》つた時《とき》とか、或《あるひ》は凶歳《きようさい》に廻《まは》り當《あた》つた折《を》りには、其《そ》の災禍《さいくわ》を掃《はら》ひ、凶運《きよううん》を除《のぞ》いて、却《かへつ》て吉運《きちうん》を得《え》、幸福《かうふく》を享《う》くる方法《はうはふ》を講《かう》せねばならぬ、夫《これ》には古來年越《こらいとしこし》の祈禱法《きたうはふ》と云《い》ふがある、其原理《そのげんり》は星祭《ほしまつり》と同《おな》じ次第《しだい》で、凶年《きようねん》とか相剋《さうこく》の年《とし》を越《こ》して、吉年相性《きちねんさうしやう》の年《とし》に移《う》る法《はふ》である、其法式左《そのはふしきさ》の如《ごと》し。

先《ま》づ凶年男女相性不仕合《きやうねんなんによあひしやうふしあはせ》の年《とし》は此法《このはふ》を行《おこな》へは吉事《きつじ》あり祭神《さいじん》は左《さ》の如《ごと》し。

大歳三柱大神　五行大神　［中符］　年中安全

［祈禱札］

天照皇大神天神地祇八百萬大神　奉祭大歳三柱大御神歳越禊

產土大神　本命星尊　如意滿足　男女何歳

供物《くもつ》　神酒《みき》　洗米《せんまい》　堅魚節《かつをぶし》　鯛《たひ》　昆布《こんぶ》　餅《もち》(願主《ぐわんしゆ》の年數程《としのかずほど》)次《つぎ》に祭式《さいしき》　沐浴潔齋《もくよくけつさい》

次《つぎ》に護身神法《ごしんじんはふ》　身曾貴祓《みそぎのはらひ》　六根清淨祓《こんしやうじやうのはらひ》　大祓《おほはらひ》・大麻行事《おほぬさぎやうじ》　散米行事《さんまいぎやうじ》　勸請《くわんじやう》　供物《くもつ》

麻《ぬさ》を以《もつ》て天地拜《てんちはい》　**大歳柱大神產土神**　祈念祝詞《きねんのりと》　次《つぎ》に天神地祇《てんじんちぎ》を謹請《くわんじやう》し天神《てんじん》六代《だい》

目神號《めしんがう》をば榊葉《さかきは》三光印《くわうのいん》にて唱《とな》へ奉《たてまつ》る伊邪那岐《いざなぎ》二柱大神《ふたはしらおほかみ》と唱《となへ》て神水行事《しんすいぎやうじ》す。

次《つぎ》に三元三妙加持口傳《げんめうかぢくでん》に阿南天元天妙神變加持《あなてんげんてんめうじんぺんかぢ》阿南地元地妙神通加持《あなちげんちめうじんつうかぢ》

阿南人元人妙神力加持《あなじんげんじんめうしんりきかぢ》　次《つぎ》に歲神五行《としがみぎやう》の神等《かみたち》を念《ねん》ず　次《つぎ》に降臨祓《かうりんはらひ》　十種大祓《とくさのおほはらひ》を願主《ぐわんしゆ》の年《とし》の數《かず》ほど

唱《とな》へ奉《たてまつ》る　次《つぎ》に祈念《きねん》を祭主《まつりぬし》心《こゝろ》のまゝになすべし。

漁網祈禱神法

生物《せいぶつ》の命《いのち》を奪《とる》は好《この》ましい事《こと》ではない、けれど人《ひと》は萬物《ばんぶつ》の靈長《れいちやう》であつて、穀菜魚介《こくさいぎよかい》は人類《じんるゐ》の生存《せいぞん》を助《たす》くる爲《た》めに出來《でき》たものであり、且《か》つ既《すで》に漁業者《ぎよげふしや》と云《い》ふ職業《しよくげふ》のある上《うへ》は充分《じうぶん》の漁獲《ぎよくわく》が無《な》くてはならぬのは固《もと》よりで、若《も》し漁獲《ぎよくわく》の少《すく》ない時《とき》は左《さ》の神法《しんぱふ》を行《おこな》へば、必《かなら》ず大漁《たいぎよ》がある、此《これ》は神力《しんりよく》と祈禱者《きたうしや》の法力《はうりよく》とが水氣《するき》を抑《おさ》へて、魚類《ぎよるゐ》の進退《しんたい》を左右《さいう》するからである、今《いま》左《さ》に其方式《そのはうしき》を示《しめ》す。

先《ま》づ沐浴《もくよく》、次《つぎ》に身《み》滌祓《そぎはらひ》、又《また》三科祓《くわばらひ》、次《つぎ》に招神《せうしん》

次《つぎ》に祭神《さいじん》　祓戸《はらひど》四柱神《はしらのかみ》、住吉大神《すみよしだいじん》、船玉神《ふなたまかみ》、西宮大神《にしみやだいじん》、海幸彦神《うみさちひこのかみ》、鹽土老翁神《しほつちおきなのかみ》

次《つぎ》に祈念祝詞《ねんのりと》、次《つぎ》に左《さ》の御神歌《ごしんか》を三遍唱《べんとな》ふべし。

○渡津見《わたつみ》の上《うへ》も高天原《たかまがはら》なればうじもろともに神《かみ》や守《まも》らん

○あまつかみ大海原《おほうなばら》に宮居《みやゐ》してこゝもゆたかにこゝろゆたかに

○千早振大海原《ちはやふるおほうなばら》に漁《すなど》るを浦山《うらやま》しとやひとはいふらん

阿梨那梨蒐那梨阿那盧那比狗那比《ありなりとなりあなろなびくなび》　二十一遍唱《べんとな》ふべし。

次《つぎ》に和多都美祝詞《わたつみのりと》、次《つぎ》に船玉祓《ふなたまはらひ》、惠美須祓《えみすはらひ》、此祓《このはらひ》は神道大祓《しんたうおほはらひ》の中《なか》にあり。

次《つぎ》に漁祭祝詞《ぎよさいのりと》を左《さ》の通《とほ》り唱《とな》ふべし。

打寄《うちよ》する波《なみ》は鼓《つゞみ》の音《おと》と聞《きこ》へ、沖往《おきゆ》く舟《ふね》は水鳥《みづとり》の遊《あそび》と見《み》へて、見晴佳《みはらしよ》き此岡上《このをかうへ》を可美宮所《かみみやどころ》と注連引《しめひき》張《は》りて、齋奉《いつきまつ》る、掛巻《かけまく》も綾《あや》に畏《かしこ》き、大綿津見神《おほわたつみのかみ》、事代主神《ことしろぬしのかみ》、海幸彦神《うなさちひこのかみ》の御前《みまへ》に謹敬《つゝしみうやま》ひ畏美畏美《かしこみかしこみ》申佐久《まをさく》、昔《むかし》より大神等《おほかみたち》の大惠深《おほめぐみふか》き此海原《このうなばら》には大魚小《おほうをこ》魚《うを》も最多《いとおほ》くして里《さと》の海士等《あまら》も隨分《をふなをふな》海幸《うみさち》得《え》て嬉《うれし》み歡《よろこ》びつゝ在來《ありき》しを、此頃《このごろ》は日日《ひび》並《ならび》で漁《すなど》れども一鰭《ひとひれ》だに得取《えと》らず、歎愁《なげきうれひ》て爲術無《せんすべな》さに、議《はか》りごちて、今日《けふ》の生日《いくひ》の足日《たるひ》を吉日《よきひ》と撰《えら》び定《さだめ》て、宇豆御酒宇豆《うづみけうづ》の幣帛《みてぐら》を捧《さゝ》げて稱辭奉《たゝへごとをたてまつ》る、白雲《しらくも》の向《むき》伏限《ふしかぎ》り潮沫《しほしぶき》の至《いた》り留《とゞむ》る極《きよ》み、住《す》むと住《す》む魚類《ぎよるゐ》を朝潮《あさしほ》の滿《みつ》るまにまに、夕潮《ゆふしほ》の寄《よ》るまにまに、此海《このうみ》の澳《おき》にも邊《へ》にも寄給《よせたま》ひ集給《つどへたま》ひて、乘舟《のりふね》の舵《かぢ》誤《あやま》つ事《こと》なく、浪風《なみかせ》の障《さは》る事《こと》なく、引網《ひきあみ》の網目《あみめ》漏《もら》さず釣《つり》針《ばり》の空針《からばり》なく、もそろそろに網引取《あみひきと》りくるやくるやに釣揚《つりあ》げて、濱《はま》の眞砂《まさご》の盡《つき》ざるが如《ごと》く、今日《けふ》も今日《けふ》も獲《え》さしめ給《たま》へて、打波《うつなみ》のかへす〳〵も願奉《ねがひまつ》らん舵音《かぢおと》のつばらつばらに所聞食相宇豆《きこしめさるあひうづ》ないまして打延《うちのべ》る網《あみ》の糸《いと》も奇《くし》く妙《たへ》なる嚴之御靈《いつのみたま》を幸賜《さちはへたま》へと磯《いそ》に鳴《な》く千鳥《ちどり》の海士《あま》諸共《もろとも》に打群《うちむれ》て畏美畏美《かしこみかしこみ》

白須《まをす》

土用除の作法

土用《どよう》と云《い》ふのは一年《ねん》に一月《ぐわつ》四月《ぐわつ》七月《ぐわつ》十月《ぐわつ》の四回《くわい》あつて、皆春夏秋冬四《みなしゆんかしうとうし》季《き》の中心《ちうしん》に當《あた》て居《を》る、即《すなは》ち陽《やう》の極《きよく》、陰《いん》の極《きよく》、靜《せい》の極《きよく》、動《どう》の極《きよく》、榮《えい》の極《きよく》、衰《すゐ》の極《きよく》と云《い》ふ工合《ぐあひ》に、地氣《ちき》の尤《もつと》も働《はたら》く時《とき》か、尤《もつと》も靜《しづか》な時《とき》であつて、此《こ》の時季《じき》には、土公神《どこうじん》が地氣《ちき》の中《なか》に常在鎭座《じやうざいちんざ》ましまして居《を》るのである、夫《それ》で妄《みだ》りに土《つち》を動《うご》かすことは出來《でき》ぬ、土《つち》を動《うご》かせば土《つち》の神《かみ》の御座所《ござしよ》を犯《をか》すのであつて、或《あるひ》は地氣《ちき》の活動作用《くわつどうさよう》を妨《さまた》げ、或《あるひ》は其《その》靜謐《せいひつ》を害《がい》するからである、丁度人間《ちやうどにんげん》が一生懸命《いつしやうけんめい》に働《はたら》いて居《を》る所《どころ》に飛込《とびこ》んで邪魔《じやま》をしたり、能《よ》く安眠《あんみん》したのを喧《さわ》がして妨害《ばうがい》し、又妄《またみだ》りに他《た》の家宅《かたく》に侵入《しんにふ》するのと同《おな》じ譯《わけ》になるのである。

併《しか》し土用中《どようちう》であつても是非《ぜひ》土《つち》を動《うご》かさねばならぬ場合《ばあひ》がある、そう云《い》ふ時《とき》に土用除《どようよけ》の作法《さはふ》をせずに、土《つち》を動《うご》かせば矢張《やは》り神罰《しんばつ》があつて、非常《ひじやう》な凶災《きようさい》を受《う》けねばならぬ、そこで土用除《どようよけ》の祭典《さいてん》と神札《しんさつ》とが必《ひつ》要《えう》である、土用除《どようよけ》の祭典《さいてん》は普通《ふじやう》の祭式《さいしき》と別《べつ》に異《かは》りはない、主神《しゆしん》は埴山彦埴山姫《はにやまひこはにやまひめ》の兩神《りやうじん》で、祓祝詞《はらひのりと》や供《く》物《もつ》は意《こゝろ》に任《まか》せて行《おこな》ひ、又守護《またしゆご》の神札《しんさつ》を造《つく》りて、其土地《そのとち》に立《た》つれは宜《よ》いのである。

次《つぎ》に兩部神道《りやうぶしんだう》の法《はふ》に由《よ》れば地天《ちてん》と不動明王《ふどうみやうわう》と主《しゆ》として祭《まつ》るのである、經文《きやうもん》の如《ごと》きは自分《じぶん》の信《しん》じて居《を》るのを讀《よ》めば宜《よ》い、又神道《またしんだう》の御祓《おはらひ》でも宜《よ》い、而《しか》して左《さ》の如《ごと》き御札《みふだ》を作《つく》りて熱心《ねつしん》に祈念《きねん》すれば、決《けつ》して災《わざはひ》はない、此《こ》の法《はふ》は兩部《りやうぶ》でも深秘《しんぴ》の法《はふ》であつて、効果《かうくわ》の著《いちじる》しいものである。

土用《どよう》に土《つち》を動《うご》かす時《とき》左《さ》の札《ふだ》を書《かい》て祈禱《きとう》すべし。

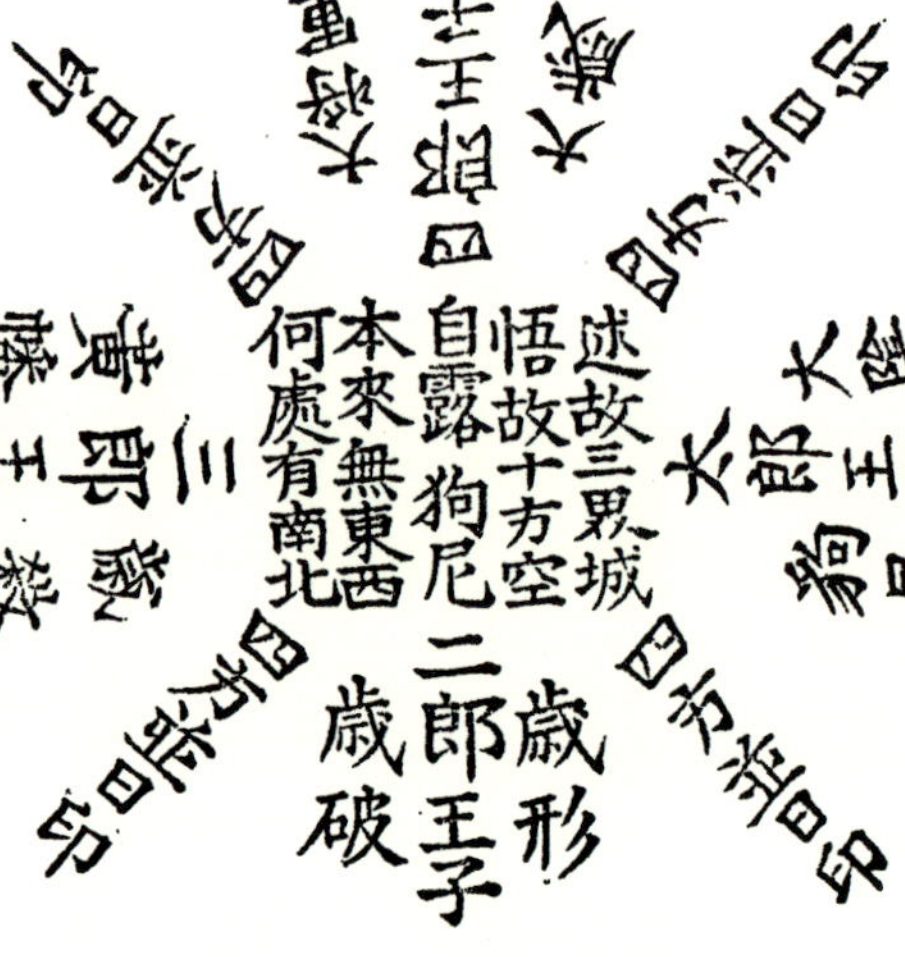

智拳印　皈命

外五古印　皈命

無所不至印皈命

不動劔印慈救三兕

此札を封じて祈念すべし

安産守護法

難産《なんざん》すると云《い》ふのは、其姙婦《そのにんぷ》の元氣《げんき》が弱《よわ》く精力《せいりよく》が衰《おとろ》へて、心《こゝろ》に神靈《しんれい》の働《はたら》きが乏《とぼ》しいからである、夫《それ》で一方《ぱう》には姙婦《にんぷ》に精力《せいりよく》を附《つ》け勇氣《ゆうき》を鼓舞《こぶ》する爲《た》め、一方《ぱう》には神氣《しんき》を借《か》りて神靈《しんれい》の精神力《せいしんりよく》を旺《さかん》にする爲《た》めに祈禱《きたう》や呪符《じゆふ》を呑《の》ましむるのである、今《いま》左《さ》に一二の方式《はうしき》を示《しめ》す。

尸閞喼急如律令

右《みぎ》の符《ふ》を薄《うす》き白紙《はくし》に認《したゝ》め清水《せいすい》にて呑《の》むべし。

又《また》

上圖《じやうづ》の如《ごと》く赤紙《せきし》と白紙《はくし》にて折《を》りて之《こ》れを呑《の》ますべし

兩部の秘法

産に臨み如意輪觀世音地藏尊佛女摩耶夫人に燈明を奉り此符を出して呑めば安産疑ひなし

先護《まづご》身法《しんぽふ》 經文《きやうもん》を唱《とな》へて信心《しんじん》すべし、守札《まもりふだ》を封《ふう》じて産婦《さんぷ》に持たしむべし。

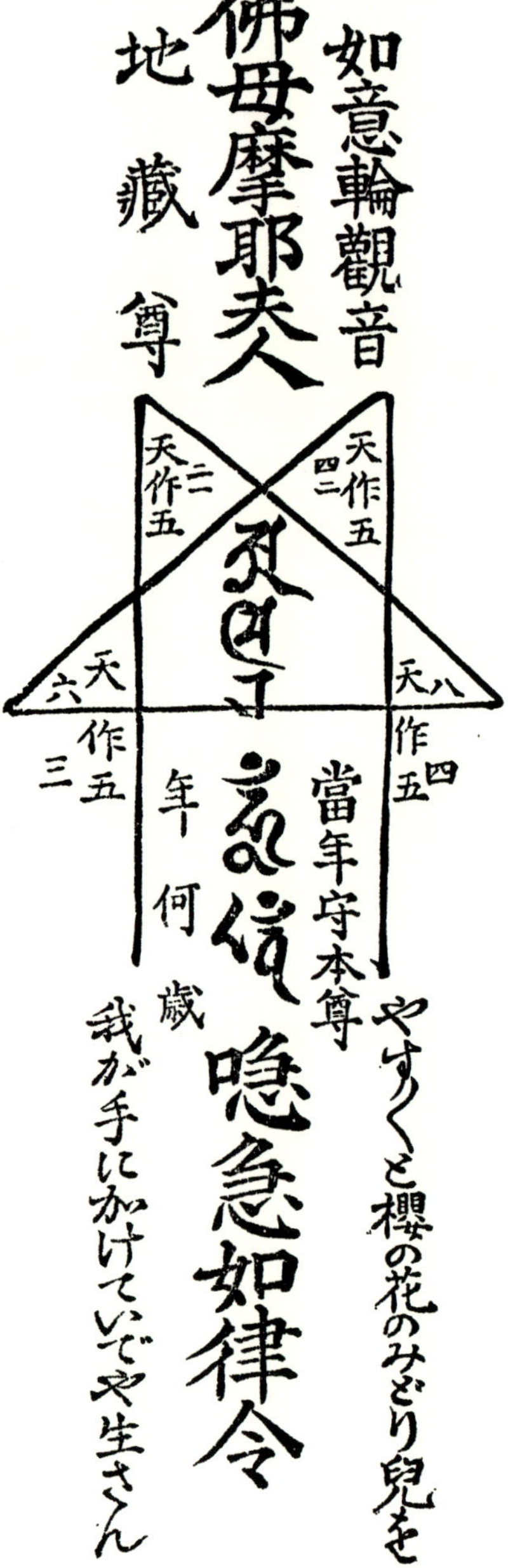

大般若《だいはんにや》はらみ女《をんな》のきとうなり二《に》の巻讀《まきよん》で三《さん》のひもとき 唱《とな》ふべし。

又子《またこ》の無《な》き婦人《ふにん》は左《さ》の符《ふ》を晦日《みそか》毎《ごと》に心経《しんきやう》一千巻《くわん》、地蔵《ぢざう》の呪《じゆ》千遍《べん》を唱《とな》へて服《ふく》すべし。

又常《またつね》に此符《このふ》を肌《はだ》に着《つけ》て祈念《きねん》すべし。

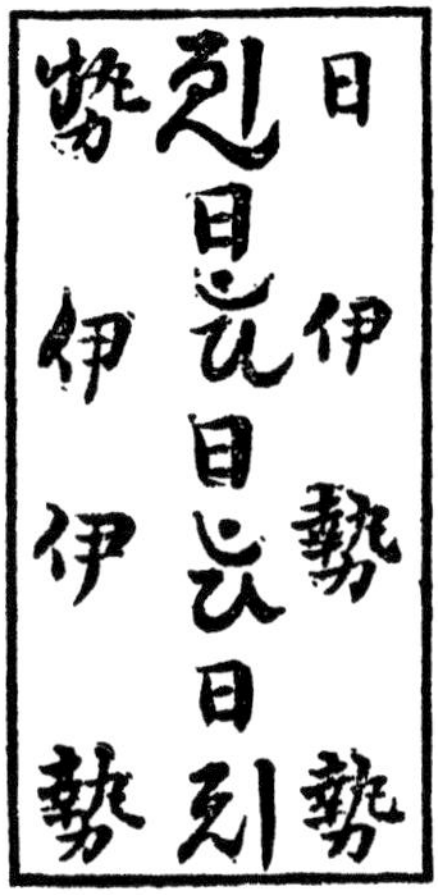

更《さら》に又《また》一法《ぼう》としては

此符《このふ》を常《つね》に懐中《くわいちう》して能《よ》く〳〵祈《き》念《ねん》すべし。

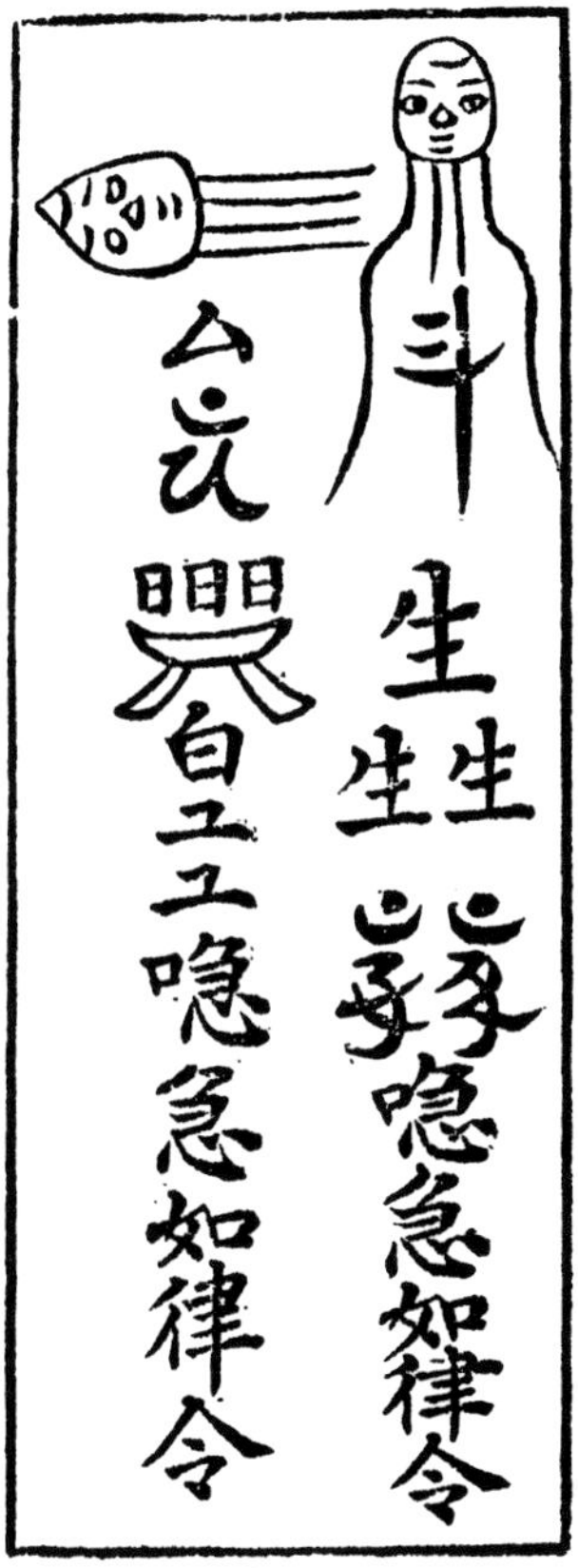

病人全治掛守護

病氣《びやうき》を封《ふう》じ、又病氣全治《またびやうきぜんち》の祈《き》禱法式及神符《たうはふしきおよびしんぷ》の功德等《くはくとう》に就《つい》ては、既《すで》に前段《ぜんだん》に陳《のべ》たる所《ところ》である、今茲《いまここ》に長病難治《ちやうびやうなんち》の病人等《びやうにんら》が常《つね》に首《くび》に掛《か》けて膚身《はだみ》を離《はな》さゞる御守護神符《しんぷ》の作法《さはふ》に就《つい》て左《さ》の一二の法《はふ》を示《しめ》すべし。

神道《しんだう》にては病氣《びやうき》に關《くわん》して勸請《くわんじやう》し祈念《きねん》すべき主神《しゆしん》は左《さ》の五柱《いつはしら》の大神《おほかみ》とす。

第《だい》一　大己貴大神《おほあなむちのおほかみ》　第《だい》二　少彥名大神《すくなひこなのおほかみ》　第《だい》三　天照大神《あまてらすおほかみ》　第《だい》四　素盞嗚大神《すさのをのおほかみ》

第《だい》五　猿田彥大神《さるたひこのおほかみ》

又加持《またかぢ》の時《とき》は左《さ》の五柱《いつはしら》の神《かみ》を以《もつ》て五臟《ざう》を加持《かぢ》するものなり。

心神《しんしん》　天合魂命《あめのあひみたのみこと》　腎神《じんしん》　天三降魂神《あめのみくだりのたまりかみ》　肝神《かんしん》　天八百目魂神《あめのやはめみたまのかみ》　肺神《はいしん》　天八十萬魂神《あめのやそよろづのみたまのかみ》

脾神《ひしん》　天八降魂神《あめのやくだりのみたまのかみ》

斯《か》くて祓《はらひ》を讀《よ》み、歌《うた》を讀《よ》み、祝詞祈念辭《のりときねんことば》を讀《よ》むは例《れい》の如《ごと》く、又神符《またしんぷ》を作《つく》るには人形《にんぎやう》の形《かたち》を紙《かみ》にて切《き》り、夫《そ》れに病名姓名《びやうめいせいめい》、生年月日《せいねんぐわつぴ》を書《しよ》し、此《これ》に病人《びやうにん》の息《いき》を吹《ふ》き入《い》れ、表《おもて》には大己貴神《おほあなむちのかみ》、少彥名神《すくなひこなのかみ》と書《しよ》し、其左右《そのさいう》に一二三四五(右《みぎ》)六七八九十(左《ひだり》)と書《しよ》して、之《これ》を地《ち》に埋《うづ》めて封《ふう》じ、更《さら》に又反對《またはんたい》に神名《しんめい》を中《なか》に書《しよ》し神氣《しんき》を吹《ふ》き入《い》れ、表《おもて》に當病平癒年月《たうびやうへいゆねんげつ》を書《しよ》して、守《まもり》と爲《な》し病人《びやうにん》に掛《か》けしむるなり。

次《つぎ》に兩部法《りやうぶはふ》にては不動尊《ふどうそん》の靈符《れいふ》あり、左《さ》に掲《かゝ》ぐ。

此《こ》の符《ふ》は常《つね》に不動綁《ふどうきんばく》及《および》不動呪《ふどうじゆ》を唱《とな》へ、不動明王《ふどうみやうわう》を信《しん》じて首《くび》に掛《か》くべし、長病全治《ちやうびやうぜんち》するものなり。

〇猶此《なほこ》の他《た》に藥師如來《やくしによらい》の大呪《だいじゆ》を書《しよ》して作《つく》れる御守《おまもり》あり。
〇又《また》十大神將《だいしんしやう》と月光菩薩《げつくわうぼさつ》の名《な》を書《しよ》せる呪符《じゆふ》あり。
〇此等《これら》は皆病氣全治《みなびやうきぜんち》と共《とも》に延命《えんめい》の秘法《ひはふ》なり。

走人足留法

走《はし》り人《ひと》の足《あし》を止《とゞ》め、又直《またたゞ》ちに家《いへ》に歸《かへ》らしむる秘法《ひはふ》を左《さ》に示《しめ》す。

先《ま》づ護身法《ごしんはふ》九字《じ》　不動經讀誦《ふどうきやうどくじゆ》の事《こと》　外《ほか》に口傳《くでん》あり。

走《はし》り人其行先《ひとそのゆくさ》きは眞《しん》のやみあとへもどれよあびらうけん、此《これ》を走《はし》り人《ひと》の年《とし》の數《かず》ほど唱《とな》へ、又般若心《またはんにやしん》經《きやう》をも同《おな》じく年《とし》の數讀誦《かずどくじゆ》すべし。

又其秘符《またそのひふ》は左《さ》の如《ごと》し。

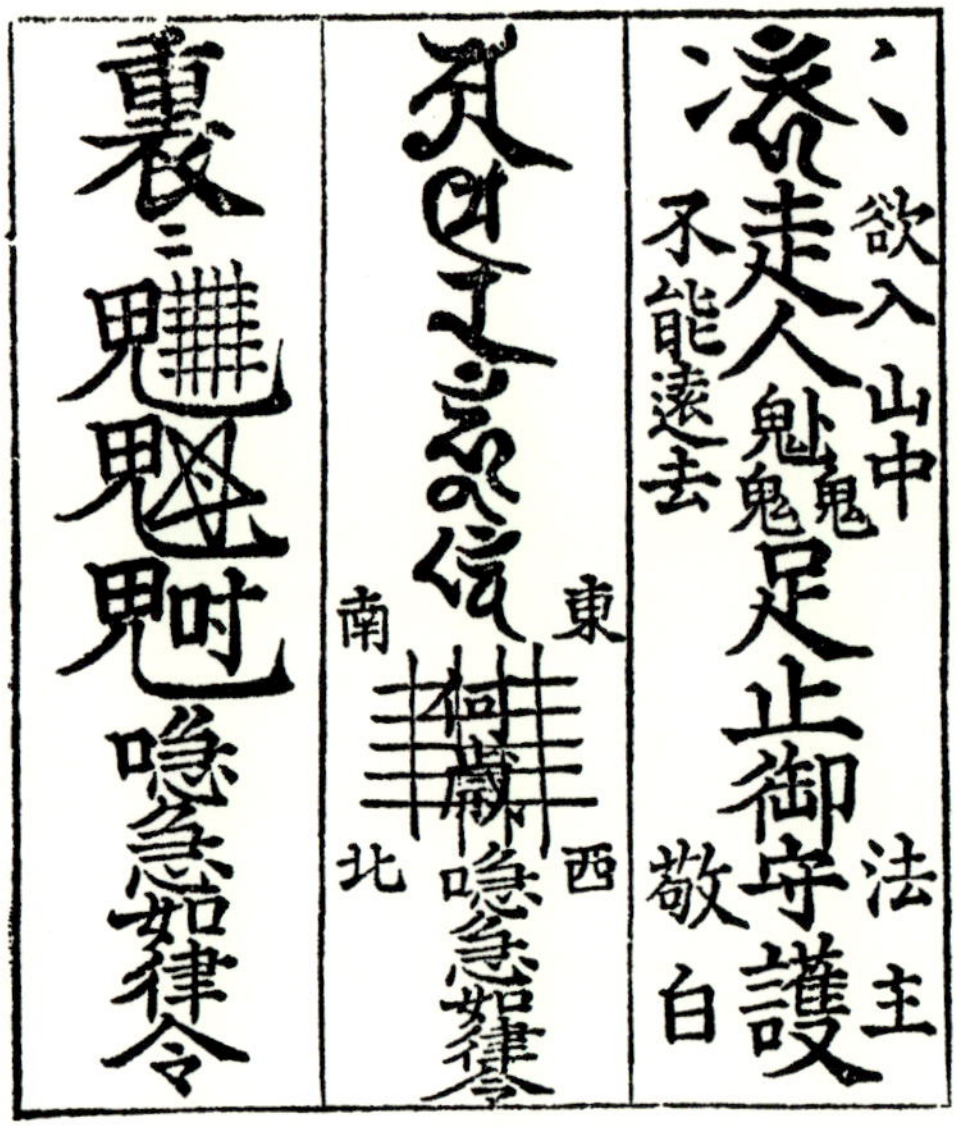

梵字と年と名を九字の中へ書くべし

又一法《またいつぱふ》には神道《しんだう》の式《しき》あり。

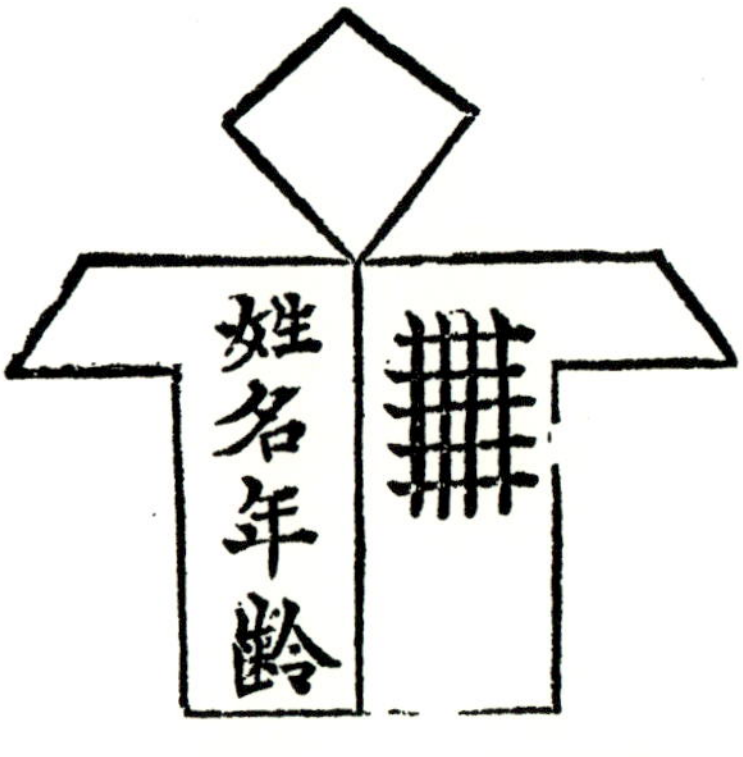

上の符を認め猿田彦大神を祈念し左の歌を讀むべし。

○くりよせてその行くやらん此里へ今ぞ歸りき伊勢の神垣

○西東北南にも未申戌亥丑寅辰巳のがさん

又《また》法《はふ》

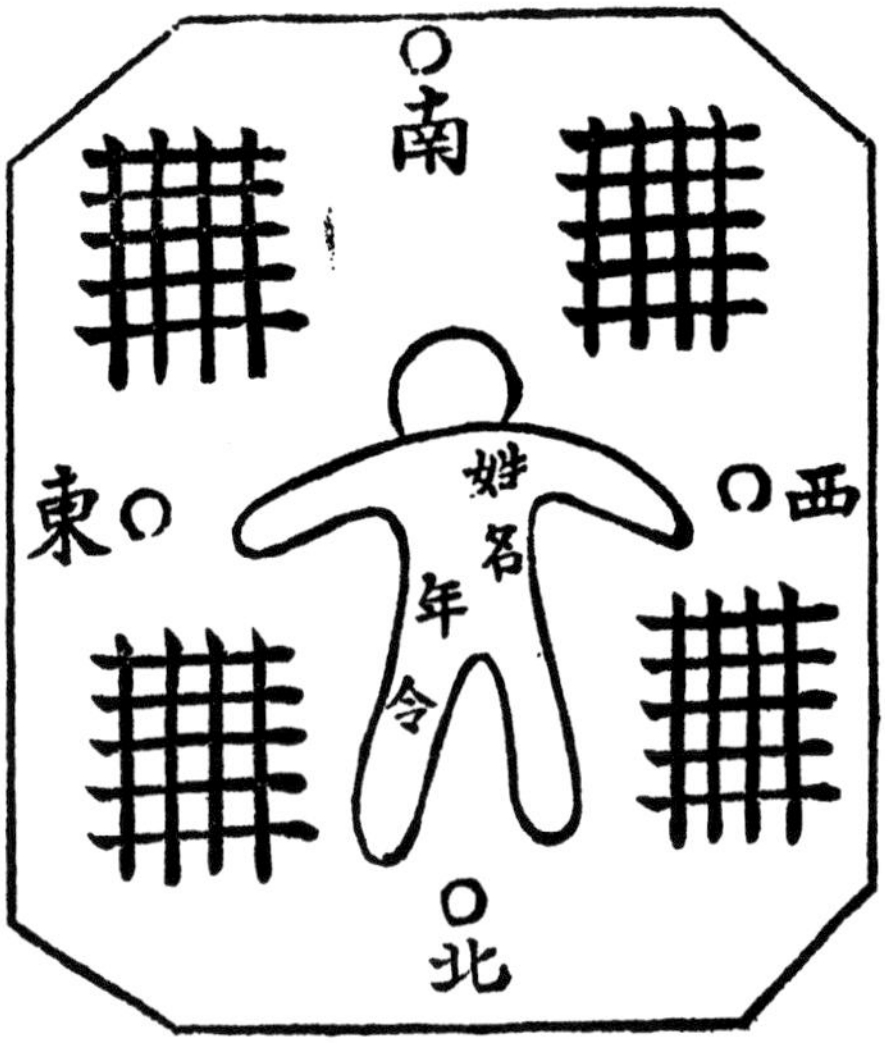

上圖《じやうづ》の如《ごと》く書《しよ》して
○印《じるし》の所《ところ》へ釘《くぎ》を打《う》つべし。

又《また》法《はふ》

左《さ》の歌《うた》を紙《かみ》二枚《まい》に書《か》き其家《そのいへ》の荒神《くわうじん》へ供《そな》へ一枚《まい》を荒神棚《くわうじんだな》に逆《さか》さに貼付《てうふ》し一枚《まい》は走《はし》りたる人《ひと》の食碗《しよくわん》に入《い》れ伏《ふ》せて其上《そのうへ》に鯨《くじら》の一尺《しやく》さしを載《の》せ置《お》くべし。

歌《うた》に曰《いはく》　行《ゆ》く道《みち》は父《ちち》と母《はゝ》との道《みち》なれば、ゆくみちとめよ此道《このみち》の神《かみ》

六算除守護

六算《さん》とは星雲《せいうん》の運行《うんかう》及《および》家相《かさう》方位《はうゐ》等《とう》の兇災《きようさい》に依《よ》つて、六種《しゆ》の災難《さいなん》又《また》は、人體《じんたい》六所《しよ》の孰《いづ》れかにそれ〱場所《ばしよ》に應《おう》じたる六種《しゆ》の病難《びやうなん》を起《おこ》すことのあるを云《い》ふのであつて、此《これ》は星祭《ほしまつり》や病魔退治《びやうまたいぢ》の原理《げんり》に基《もとづい》て、加持祈禱《かぢきねん》を爲《な》し、又其年《またそのとし》に當《あた》る人《ひと》は夫《そ》れに相當《さうたう》したる守護《おまもり》を受《う》けて、之《これ》を念《ねん》ずれば、以上《いじやう》の災難《さいなん》を除《のぞ》く事《こと》が出來《でき》るのである、今左《いまさ》に其守護《そのしゆご》を示《しめ》すべし。

子年人ハ此の符用へ

寅年人ハ此の符用へ

辰年人ハ此の符用へ

午年人ハ此の符用へ

申年人ハ此の符用へ

戌年人ハ此の符用へ

丑年人ハ此の符用へ

卯年人ハ此の符用へ

巳年人ハ此の符用へ

未年人ハ此の符用へ

酉年人ハ此の符用へ

亥年人ハ此の符用へ

右《みぎ》の守《まも》りを作《つく》りて祈禱《きたう》し神歌《かみうた》をよみ、又左《またさ》の眞言《しんごん》を唱《とな》ふべし。

神代《かみよ》よりちかひ、まさしき、みことにて雲井《くもゐ》にちかき桃《もゝ》の木《き》のさと

ヲンシラバツタニリウンソワカ　此《これ》は降魔延命《かうまえんめい》の眞言《しんごん》なり。

ヲンキリガクソワカ　此《これ》は荼吉尼天《だきにてん》即《すなは》ち稲荷大神《いなりだいじん》の眞言《しんごん》なり。

ウンダキウンジヤウンシツヂ　此《これ》は愛染明王《あいぜんみやうわう》の眞言《しんごん》なり、以上皆除災増福《いじやうみなぢよさいぞうふく》の眞言《しんごん》なり。

又禁厭《またきんえん》の秘法《ひはふ》は左《さ》の如《ごと》し。

經文信心次第《きやうもんしんじんしだい》

左《さ》の歌《うた》を唱《とな》ふべし。

千早振神《ちはやふるかみ》の祟《たゝ》りを身《み》に受《う》けて六算除《さんよ》けて身《み》こそかなへる

西《にし》の海大海原《うみおほうなばら》の沖《おき》の瀬《せ》は六算拂《さんはら》へ荒《あら》いその浪《なみ》

祓《はらひ》には荒振神《あらふるかみ》の宿《やど》らねば諸病《しよびやう》こそともにけしめる

又《また》

アラビウンケンソワカ　三遍唱《べんとな》ふ此《これ》は大日如來《だいにちによらい》の眞言《しんごん》にて宇宙《うちう》の本體《ほんたい》と其功德《そのくどく》を示《しめ》せるものなり

又《また》

ヲンコロコロセンダリマトウギソワカ　此《これ》は藥師如來《やくしによらい》の救病《きうびやう》の眞言《しんごん》なり。

ヲンボタロシニヤソワカ　此《これ》は佛眼尊《ぶつげんそん》の除垢延命折伏《ぢよこうえんめいせつぶく》の眞言《しんごん》なり。

ヲンロケイジンバラキリイソワカ　此《これ》は十一面觀音降魔《めんくわんおんかうま》の眞言《しんごん》なり。

ヲンベイシラマンダラヤソワカ　此《これ》は毘沙門天增福《びしやもんてんぞうふく》の眞言《しんごん》なり。

ヲンキリガクソワカ　此《これ》は荼吉尼天除災如意寶珠《だきにてんぢよさいによいはうじゆ》の眞言《しんごん》なり。

右《みぎ》の眞言《しんごん》を三遍唱《べんとな》へて幣《へい》にて摩《さす》り此《こ》の幣《へい》を河又《かはまた》は海《うみ》に流《なが》すべし。

又左《またさ》に六算《さん》の障《さは》りを知《し》るの歌《うた》を記《しる》す。

九は頭《かしら》　五七の肩《かた》に　六二脇《わき》　四腹《はら》　八つ股《また》　一三の足《あし》

右《みぎ》の歌《うた》にて障《さは》りある所《ところ》を知《し》るべし。

又男《またをとこ》は

一歳《さい》　左足《ひだりあし》　二歳《さい》　臍《へそ》の下《した》　三歳《さい》　右足《みぎあし》　四歳《さい》　上腹《うははら》　五歳《さい》　右手《みぎて》

六歳《さい》　脇《わき》腹《はら》　七歳《さい》　左《ひだり》の手《て》　八歳《さい》　股《また》　九歳《さい》　頭《かしら》

又女《またをんな》は

一歳《さい》　右足《みぎあし》　二歳《さい》　臍《へそ》の下《した》　三歳《さい》　左足《ひだりあし》　四歳《さい》　上腹《うははら》　五歳《さい》　左手《ひだりて》

六歳《さい》　脇《わき》腹《はら》　七歳《さい》　右手《みぎて》　八歳《さい》　股《また》　九歳《さい》　頭《かしら》

古《みぎ》の如《ごと》くにして凡《およ》そ十は拂《はら》ふて之《これ》を知《し》るなり。

蛇蝎の毒除法

蛇蝎《だかつ》は妖邪《えうじや》の氣《き》を禀《う》けて生成《せいせい》し、陰濕《いんしつ》の地《ち》に住《す》みて、瘴氣《しやうき》を起《おこ》すものである、夫《それ》で此等《これら》の地《ち》に入《い》り、蛇《だ》蝎《かつ》に近《ちか》づく時《とき》は、陽炎《かげろふ》の正氣《しやうき》を旺《さかん》にして居《を》れば彼等《かれら》は恐《おそ》れて姿《すがた》を見《み》せぬのである、即《すなは》ち信神《しんじん》して充分《じうぶん》に神《しん》氣《き》を我身《わがみ》に宿《やど》らしめ、又神符《またしんぷ》を持《ぢ》して神靈《しんれい》の活躍《くわつやく》を示《しめ》し、殊《こと》に自身《じしん》も亦心《またこゝろ》を丹田《たんでん》に落《お》ち付《つ》けて全身《ぜんしん》に精《せい》氣《き》を充《みた》しめ、眼《まなこ》に陽正《やうせい》の光《ひかり》を放《はな》てば、毒蟲《どくむし》は悉《こと〴〵》く遁《に》げ隱《かく》れて仕舞《しまふ》のである、又既《またすで》に蛇蝎《だかつ》の害《がい》に遇《あ》ふた後《のち》でも同《おな》じ道理《だうり》で、我《われ》に元氣《げんき》なく神氣《しんき》なく、恐怖心《きようふしん》があれば其毒《そのどく》が全身《ぜんしん》に廻《まは》りて害《がい》を爲《な》すけれど神氣《しんき》と精氣《せいき》が在《あ》れば其毒《そのどく》も忽《たちま》ち解《げ》除《ぢよ》せられるのである、此《これ》は邪《じや》は正《せい》に勝《か》たず、妖《えう》は德《とく》に勝《か》たぬ自然《しぜん》の天理《てんり》である。

蛇蝎に害せられざる秘法

雄黄《いうわう》と蒜《にんにく》とを擂《す》り交《ま》ぜ丸《ぐわん》じ山林《さんりん》に入《い》るとき懷中《くわいちう》すべし蝮蛇《まむし》恐《おそ》れて近寄《ちかよ》らず若《も》し螫《さゝ》れたるときは直《たゞ》ちに此藥《このくすり》を附《つ》け置《お》くべし忽《たちま》ちに治《ち》するなり。

又法《またはふ》　山林等《さんりんとう》蝮蛇《まむし》の居《を》る樣《やう》の場所《ばしよ》に行《ゆ》くには左《さ》の歌《うた》二首《しゆ》を讀《よ》むべし。

歌曰《うたにいはく》　逢坂《あふさか》やしげしが峠《たふげ》のかきわらび其《その》むかしの女《むすめ》こそ藥《くすり》なりけり

明臧主《みやうざうしゆ》いふともとをわするゝなかはたつ女氏《むすめうじ》はすがはら

又法《またはふ》　左《さ》の歌《うた》を誦《よ》むべし。

○かのこまだらのむしあらば山《やま》たつひめにかくてかたらん　此歌《このうた》は書《か》きて懐中《くわいちう》にするも宜《よろ》し。

又蛇蝎の毒除く法

蝮蛇又は諸毒蟲にさゝられたるとき此法を行へば直に治すなり山澤に行くとき此符を帶ぶれば毒蟲の害なし

護身法《ごしんはふ》　九字《じ》　心經《しんきやう》　觀音經《くわんおんきやう》　諸眞言心《しよしんごんこゝろ》にまかせてよむべし。

をんきりきりはらうんはつたそわか有功尊三摩地觀仕《いうこうそんさんまちくわんちう》と　唱《とな》へ。

はりに絲《いと》一尺《しやく》二寸《すん》五分《ぶ》ほどつけて紙《かみ》一枚《まい》をき手足《てあし》なりとも喰《くは》れた所《どころ》をなづべし。

わらびと小刀《こがたな》を以《もつ》て神歌《しんか》を唱《とな》へながら手足《てあし》を打《う》つべし。

天竺《てんぢく》の三谷川原《みたにかはら》のかぎわらび恩《おん》をわすれたか一寸《すん》のまむし

逢坂《あふさか》やけいみが峠《たふげ》のかげわらびその娘《むすめ》こそくすりなりけり

をんぼくそわか　數返唱《すうへんとな》ふべし。

池鯉鮒大明神

襄倶利尊天　蚢蛇及蝮蠍　氣毒煙火燃　守護處

諸天善神

風毒加持法

風引《かぜひき》は空中《くうちう》の邪氣《じやき》が人體《じんたい》に這《は》入《いつ》て、本來《ほんらい》の正氣《せいき》と戰爭《せんさう》する爲《た》めに邪熱《じやねつ》を起《おこ》し、又《また》一方《ぱう》には惡寒《をかん》を覺《おぼ》ゆるのである、之《これ》を放任《はうにん》して置《お》けば一切《いつさい》の病源《びやうげん》と爲《な》り體中《たいちう》の正氣《せいき》が失《う》せて仕舞《しまふ》のである、夫《それ》で風毒《ふうどく》には陽氣《やうき》を盛《さかん》に吹《ふ》き入《い》れて、五體《たい》を加持《かぢ》せねばならぬ、陽氣《やうき》が旺《さか》んであれば邪熱《じやねつ》は勢《いきほひ》を失《うしな》ふて、忽《たちま》ち退《たい》散《さん》するのである、我國《わがくに》に古來《こらい》より行《おこな》はれて居《を》る風毒加持《ふうどくかぢ》は大要左《たいえうさ》の如《ごと》し。

先《ま》づ病人《びやうにん》に向《むか》ひ痛《いた》む所《ところ》を見《み》て加持《かぢ》すべし、祓詞《はらひことば》祝詞《のりと》十種神寶《とくさかみたから》

次《つぎ》に級長津彦神《しなつひこのかみ》、級長津姫神《しなつひめのかみ》、大巳貴神《おほあなむちのかみ》、少彦名神《すくなひこなのかみ》、須佐之男命《すさのをのみこと》、惡氣退散祓《あくきたいさんはら》へ給《たま》へと唱《とな》ふ。

次《つぎ》に八神《じん》を唱《とな》へて祓《はら》ふ、天之御中主神《あめのみなかぬしのかみ》、高皇産靈神《たかみむすびのかみ》、神皇産靈神《かみむすびのかみ》、魂留産靈神《たまつめむすびのかみ》、生産靈神《いくむすびのかみ》、足産靈神《たるむすびのかみ》、大宮姫神《おほみやひめのかみ》、保食神《つぬぐひのかみ》、事代主神《ことしろぬしのかみ》、神直日神《かむなほびのかみ》、疾病退散身體堅固祓《しつぺいたいさんしんたいけんごはら》ひ給《たま》へ淸《きよ》め給《たま》へと白須《まうす》　三遍唱《べんとな》ふべし。

鬼國《きこく》より吹《ふ》き來《きた》る風《かぜ》は惡魔風《あくまかぜ》、今吹《いまふ》き歸《かへ》せ伊勢《いせ》の神風《かみかぜ》　三遍唱《べんとな》ふべし。

澳津鏡《おきつかゞみ》、邊津鏡《へつかゞみ》、八握劔《やつかのつるぎ》、生玉《いくたま》、死返玉《しかへすたま》、足玉《たるたま》、道返玉《みつかへすたま》、蛇乃比禮《おろちのひれ》、蜂乃比禮《はちのひれ》、品々物《くさぐさもの》の比禮《ひれ》と三遍唱《べんとな》ふべし。

一二三四五六七八九十と祓串《はらひぐし》の先《さき》にて書《かき》て吹《ふ》く事《こと》、三遍《べん》。

又次《またつぎ》に神歌《しんか》

八雲《やくも》立《たつ》出雲《いづも》八重垣《やへがき》つまごめにやへがきつくるそのやへがきを

大巳貴命《おほあなむちのみこと》、少彥名命《すくなひこなのみこと》力《ちから》を合《あは》せて一心病《しんやまひ》を療治《いやし》定《をさ》め教《をし》へ給《たま》へ、天神璽《あまつかみのしるし》の十《と》種瑞神寶《くさみづかみたから》、一二三四五六七八九十布留部《ふるべ》由良由良《ゆらゆら》由良布留部《ゆらふるべ》　三遍《べん》　次又神歌《つぎにまたしんか》　三遍《べん》。

病《やまひ》ならいづれ外山《とやま》にすべきに里《さと》はこゝなりいざかへれいね

風《かせ》にのり熱《ねつ》けもよふす神息《かみいき》は天《てん》に涼《すゞ》しき法《のり》にさめけり

又呪咀《またじゆそ》として左《さ》の法《はふ》あり。

風流行《かぜりうかう》する時《とき》は、推蕈《しいたけ》又《また》は干鳥賊《するめ》を火《ひ》に薰《くす》べて其煙《そのけむり》を鼻《はな》にかぎつゝ通《つう》ずるときは如何《いか》に流行《りうかう》するも風《かぜ》を引《ひ》くの患《うれひ》なし、事簡《こゝかん》なれども不思議《ふしぎ》の妙法《めうはふ》なり。

此《これ》は鼻《はな》や氣管《きくわん》を強《つよ》くして風邪《ふうじや》の侵入《しんにふ》を防《ふせ》ぐ譯《わけ》にて自然《しぜん》の療法《れうはう》に叶《かな》ふものなり。

又風《またかぜ》を追出《おひだ》す奇法《きはふ》あり。

燒味噌《やきみそ》を小《ちい》さく拵《こしら》へ朝《あさ》の飪《たばな》の茶《ちや》を茶碗《ちやわん》に汲《く》み入《い》れ雨戸《あまど》の立《た》て尻《じり》の敷居《しきゐ》の上《うへ》へ右《みぎ》の味噌燒《みそやき》を置《お》きて飪《にばな》にて茶《ちや》を進《しん》ぜる程《ほど》に出玉《でたま》へと口《くち》のうちにて唱《とな》へながら茶碗《ちやわん》の茶《ちや》にて燒味噌《やきみち》を外《そと》へ流《なが》し戸《と》を締切《しめき》りて後《あと》を見《み》ずして居間《ゐま》に戻《もど》るべし風邪《ふうじや》を治《ち》すること妙《めう》なり。

禁厭《きんえん》の深義《しんぎ》は別《べつ》として、茶《ちや》と燒味噌《やきみそ》は風邪《ふうじや》に大効《たいかう》あるものなり。

瘧病落の法

瘧病《ぎやくびやう》は間歇熱《かんけつねつ》にて、一種《しゆ》の黴菌《ばいきん》が體中《たいちう》に入《い》り、定時《ていじ》毎《ごと》に分裂蕃殖《ぶんれつはんしよく》する爲《た》め、神經《しんけい》を刺激《しげき》し血液《けつえき》を沸騰《ふつとう》せしめて、發熱《はつねつ》し、遂《つひ》に人事不省《じんじふせい》に至《いた》らしむるものである、此《これ》は醫師《いし》も如何《いかん》ともする事《こと》は出來《でき》ぬ、藥《くすり》としてキナエンの他此《はかこ》の黴菌《ばいきん》を殺《ころ》す力《ちから》のものはない、夫《それ》でどうしても精神《せいしん》の活力《くわつりよく》と神靈《しんれい》の威力《ゐりよく》とで殺菌《さつきん》するの他《はか》はない、今左《いまさ》に瘧病落《ぎやくびやうおとし》の秘法《ひはふ》を示《しめ》すべし。

先神拜如常《まづしんぱいつねのごとし》　諸神祈念祝詞《しよしんきねんのりと》　神符《しんぷ》を病者《びやうしや》の五體《たい》に書《か》く左《さ》の如《ごと》し。

額《ひたひ》に日枝神社身體堅固《ひえじんしやしんたいけんご》　胸《むね》に大山祇命當病平癒《おほやまづみのみことたうびやうへいゆ》　左右肩《さいうかた》は藥力二柱大神《やくりきふたはしらのおほかみ》

左右《さいう》の手《て》に天照皇大神《あまてらすすめおほかみ》　左右《さいう》の足《あし》に五行《ぎやう》の大神《おほかみ》

次《つぎ》に咒文《じゆもん》。

天地《てんち》萬物《ばんぶつ》一躰同根無上靈寶神道加持《たいどうこんむじやうれいはうしんだうかぢ》

此文《このぶん》を唱《とな》へて吹祓《ふきはら》ふべきものなり。

都由於知天麻津能葉加留伎阿之多我那《つゆおちてまつのはかるきあしたかな》
久毛乃於古利平波良布阿喜加世《くものおこりをはらふあきかせ》
阿利阿計乃比末天爾奈禮婆加計毛奈志《ありあけのひまでになればかげもなし》
此神歌《このしんか》を上《うへ》の丸札《まるふだ》の中《なか》に書《かき》中小丸《なかこまる》の中《なか》へ布留部言《ふるべごん》本反
五字《じ》を書《か》き祈念《きねん》して病者《びやうしや》の脊中《せなか》の大骨《おほぼね》に押《お》すべし

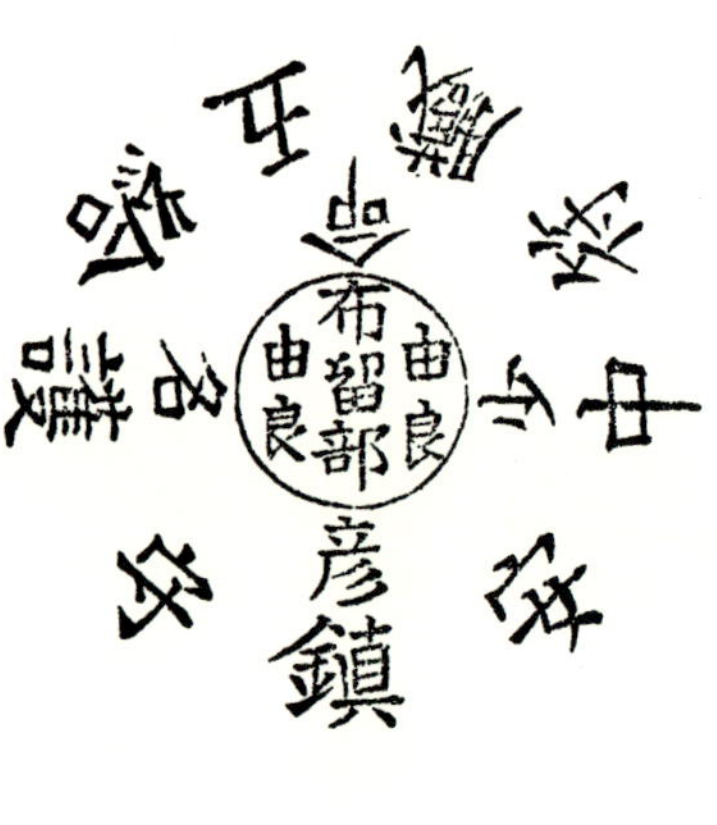

天地《あめつち》のうごくまでこそかたからめ露《つゆ》のおこりを落《おこ》せことの葉《は》
右《みぎ》の神歌《しんか》を紙《かみ》に書《かい》て祈念《きねん》し神水《しんすゐ》に浮《うか》して水《みづ》を病者《びやうしや》に呑《の》ますべし。
又《また》一の禁厭《きんえん》として左《さ》の如《ごと》き法《はふ》あり。
瘧《ぎやく》を落《おと》すには梨《なし》を厚《あつ》く切《き》りて一片《ひとひら》を持《も》ち南方《なんぱう》の氣《き》を一口吸《ひとくちす》ひ梨《なし》に向《むか》つて呪《じゆ》して曰《いは》く　南方有《なんぱうあり》ㇾ池池《いけち》
中有《ちうあり》ㇾ水水中有《みづするちうあり》ㇾ魚三頭九尾《うをさんとうきうび》不《くらはず》ㇾ食二人間五《にんげんご》穀一唯食二瘧鬼《こくをたゞくらふぎやくきを》一　と三遍唱《べんとな》へ梨《なし》の上《うへ》に吹《ふ》き掛《か》け又《また》〇〇〇敕殺鬼此《こ》の
三字《じ》を梨《なし》の上《うへ》に書《か》き瘧《おこり》の日《ひ》の未《いま》だ起《おこ》らざる前《まへ》に之《これ》を食《くら》はしむ可《べ》し瘧落《おこりお》つること妙《めう》なり。
又《また》法《はふ》

右《みぎ》の七文字《もんじ》を橘《たちばな》の葉《は》七枚《まい》に朱《しゆ》にて一葉《ひとは》毎《ごと》に一字《じ》づヽを書《か》き之《これ》を乾《かは》かし細末《さいまつ》にして早朝汲立《さうこうくみたて》の水《みづ》にて北《きた》に向《むか》つて清水《せいすゐ》にて之《これ》を服《ふく》すべし大《おほい》に効《こう》あり。

但《たゞ》し七週間《しうかん》五辛《しん》を食《しよく》すべからず。

又《また》法《はふ》

右《みぎ》の符《ふ》を白紙《はくし》に清《きよ》き硯水《すゞりみづ》にて認《したゝ》め汲立《くみたて》の清水《せいすゐ》にて瘧《おこり》の日《ひ》の早天《さうてん》に飲《の》ますべし不思議《ふしぎ》にも直《なを》ちに落《おち》て治《ち》するものなり。

又夜《またよる》の瘧《おこり》には

右《みぎ》の符《ふ》を紙《かみ》に書《しよ》して神水《しんすゐ》に浮《うか》べて飲《の》ますべし。

養蠶惡鼠口止禁厭法

狐《きつね》に靈狐《れいこ》と野狐《やこ》とある如《ごと》く、鼠《ねずみ》にも善惡《ぜんあく》があるが、本來《ほんらい》より云《い》へば、鼠《ねずみ》は陰性《いんせい》の妖物《えうぶつ》である、夫《それ》で人氣《にんき》の盛《さかん》な所《ところ》や、陽炎《かげろふ》の充《みち》たる所《ところ》には出《い》づることが出來《でき》ぬ、左《さ》れば鼠《ねずみ》の害《がい》を防《ふせ》ごうとするには、先《ま》きに盜難除《たうなんよけ》の所《ところ》で論《ろん》じたる原理《げんり》に由《よ》りて、神氣《しんき》を室内《しつない》に溢《あふ》れしめ、陽性《やうせい》が陰性《いんせい》に勝《か》つようにして置《お》けば鼠《ねずみ》は跋扈《ばつこ》する事《こと》は出來《でき》ぬのである、そこで蠶《かひこ》を掃《は》き立《た》つる前《まへ》に家内《かない》を淸《きよ》め、神前《しんぜん》に燈明《とうみやう》を供《そな》へ、左《さ》の札《ふだ》を作《つく》り信心《しんじん》すれは、鼠《ねずみ》の害《がい》を去《さ》るのである。

先《ま》づ護《ご》身法《しんぽふ》九字《じ》は常《つね》の如《ごと》く、祓祝詞《はらひのりと》は心《こころ》に任《まか》せて唱《とな》へて祈《き》念《ねん》し、次《つぎ》に左《さ》の文《ぶん》を符《ふ》に入《い》るゝなり。

健御名方命　業盡有情　雖放不生

保食命

大國主命

稚産靈命

市杵嶋命　故食人身　同證佛果

通《かよ》ひ來《く》る夜物《よもの》の口《くち》を閉《と》ぢ塞《ふさ》ぐ咎《とが》ある蟲《むし》をはらふ寳劔《はうけん》

八雲立《やくもた》つことは出雲《いづも》の大社《おほやしろ》あしき鼠《ねずみ》を居るはずはなし

右《みぎ》の御神歌《ごしんか》を一心《しん》に唱《とな》へて鼠《ねずみ》の來《く》るところへ張《は》るべし。

又養蠶《またやうさん》の成積宜《せいせきよろ》しく、充分《じうぶん》に利益《りえき》を得《う》るには、左《さ》の呪符《じゆふ》を作《つく》りて蠶室《さんしつ》に貼《は》り、毎朝祈念《まいてうきねん》すべし。

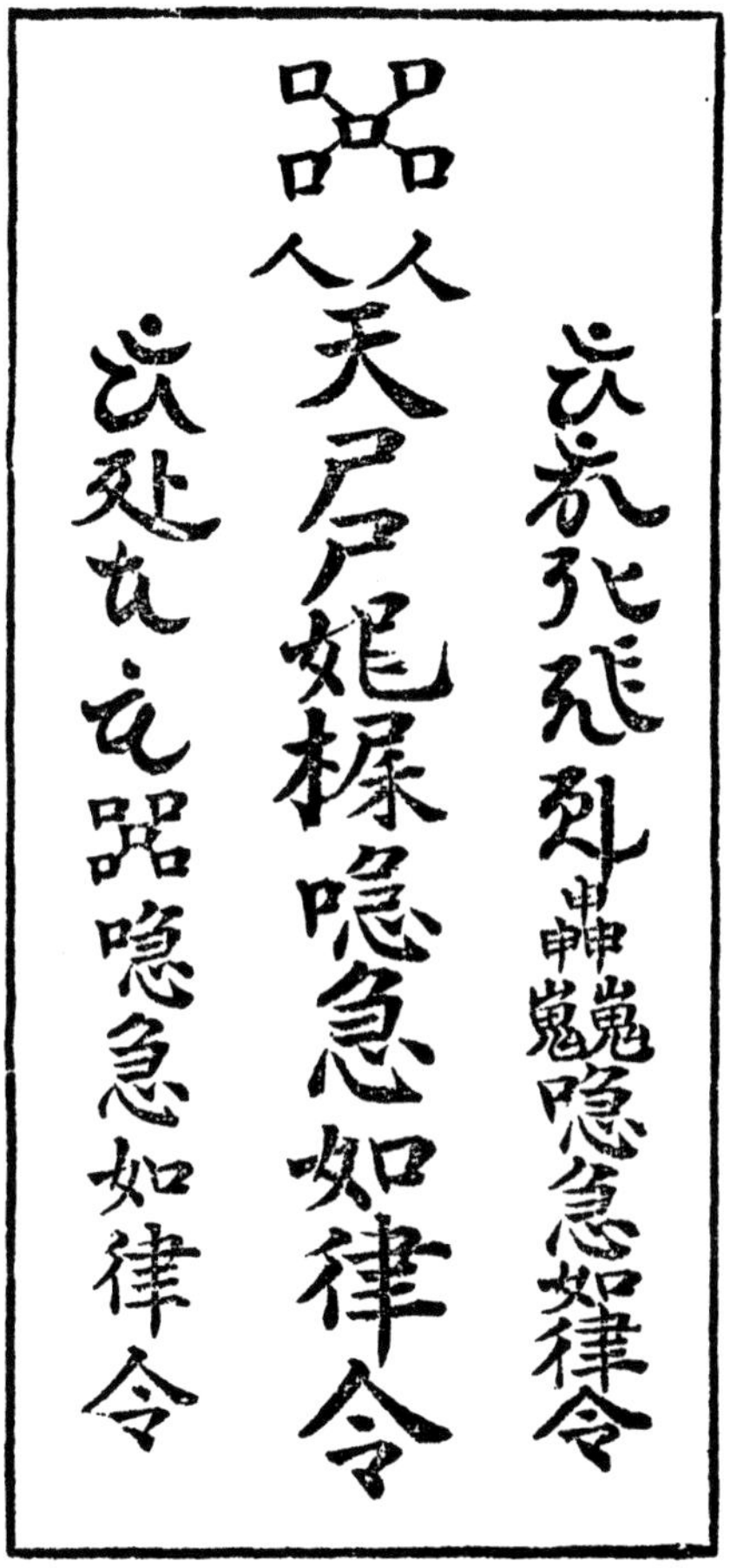

流行眼病全治法

流行眼病《りうかうがんびやう》の全治法《ぜんちはふ》は、前《まへ》に示《しめ》せる流行病送《りうかうびやうおく》り出《だ》し法《はふ》と其原理《そのげんり》は同一《どう》である、左《さ》れば若《も》しはやり目《め》に罹《かゝ》りたる時《とき》は、左《さ》の神歌《しんか》を唱《とな》へ、水《みづ》にて屢々目《しばしばめ》を洗《あら》ふべし。

○奥山《おくやま》の檜木《ひのき》の板目《いため》なり買人《かひて》あらば賣《うり》やなかさん　○影清《かげきよ》き浮目《うきめ》を照《てら》す水鏡末《みづかゞみすゑ》の子《こ》まで曇《くもら》ざりけり

但《たゞ》し此《こ》の時《とき》は自分《じぶん》の平常信心《へいじやうしんじん》する神《かみ》に水《みづ》を供《そな》へて其水《そのみづ》にて洗《あら》ふべきなり。

又流行眼病《またりうかうがんびやう》に限《かぎ》らず、一切《さい》の眼病《がんびやう》を全治《ぜんち》する禁厭《きんえん》の秘法《ひはふ》として、下《しも》の如《ごと》き神符《しんふ》あり、此《こ》の符《ふ》は小《ち》さき紙《かみ》に淡《うす》き墨《すみ》にて小《ちい》さく書《か》くべし。

上《うへ》の符《ふ》を白紙《はくし》に認《したゝ》め二つとも一度《ど》に清水《せいすゐ》にて呑《の》むべし治《ち》する事《こと》妙《めう》なり。

又目《またゝめ》俄《には》かに赤《あか》くなりたるには生姜《しやうが》の絞《しぼ》り汁《しる》を少量目《すこしめ》に差《さ》すべし直《たゞ》ちに治《ち》すなり。

又流行眼全治《またりうかうがんぜんち》の呪咀《じゆそ》あり、左《さ》の如《ごと》し。

間柱《まばしら》のなき一間《けん》の壁《かべ》へ兩手《りやうて》を廣《ひろ》げ抱《だ》き付《つき》、病眼《びやうがん》の方《はう》の手《て》の中指《なかゆび》の傍《そば》に七火灸《へわきう》すべし、妙効《めうかう》あり。

富士山火傷全治法

火傷《やけど》せしとき富士山《ふじさん》に清水《せいすゐ》を供《そな》へ、左《さ》の神歌《しんか》を唱《とな》へながら珠數《じゆず》にて一心《しん》に呪《まじ》なへば跡《あと》に疵《きず》のつくことなく、又早《またはや》く癒《なほ》るものなり、此《これ》は富士《ふじ》山北口講社《さんきたぐちかうしや》の秘法《ひはふ》として世《よ》に傳《つた》へられて居《を》る。

やけどせし人《ひと》は左《さ》の神歌《しんか》を書《かい》て一心《しん》に唱《とな》ふべし。

○龜岩《かめいは》の水《みづ》の國《くに》の火傷《やけど》なり雲《くも》井に近《ちか》き富士《ふじ》の白雪《しらゆき》　○何所《いづこ》まで火防風雨《くわばうふうう》の守護《しゆご》なればかけつけ給《たま》へ今日《けふ》の鬪神《きゝがみ》　○火傷《やけど》せばうむな腫《はれ》るな傷《きず》つくな高野《かうや》の奥《おく》の玉川《たまがは》の水《みづ》　○火《ひ》の元《もと》へ身祿入定北行《しんろくにふぢやうほくかう》の敎《をしへ》をうたふ富士《ふじ》のひとふし　○猿澤《さるざは》の池《いけ》の大蛇《だいじや》がやけどして水《みづ》なきときのあびらうんけん

此《これ》は富士山《ふじさん》は四時《じ》白雪《はくせつ》を戴《いたゞき》て清冽《せいれつ》なる水神《すゐじん》の精《せい》に象《かたど》り、玉川《たまがは》の水《みづ》も深山《みやま》の上腹《じやうふく》に流《なが》るゝ清冽《せいれつ》なるものであるから、夫等《それら》を手引《てびき》にして、無形《むけい》の水神《すゐじん》を引寄《ひきよ》せて、火熱《くわねつ》の熾烈《しれつ》なる破壞力《はくわいりよく》を抑《おさ》へようとするので、其原理《そのげんり》は鎭火祭及火渡《ちんくわさいおよびひわたり》の章《しやう》に述《の》べたのと同《おな》じである。

又同《またおな》じ原理《げんり》に由《よ》りて、火難除《くわなんよけ》の禁厭《きんえん》あり、夫《それ》は　徃宋名无忌知《わうそうめいむき》居是火精大金輪王勅《ち　きよせくわせいだいこんりんわうちよく》　と書《しよ》して門戸《もんこ》に張《は》る事《こと》なり、此《これ》は事林廣記《じりんくわうき》に曰《いは》く政和以來火災多《せいわいらいくわさいおほ》し、民間《みんかん》に該符《がいふ》を用《もち》ひて貼《は》りしに火災忽《くわさいたちま》ち止《とゞま》りしとあり又近火《またきんくわ》の際《さい》は、燒亡《せうばう》は柹《かき》の本《もと》まで來《きた》れどもあか人《ひと》なればそこで人丸《ひとまろ》、と云《い》ふ歌《うた》を書《か》き表裏《おもてうら》の戸《と》に貼《は》れば火《ひ》の子來《こきた》らずと云《い》ふ。

神道蟲封法

此《これ》は諸病封呪咀祈禱加持《しよびやうふうじゆそきたうかぢ》の法式《はふしき》と其理《そのり》は同一である、凡《およ》そ人《ひと》の體中《たいちう》に虫《むし》の發生《はつせい》する時《とき》は元氣衰《げんきおとろ》へ精《せい》氣《き》を蟲《むし》の爲《た》めに吸《す》はるゝ故《ゆゑ》、神力《しんりよく》に由《よ》りて精氣《せいき》を旺《さかん》にし、蟲《むし》の勢《いきほひ》を抑《おさ》へて、體力《たいりよく》を回復《くわいふく》するのである、左《さ》の法《はふ》を三回行《くわいおこな》へば如何《いか》なる蟲《むし》も止《とゞ》まるなり。

清淨《せいじやう》の箱《はこ》か竹《たけ》の筒《つゝ》に入《い》れて祈念《きねん》すべし、中札《なかふださ》左の如《ごと》く神歌《しんか》を唱《とな》ふべし。

三日月《みかづき》の月《つき》かと見《み》ればしやくのむしこの蟲《むし》ころせ十五夜《や》の月《つき》　と一心《しん》に唱《とな》ふべし。

中札

大己貴命大直日神

奉請國常立尊産土大神

歳姓名書

少彦名命神直日神

封箱

身體堅固

奉修諸神感應蟲封祈禱守護

息災延命　何歳男女

右《みぎ》の札《ふだ》を作《つく》りて十種《とくさ》の神寶《かみたから》を唱《とな》へ水《みづ》を神前《しんぜん》に供《そな》へて祈念《きねん》すべし、札《ふだ》は南向《みなみむ》きの柱《はしら》にはるべし。

又両部《またりやうぶ》の秘法《ひはふ》に由《よ》れば左《さ》の如《ごと》し。
箱《はこ》の中《なか》へ五色《しき》の幣帛《へいはく》一本小豆《ぽんあづき》十五粒米《りよこめ》七粒《りよ》を入《い》れて守護《みまもり》一枚《まい》を入《い》るべし。

中符

天魔外道皆佛性四魔三障成道來
魔鬼佛界同妙理一相平等無差別
何歳
男女

鬼を書く上に九字を書くせ

上包

光明眞言《くわうみやうしんごん》百遍《べん》アビラウンケン百遍《べん》。
幣串《へいくし》三寸箱《すんはこ》に入《い》れ守《まも》りを入《い》れて祈禱《きたう》すべし。
蘘倶利尊天《じやうくりそんてん》信心《しんじん》すべし蘘倶利尊天《じやうくりそんてん》の眞言《しんごん》を唱《とな》ふべし。
ヲンアンジクベイ、シユ、ジカベイ、バサラキヤイ、キヤサ、ジカベイ、バサラ、キヤイ、キヤラ
マカユギ、ジンバラ、エイ、ヲンバダボダラケイソワカウンバツタソワカ
ヲンボクソカ　次《つぎ》に經文《きやうもん》を適宜《てきぎ》に讀《よ》みてよし供物《くもつ》は心《こころ》に任《まか》す。

小兒疳の蟲呪咀

此《これ》は前《まへ》の蟲封《むしふうじ》と其理《そのり》同《おな》じ、左《さ》に其方法《そのはうはふ》を示《しめ》す。

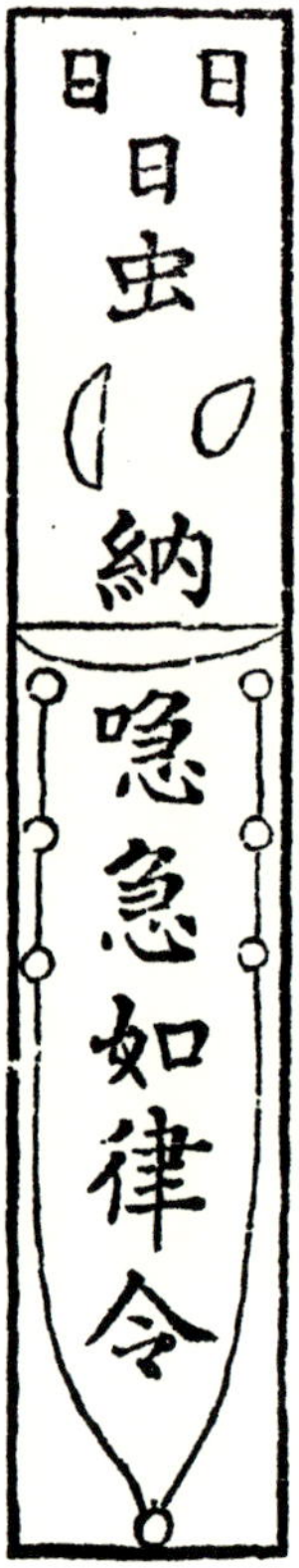

右《みぎ》の如《ごと》く書《しよ》して之《これ》を五つに折《を》り蟲《むし》と云《い》ふ字《じ》を表《おもて》に出《だ》して虫《むし》の頭《かしら》に當《あた》る所《ところ》を針《はり》にて巽《たつみ》に向《むか》て柱《はしら》に三打《うち》して之《これ》を打付《うちつ》くべし。

右《みぎ》の符《ふ》を認《したゝ》め天地玄妙行神變通力《てんちげんめうぎやうしんぺんつうりき》と唱《とな》へて小兒《せうに》の胸《むね》及《およ》び左右《さいう》の手《て》を摩《ま》し然《しか》る後《のち》に之《これ》を清潔《せいけつ》なる紙《かみ》に封《ふう》じ表《おもて》に蟲封《むしふう》じと書《しよ》し裏《うら》には左《さ》の如《ごと》く書《しよ》して之《これ》を柱《はしら》に打付《うちつ》くべし。

如斯《かくのごとく》表《へう》に書《か》く可《べ》し。

又御《またみ》嶽山《たけさん》の秘法《ひはふ》として病人《びやうにん》の守《まもり》とすべき符《ふ》は左《さ》の如《ごと》し。

少彦名神《すくなひこなのかみ》の御手《みて》は苦手《にがて》に撫《なづ》れば蟲《むし》の毒《どく》と成《な》る

小兒手に此字書べし

下《さがれ》よ佐賀《さがれ》禮《れ》よ毒《どく》の蟲《むし》癒《いや》せよ命《いのち》の蟲《むし》

手《て》を洗《あら》ひて男《をとこ》は左《ひだり》の手女《てをんな》は右《みぎ》の手《て》に書《か》くべし。

天照皇大神《あまてらすすめおほかみ》　大巳貴神《おほなむちのかみ》　少彦名神《すくなひこなのかみ》　彦土大神《ひことのおほかみ》惡蟲《あくちう》を祓給《はらひたま》へ嚴《いづ》の御靈《みたま》を幸《さいはひ》し給《たま》へ。

一二三四五六七八九十布留部由良由良止白須久《ひふみよいむなやことふるべゆらゆらとまうすく》　口傳《くでん》の書《しよ》。

體内《たいない》に苦《くるし》む病《やまひ》を祓《はら》ふには甲乙《きのえきのと》の不動八幡《ふどうはちまん》。

秋《あき》すぎて冬《ふゆ》のはじめの十月《ぐわつ》は霜枯《しもかれ》なれば蟲《むし》の子《こ》もなし

十種神寶《とくさかみたから》祓《はら》ひ唱《とな》へ　大祓《おほはらひ》　諸神祝詞《しよしんのりと》　信心《しんじん》に依《よう》て御歌《ぎよか》御《き》眞言《しんごん》を唱《とな》ふべし。

夜啼禁止法

小兒《せうに》の夜《よ》むつがりて啼《な》くは、病氣《びやうき》よりするものもあるけれど、要《えう》するに夜陰《やいん》の邪氣《じやき》に襲《おそ》はれて、其《それ》に抵抗《ていかう》する丈《だけ》の元氣《げんき》が無《な》いから泣《な》くのである、そこで此《これ》を治《なほ》すには矢張《やは》り神秘《しんぴ》の法力《はふりよく》に由《よ》つて妖邪《えうじや》の夜氣《やき》を拂《はら》はねばならぬ、今《いま》左に其禁厭法《そのきんえんはふ》を示《しめ》すべし。

神前護身法《しんぜんごしんぼふ》　九字《じ》諸種《しよしゆ》を讀誦《どくしよう》し左《さ》の通《とほ》りに守《まも》りを作《つく》りて神歌《しんか》を唱《とな》ふべし。

歌《うた》に曰《いは》く

信濃《しなの》なるさくしがかけに夜《よ》るは居《る》よひるきてなけ伊奈《いな》の從原《さゝはら》
夜啼《よなき》する君《きみ》が御舘《みたち》ぞ古狐《ふるぎつね》なをもなきなば伊勢島《いせしま》へやれ
あし原《はら》やちばの里《さと》に鳴《な》くきつねひるやなくとも夜《よる》は鳴《なか》すな

右《みぎ》の法《はふ》を行《おこな》ひ札《ふだ》を神棚《かみだな》へ供《そな》へて信心《しんじん》すれば止《と》まること疑《うたがひ》なし。

又《また》法《はふ》

⿸尸弱 ⿰厶鬼
甲甲 喼急如律令

此《こ》の符《ふ》を白紙《はくし》に認《したゝ》め小兒《せうに》の左右《さいう》の掌《てのひら》に貼《は》るべし。

又《また》法《はふ》

⿸尸品鬼喼急如律令

此《こ》の符《はふ》を認《したゝ》めて之《これ》を小兒《せうに》の枕《まくら》に貼《は》るべし。

又《また》法《はふ》

揆火揆火杖君作神将捉善
夜啼鬼打殺莫要敬
喼急如律令

右《みぎ》の符《ふ》を柴《しば》一本《ぽん》四五寸《すん》に切《き》りて面《おもて》を平《たいら》にし朱《しゆ》にて書《か》き之《こ》れを小兒《せうに》の額《ひたひ》に貼《は》るべし。

又《また》法《はふ》

小兒《せうに》の臍《へそ》の下《した》に田《た》の字《じ》を書《か》き置《お》けば止《や》む事妙《ことめう》なり。

又《また》法《はふ》

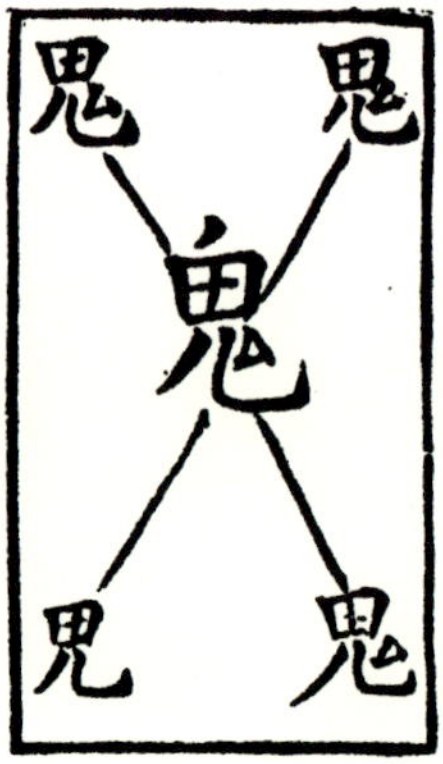

此符《このふ》を白紙《はくし》に認《したゝ》め柱《はしら》に貼《は》り置《お》けば夜啼止《よなきと》まること妙《めう》なり。

又《また》法《はふ》

鬼と云《い》ふ字《じ》を朱《しゆ》にて左右《さいう》の目《め》の下《した》に書《か》き左《さ》の歌《うた》を唱《とな》ふべし。

○いもが子《こ》ははらばう頃《ころ》になりにけりきよもりとてやしないにせよ

○夜啼《よなき》するたゞもりたてよ末《すゑ》の代《よ》にきよくすがへる事《こと》もあるべし

此《これ》は平清盛《たひらのきよもり》が幼時《えうじ》夜啼《よなき》せし癖《くせ》ありしを上皇《じやうくわう》が歌《うた》を賜《たま》ひて止《や》みたる故例《これい》なり。

又《また》法《はふ》

犬《いぬ》の毛《け》を絳《もみ》の袋《ふくろ》に入《い》れて小兒《せうに》の背《せ》の上《うへ》に掛《か》けて置《お》くも宜《よろ》し。

腫物禁厭法

腫物《はれもの》は外部《ぐわいぶ》より毒汁等《どくじうとう》の入《い》りたるものもあるが、要《えう》するに邪熱《じやねつ》の爲《た》めに、惡血の凝りて、神經《しんけい》を激《げき》痛《つう》せしむるものである、夫《それ》で此《こ》の邪熱《じやねつ》を拂《はら》ふには水性《すゐせい》の神氣《しんき》を勸請《くわんじやう》して冷却《れいきやく》せしめねばならぬ、古來《こらい》より腫物《はれもの》になやむ時《とき》は富士山《ふじさん》を念《ねん》じて燈明神酒《とうみやうみき》を供《そな》へ、左《さ》の禁厭法《きんえんはふ》を行《おこな》へば、速《すみやか》に治癒《なほ》りて、痕《あと》をも留《とゞ》めぬと云《い》つて居《を》る、此《これ》は先《さ》きに火傷《やけど》全治法《ぜんちはふ》の所《ところ》で論《ろん》したのと同《おな》じ意味《いみ》である、又神經《またしんけい》の靜平《せいへい》になるようにするには、接神法《せつしんはふ》が尤《もつと》も必要《ひつえう》である、夫《それ》で加持祈禱《かぢきたう》に由《よ》り神氣《しんき》を體内《たいない》に充《み》たしめねばならぬ、

禁厭《きんえん》の法式《はふしき》は左《さ》の如《ごと》し。

先《ま》づ腫物《はれもの》のところを祓《はら》ひ清《きよ》めて左《さ》の神歌《しんか》を誦《よ》み吹《ふ》きまじなふべし。

卯月《うづき》さる流《なが》るゝ川《かは》の惡水《あくすゐ》もなし山川《やまかは》こへて海《うみ》を渡《わた》らず

晴渡《はれわた》る光《ひかり》をみれば萬代《よろづよ》の富士《ふじ》の白妙《しろたへ》四方《よも》に開《ひら》く

草《くさ》も木《き》もなへての川《かは》のうろくづは生《しやう》あるものゝ意《こゝろ》へてすめ

男《をとこ》は順《じゆん》　女《をんな》は逆《ぎやく》　にかくなり。

はれわたる光《ひかり》をみれば萬代《よゝづよ》の富士《ふじ》のしろたへ四方《よも》にひらくる

右《みぎ》の神歌《しんか》を唱《とな》へ珠數《じゆず》又《また》みぬさにても鬼《おに》の輪《わ》を三度《みたび》かきまはすべし。

又腫物《またはれもの》の口開《くちひら》けたき時呑《ときの》む符《ふ》。

右《みぎ》の符《ふ》を白紙《はくし》を適宜《てきぎ》に切《き》りて認《したゝ》め清水《せいすゐ》にて呑《の》むべし加持《かぢ》には大威徳呪《だいゐとくじゆ》を三返唱《へんとな》へて祈念《きねん》すべし。

又腫物《またはれもの》の出來所《できどころ》惡しきを他《た》に移《うつ》す法《はふ》。

ひましの油《あぶら》　甘草《かんさう》の粉《こ》

右二味《みぎふたみ》を糅《ね》り合《あは》せて移《うつ》さんと思《おも》ふ所《ところ》に針《はり》を淺《あさ》く立《たて》て針《はり》の先《さき》に右《みぎ》の藥《くすり》を付《つけ》て置《お》くときは奇妙《きめう》に其塲所《そのばしよ》に移《うつ》るものなり。

又腫物《またはれもの》の上《うへ》に書《か》く符《ふ》。

上圖《じやうづ》の如《ごと》く書《か》き加持《かち》には藥師《やくし》の呪《じゆ》千遍《べん》唱《とな》ふべし。

又乳《またちゝ》の痛《いた》む時《とき》は其痛《そのいた》む所《ところ》を拭《ぬぐ》ひ清《きよ》めて平《たひ》らかに癒《いや》させ給《たま》ひと祈念《きねん》して左《さ》の如《ごと》くなすべし。

鯛《たひ》、或《あるひ》は乳首《ちゝくび》の右方《うはう》に鯉《こひ》、左方《さはう》に鮒《ふな》と云《い》ふ字《じ》を書《かい》ても宜《よろ》し。

右《みぎ》の字《じ》を百遍重《べんかさ》ね書《か》きするなり。

但《たゞ》し乳《ちゝ》の下《した》に數取《かずとり》の點《てん》を打《う》つべし。


又乳《またちゝ》の腫《はれ》たる時《とき》の符《ふ》。

鬼喼急如律令

右《みぎ》の符《ふ》は藥師《やくし》の呪《じゆ》を唱《とな》へながら書《か》くべし。

蟲齒全治の法

虫齒《むしば》の痛《いたみ》は、黴菌《ばいきん》が齒質《ししつ》を腐蝕《ふしよく》せしむるより起《おこ》るのである、齒《は》には尤《もつと》も鋭敏《えいびん》なる神經《しんけい》が通《とほ》つて居《を》るから、特《とく》に苦痛《くつう》を感《かん》ずるのである、夫《それ》で一方《ばう》には此《こ》の神經《しんけい》を休《やす》め、一方《ばう》には毒菌《どくきん》を拂《はら》はねばならぬ、それには禁厭《きんえん》の他《ほか》に法《はふ》はない、古來《こらい》より齒痛程《しつうほど》能く禁厭《きんえん》の利《き》くものはない、今左《いまさ》に戸隱山《とがくしやま》の秘法《ひはふ》を示《しめ》すべし。

祭神《さいじん》に御酒《みき》神燈《しんとう》を供《そな》へて祓《はら》ひ祝詞《のりと》を唱《とな》へて祈念《きねん》すべし札《ふだ》の中《なか》に此祭神《このさいじん》を書《か》くべし。

白山毘賣《しらやまひめの》大御神《おほみかみ》　大巳貴命《おほあなむちのみこと》

祭神《さいじん》戸隱山《とがくしさん》丸頭《くづ》龍大神《りうだいじん》　產土大御《うぶすなおほみ》神守《かみまもり》里幸比給比《さいはひたまひ》止《と》白須《まうす》

竈《かまど》三柱《みはしらの》大御《おほみ》神《かみ》　少名彦那命《すくなひこなのみこと》

右《みぎ》の祭神《さいじん》を守札《まもりふだ》にして此守《このまもり》を以《もつ》て左《さ》の神歌《しんか》をよみながら病人《びやうにん》をまじなふべし。

日《ひ》の出日《でひ》の入波留邊由良由良《いるはろべゆらゆら》　と唱《とな》へて左右《さいう》へめぐらし神歌《しんか》を唱《とな》ふべし。

うづきには巽《たつみ》の山《やま》の谷《たに》かづら本《もと》たちきればはもかるゝらん

香具山《かぐやま》の木《き》の葉《は》を喰《くら》ふ蟲《むし》あらば皆刺《みなさ》しころせ萬代《よろづよ》の神《かみ》

此《こ》の神歌《しんか》を唱《とな》へ荒神《くわうじん》の柱《はしら》のある所札《ところふだ》の中《なか》へ釘《くぎ》にて打病者《うちびやうしや》の年《とし》の數《かず》ほど打《う》つなり蟲《むし》ばの止《とま》る後《のち》は釘《くぎ》を

抜《ぬ》きて細《ほそ》くたゝみて雨垂《あまだれ》の下《した》へ埋《うづ》めてあとをしつかりとふむべし。

蚖蛇蝮蠍《ぐわんだぞくかつ》　上《うへ》の字《じ》にてまじなひしてもよろし四字書《じかき》て四ッに折《をり》て蟲《むし》に釘打《くぎうつ》なり。

又《また》法《はふ》

歯痛《はいたみ》を止《とゞ》むるには白紙《はくし》に指《ゆび》の大《おほ》きさ程《ほど》に呪《まじなひ》を書《しよ》したゝんで七重《なゝへ》にし釘《くぎ》にて虫《むし》と云《い》ふ字《じ》の頭《かしら》を柱《はしら》の高《たか》き處《ところ》に打付《うちつけ》て置《お》き又其呪《またそのじゆ》を七遍唱《へんとな》ふべし直《たゞち》に治《ぢ》すべし。

其呪曰《そのじゆにいくは》

虫是江南虫《むしはこれこうなんのむし》　郄來喰ニ我歯一《しりぞききたりてわがはをくらふ》

釘《くぎ》在《えん》ニ椽頭上一《とうのうへにあり》　永《えい》世《せい》不レ還レ家《いへにかへらず》

右《みぎ》の如《ごと》く白紙《はくし》へ二行《ぎやう》に書《しよ》すべし。

又《また》法《はふ》

此《これ》を白紙《はくし》に認《したゝ》め痛《いた》む歯《は》に挾《はさ》むべし。

癲癇全治法

癲癇《てんかん》は神經《しんけい》の痙攣《けいれん》より起《おこ》る病《やまひ》で、身體神經《しんたいしんけい》の全部《せんぶ》又《また》は大部分《だいぶぶん》が、癘邪《れいじや》の爲《た》めに其作用《そのさよう》を失《うしな》ふもので又血液《またけつえき》の中《なか》に不淨《ふじやう》の妖汁《えうじう》が混《こん》じて居《を》る、それで妖癘《えうれい》の氣《き》を拂《はら》はねばならぬ、禁厭加持法《きんえんかぢはふ》に由《よつ》て神秘力《しんぴりよく》を活用《くわつよう》する他《ほか》はない、今左《いまさ》に其法式《そのはふしき》を示《しめ》すべし。

唵枳里枳里縛日羅曳禰吽發吒《おんきりきりばさらえいねうんはつた》　此《これ》は除垢軍茶《ぢよこうぐんだ》利明王《りみやうわう》の眞言《しん》で、一切《いつさい》の垢汚《こうを》を掃《はら》ひ、息災《そくさい》、發生《はつしやう》、増福《ぞうふく》の意味《いみ》が籠《こも》つて居る。

東《ひがし》の方《かた》の淸淨《せいじやう》なる靑石《ちやいし》を求《もと》めて、右《みぎ》の文字《もんじ》を其石《そのいし》に書《か》き病者《びやうしや》の名《な》と年《とし》とを書《かい》て、常用《じやうよう》の井《ゐ》の中《なか》へ下《おろ》し、此水《このみづ》を呑《の》めば全治《せんち》す。

次《つぎ》に祓詞《はらひのりと》等《どう》は信《しん》に任《まか》す。

大巳貴命《おほあなむちのみこと》少彦名命《すくなひこなのみこと》力《ちから》を合《あは》せ一心《しん》にして病療法定《やまひいやすのり》を敎《をし》へ給《たま》ふ天神璽《あまつかみのしるし》の十種瑞神寶《とくさのみづのかみたから》一《ひ》二《ふ》三《み》四《よ》五《い》六《む》七《な》八《や》九《こ》十《と》布留部《ふるべ》由良《ゆら》由良《ゆら》由良《ゆら》布留部《ふるべ》止《と》白須《まうす》

右《みぎ》の文《ぶん》を唱《とな》へて、又左《またさ》の秘文《ひぶん》を三遍唱《べんとな》ふ。

病《やま》ひならいづれ外山《とやま》すむべきにこゝは里《さと》なりいざかへれいいね
風《かせ》につり熱《ねつ》けもよふす神息《かみいき》は天《あめ》に凉《すゞ》しき法《のり》にさめけり

次《つぎ》に祈念《きねん》の祝詞《のりと》、加持《かぢ》は意《こころ》に任《まか》す。

又別《またべつ》に釘責《くぎせめ》の秘法《ひはふ》あり、其法《そのはふ》は。

桑《くわ》の木《き》にて厚《あつ》さ三寸《すん》五分《ぶ》の板《いた》を作《つく》り、夫《それ》に左圖《さづ》の文字《もんじ》を書《か》き、五寸釘《すんくぎ》十二《にん》本を以《いつ》て子《ね》より順《じゆん》に十二支《し》を打《う》ち、亥《ゐ》に至《いた》り釘《つぎつ》盡きたる時《とき》は子《ね》の分《ぶん》を拔《ぬ》き天地《てんち》人及《じんおよび》日月《じつげつ》と順《じゆん》に打《う》ちて責《せ》むるなり、又責《またせ》むる時《とき》は左《さ》の呪文《じゆもん》を唱《とな》ふべし。

ヲンバタロシヤ、キバの吹《ふ》く息《いき》、突《つ》く息《いき》、地《ち》吹《ふ》く風《かぜ》、天吹《てんふ》く風《かぜ》に千里《り》はえたるつたが一本《ぽん》生《い》きて根《ね》を斷《た》ち、葉《は》を枯《か》らす下《した》には不動《ふどう》の火炎《くわえん》あり、上《うへ》には、五色《ごしき》の雲《くも》ありて、早吹込《はやふきこん》だぞ伊勢《いせ》の神風《かみかぜ》

終《をは》りたる後《のち》は板《いた》を川《かは》に流《なが》すべし。

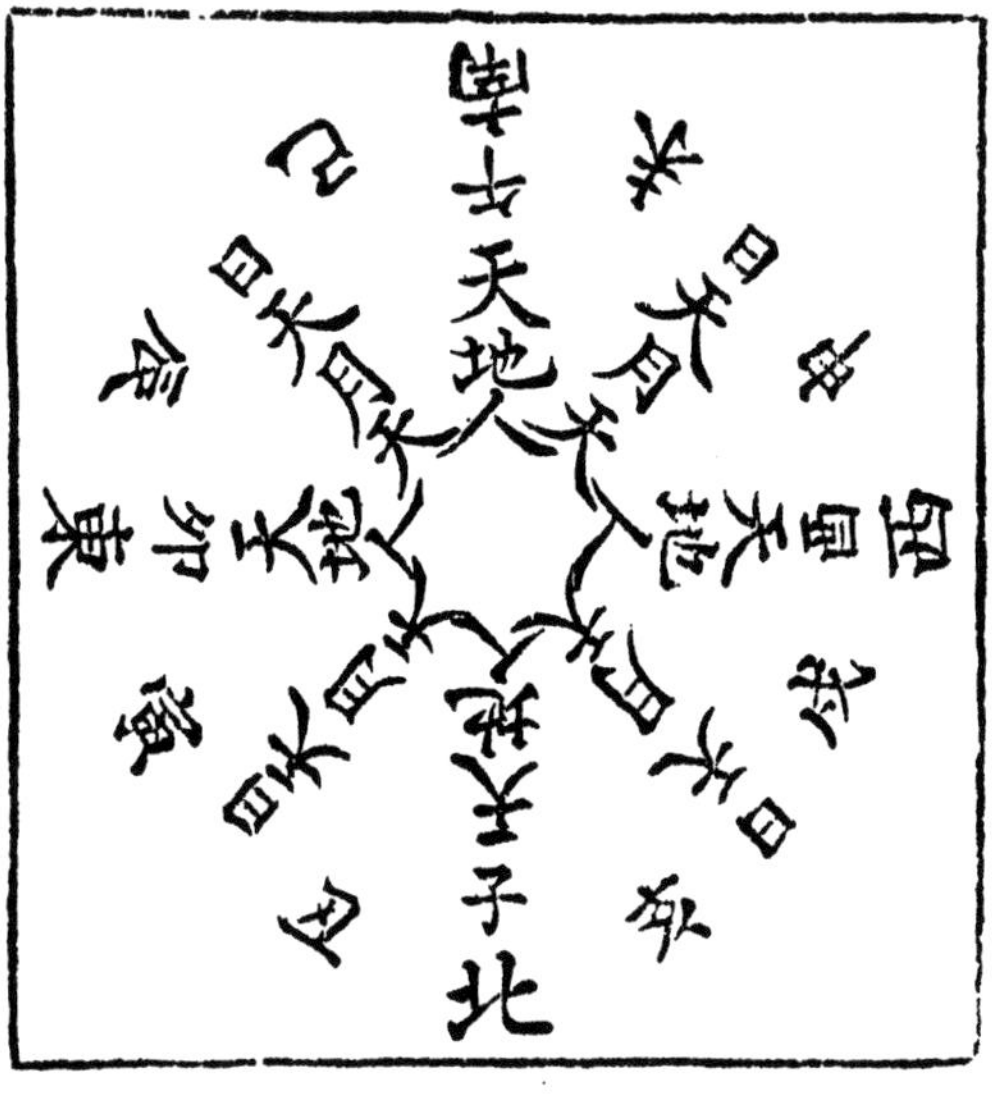

痳病消渇全治法

痳《りん》病《びやう》消《せう》渇《かち》は不浄《ふじやう》より起《おこ》る毒菌《どくきん》なり故《ゆゑ》に不浄《ふじやう》を拂《はら》ひ毒菌《どくきん》を殺《ころ》す禁厭《きんえん》を要《えう》す、其法《そのはふ》左《さ》の如《ごと》し。

消渇《せうかち》の時《とき》に右《みぎ》の符《ふ》を認《したゝ》め早朝《さうてう》の汲立《くみたて》の水《みづ》にて之《これ》を服《ふく》すべし忽《たちま》ちにして治《ち》すべし夢疑《ゆめうたが》ふべからず。

又痳病《またりんびやう》の咒咀《じゆそ》

大棗《たいそう》二つを以《もつ》て咀《じゆ》して曰《いは》く華表柱念《くわへうちうねん》と七遍唱《へんとな》へて天《てん》に向《むか》ひ氣《き》を吹《ふ》き右《みぎ》の棗《なつめ》の上《うへ》に吹《ふ》き掛《か》け其《そ》の棗《なつめ》を病人《びやうにん》に白湯《さゆ》にて飲《の》ましむべし治《ち》する事妙《ことめう》なり。

又長病《またちやうびやう》の際《さい》は左《さ》の符《ふ》を用《もち》ふべし。

此符《このふ》を認《したゝ》めて病人《びやうにん》の臥床《とこ》の下《した》に置《お》くときは病長引《やまひながび》きしものも次第《しだい》に快方《くわいはう》に向《むか》ふべし加持《かぢ》には不動《ふどう》の陀羅尼《だらに》を百返唱《べんとな》ふべし。

疝氣寸白全治法

此法を行へば疝氣寸白等の病を全治すること疑ひなし

疝氣《せんき》は女《をんな》の寸白《すばく》と同《おな》じく疝癪《せんしやく》も同病《どうびやう》なり木瓜《もくかう》は糸瓜《へちま》の干枯《ほしか》れたるものなり淸《きよ》めて干枯《ほしから》したる木瓜《もくかう》に書《か》くべし。

上《うへ》の符《ふ》を十種神寶《とくさかみたから》を念誦《ねんしやう》しつゝ書《かい》て木火土金水《もくくわどごんする》と切《き》るなり其寸方《そのすんはう》は中指《なかゆび》の筋《すぢ》に合《あは》せて切《き》るべし上《うへ》の符《ふ》六つ書《か》き切《き》る故《ゆゑ》に糸瓜《へちま》なれば極《きは》めて小《ちい》さきを用《もちふ》べきなり之《これ》を紙《かみ》に包《つゝ》み其表《そのおもて》に木瓜大明神《もくかうだいみやうじん》と書《か》くなり青理大明神《せいりだいみやうじん》とも云《い》ふ。

身體堅固
齋青理大明神當病平愈御祓
藥力成就　何歳男女

中札　大巳貴命
奉請少名彦那命守里幸比給止白
青麻大明神

札《ふだ》をくりて六根清淨祓《こんしやうじやうはらひ》 中臣祓《なかとみはらひ》と讀《よみ》て十種《とくさ》の祓《はらひ》を以《もつ》て祈念《きねん》して此札《このふだ》を以《もつ》て病者《びやうしや》を禁厭《まじなひ》て後《のち》に箱《はこ》か竹《たけ》のつゝに納《をさ》めて大極柱《だいこくばしら》に止《とめ》て一心《しん》に三種祓《しゆはらひ》を讀《よん》で信心《しんじん》すべし。

又《また》一法《ぱふ》あり御神歌《ごしんか》にてまじなひてもよろし左《さ》に記《しる》す。

神掛《かみか》けてこゝろたゆまず引留《ひきとめ》ていかに疝氣《せんき》のすじをひくとも

右《みぎ》の神歌《しんか》を一心《しん》に唱《とな》へて後《のち》に十種神寶《とくさのかみたから》を唱《とな》へてまじなへば全治《ぜんち》するなり。

乳の出づる禁厭法

天既《てんすで》に人《ひと》を生《しやう》ず、乳《ちゝ》は嬰兒《えいじ》が天與《てんよ》の食祿《しよくろく》である、子《こ》を產《う》む位《くらゐ》の婦人《ふじん》であれば相應《さうおう》の健康體《けんかうたい》である、夫《それ》で乳《ちゝ》の出《で》ない譯《わけ》はない、又產前後《またさんぜんご》は何人《なんびと》でも飮食《いんしよく》に注意《ちうい》するものであるから、飮食物《いんしよくもつ》の爲《た》めに乳《ちゝ》の出《で》ない理由《りいう》も滅多《めつた》にない、併《しか》し事實《じじつ》に於《おい》ては乳《ちゝ》の出《で》ない婦人《ふじん》が多《おほ》い、夫《それ》は其婦人《そのふじん》が道德上缺點《だうとくじやうけつてん》がある爲《た》めに神明《しんめい》が之《これ》を誡《いまし》むるのと、又一《またひと》つは神經《しんけい》の不調《ふてう》から乳《ちゝ》の出《で》ない事《こと》になるのである。

要《えう》するに乳《ちゝ》の出《で》ないと云《い》ふのは、其婦人《そのふじん》の不德《ふとく》と神經不穩《しんけいふをん》不整《ふせい》の結果《けつくわ》である、夫《それ》でいくら飮食物《いんしよくもつ》に注意《ちうい》しても藥《くすり》を呑《の》んで、夫《そ》れ丈《だけ》で乳《ちゝ》の出《い》づるものではない、此等《これら》の婦人《ふしん》が乳《ちゝ》の出《で》るようにするには反《はん》省謹愼《せいきんしん》が必要《ひつえう》であると同時《どうじ》に、神經《しんけい》の調和《てうわ》を圖《はか》り神譴《しんけん》を謝《しや》せねばならぬ、今其神法《いまそのしんはふ》を左《さ》に示《しめ》すべし。

地藏《ぢざう》を念《ねん》じ其呪《そのじゆ》を百遍唱《べんとな》へて書《しよ》すべし。

右《みぎ》の符《ふ》を清水《せいすゐ》に浮《うか》べて呑《の》むべし、又盃《またさかづき》の中《なか》に書《しよ》して清水《せいすゐ》にて之《これ》を洗《あら》ひ其水《そのみづ》を呑《の》むも宜《よ》し。

又法穿小用《せんせうよう》を火《ひ》にて焙《あぶ》り粉《こ》にして日本酒《にほんしゆ》の最良《さいりやう》なるものにて服用《ふくよう》し、然《しか》る後《の》ちに鬢櫛《びんぐし》にて乳《ちゝ》の上《うへ》をときをろすべし、乳日《ちゝひ》ならずして出《い》づること泉《いづみ》の如《ごと》し。

脚氣病全治の禁厭法

脚氣《かつけ》は第《だい》一に養生《やうじやう》が肝要《かんえう》である、麥《むぎ》ばかりの飯《めし》を食《く》ひ、又《また》勉《つと》めて小豆《せうづ》野菜《やさい》を食《しよく》し、乾燥《かんさう》せる土地《とち》に住居《きよぢう》し精神《せいしん》を安寧《あんねい》に保《たも》つべきものである、全體《ぜんたい》脚氣《かつけ》は陰濕《いんしつ》邪水《じやすゐ》の氣《き》に觸《ふ》れて其毒癘《そのどくれい》より起《おこ》つたものであるから、陽火《やうくわ》の生氣《せいき》を以《もつ》て之《これ》を治《をさ》めねばならぬ、夫《それ》で日拝《ひはい》と日光加持《につくわうかぢ》とは尤《もつと》も効《かう》がある、何人《なんぴと》でも脚氣《かつけ》に罹《かゝ》つたときは先《ま》づ日待祭《ひまちまつり》を鄭重《ていちよう》に行《おこな》ふが宜《よ》い、夫《それ》から又痛《またいた》む所《ところ》に墨《すみ》にて左《さ》の神佛《しんぶつ》の名《な》を書《しよ》すべし。

大巳貴命《おほあなむちのみこと》、小彥名命《すくなひこなのみこと》、軻遇突智命《かぐつちのみこと》、毘沙門天《びしやもんてん》、十一面觀音《めんくわんおん》、如意輪觀音《によいりんくわんおん》、不動明王《ふどうみやうわう》、愛染明王《あいぜんみやうわう》、正觀音《しやうくわんおん》、阿彌陀如來《あみだによらい》、彌勒菩薩《みろくぼさつ》、文殊菩薩《もんじゆぼさつ》

又脚氣《またかつけ》にて足《あし》が腫《は》れて水氣《すゐき》を持《も》ちたる時《とき》は、夜寢《よるね》るとき芭蕉《ばせう》の葉《は》にて足《あし》を捲《ま》きて寢《ね》れば妙《めう》に水氣《すゐき》のとれるものなり、又米糖《またべいたう》を味噌汁《みそしる》の中《なか》に入《い》れて食《しよく》するも宜《よろ》し。

又呪咀法《またじゆそはふ》としては

四月八日に花《はな》の下《した》に新《あたら》しき草鞋《わらじ》を一足紙《そくかみ》に包《つゝ》み水引《みづひき》を掛《か》け、日天樣《につてんさま》、何歳《なんさい》の男《をとこ》(女《をんな》なれば女《をんな》)と記《しる》して天《てん》に供《そな》へ、脚氣《かつけ》を病《や》まざる樣《やう》、又《また》は速《すみやか》に平癒《へいゆ》する樣《やう》に祈念《きねん》し、(此時日天《このときにつてん》の眞言《しんごん》、毘沙門天《びしやもんてん》の眞言《しんごん》を唱《とな》ふれば尤《もつと》も妙《めう》なり)更《さら》に八日過《す》ぎて川《かは》へ流《なが》すべし。

開運盛業の神符

符は二箇造り、一は神棚に納め毎朝祈念し、一は門戸出入口の上に人知れず押し置くべし

開運立身の守製法

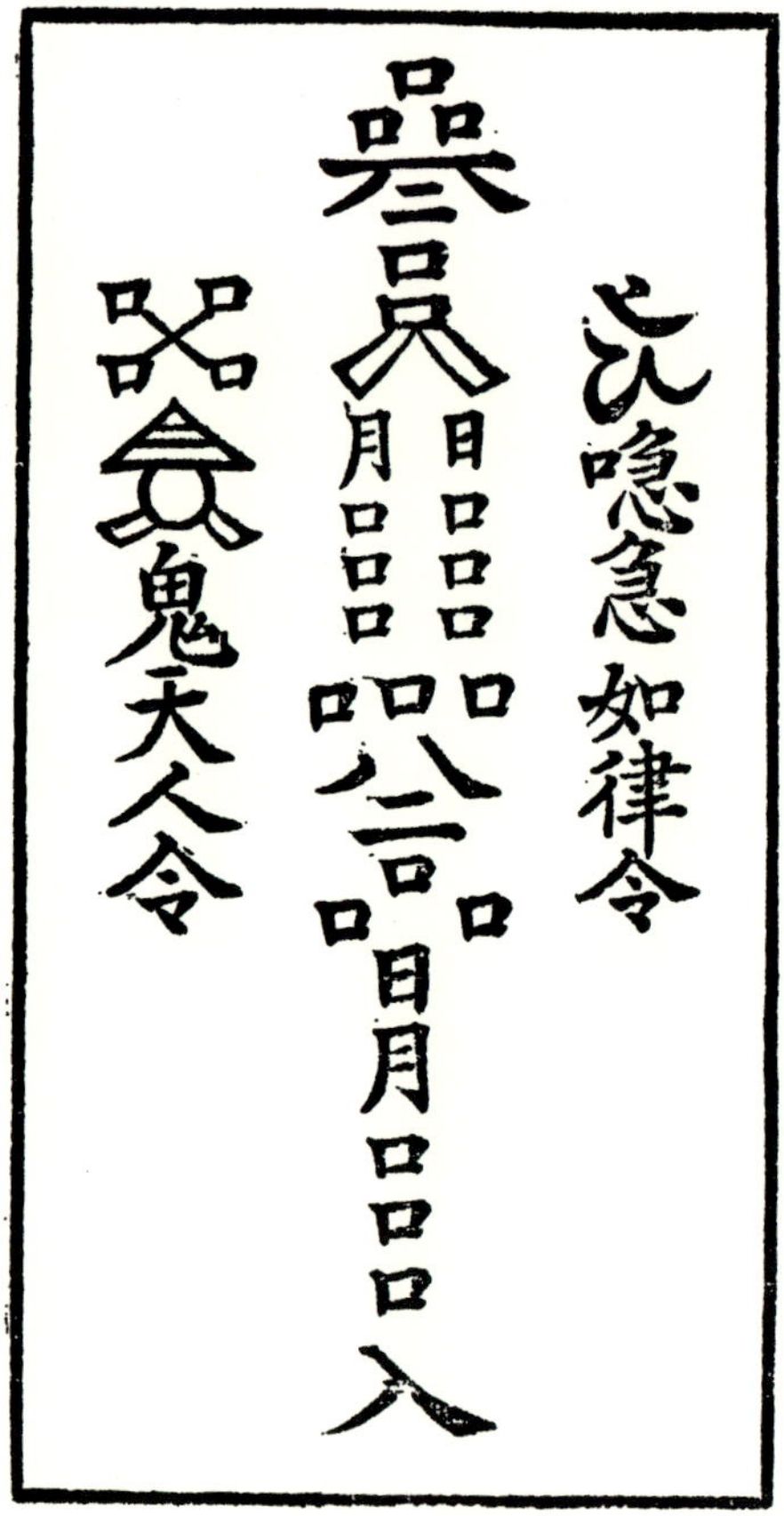

此守《このまもり》は神勅《しんちよく》の靈符《れいふ》
故大切《ゆゑたいせつ》に守《まも》るべし

右《みぎ》を封《ふう》じたる表裏《へうり》の書方《かきかた》

表

壽福神
太田大神守

裏

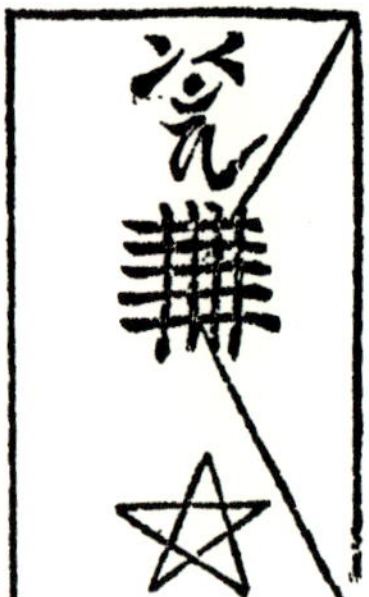

試驗優等の神符

第一

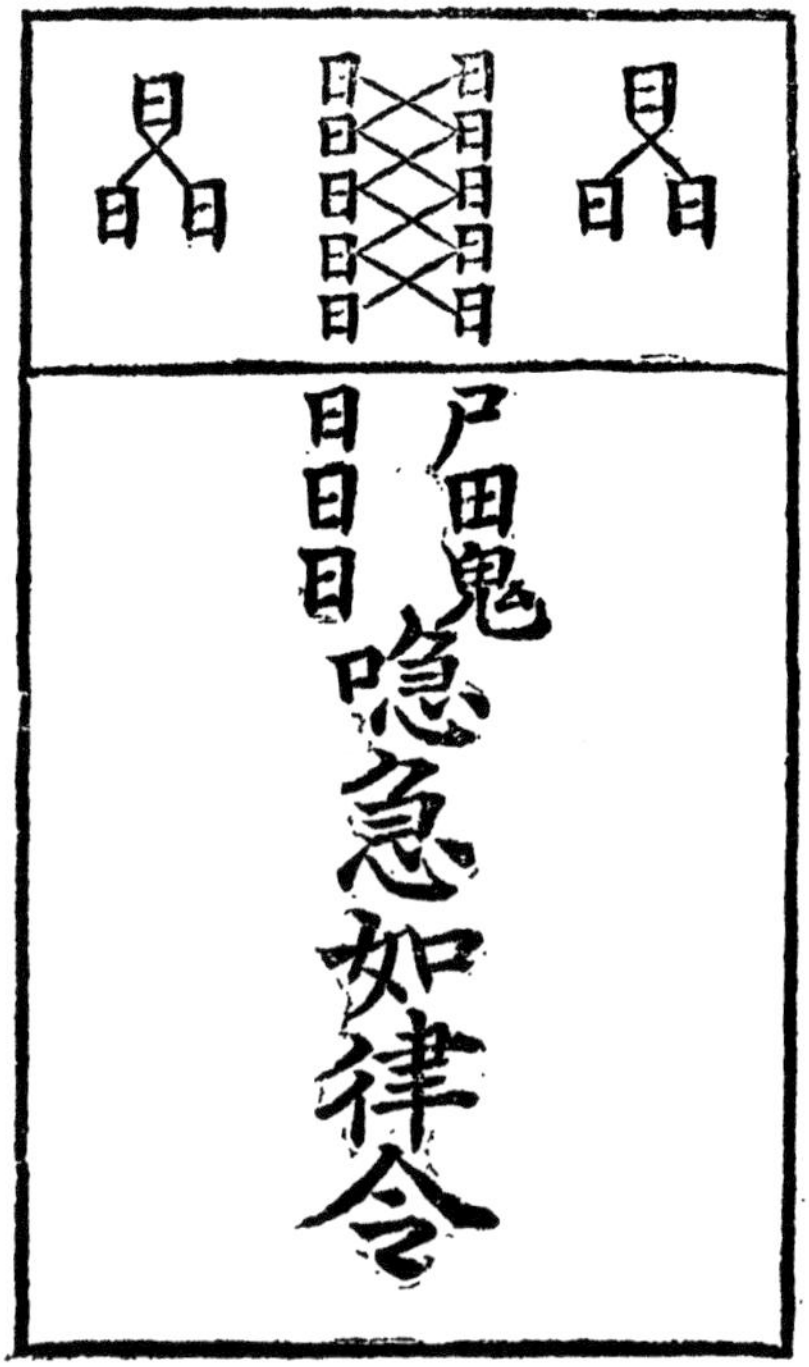

第二

智恵神

思兼大明神守

上圖《じやうづ》の二枚《まい》を認《したゝ》め同封《どうふう》すべし、而《しか》して封《ふう》じたる表裏《へうり》は左《さ》の如《ごと》く書《しよ》し、常《つね》に之《これ》を懐中《くわいちう》すべし、必《かなら》ず優等《いうとう》を得《う》べし。

表

護符

裏

訴訟事必勝神符

此符《このふ》は家内安置《かないあんち》の神棚《かみだな》に納《をさ》む

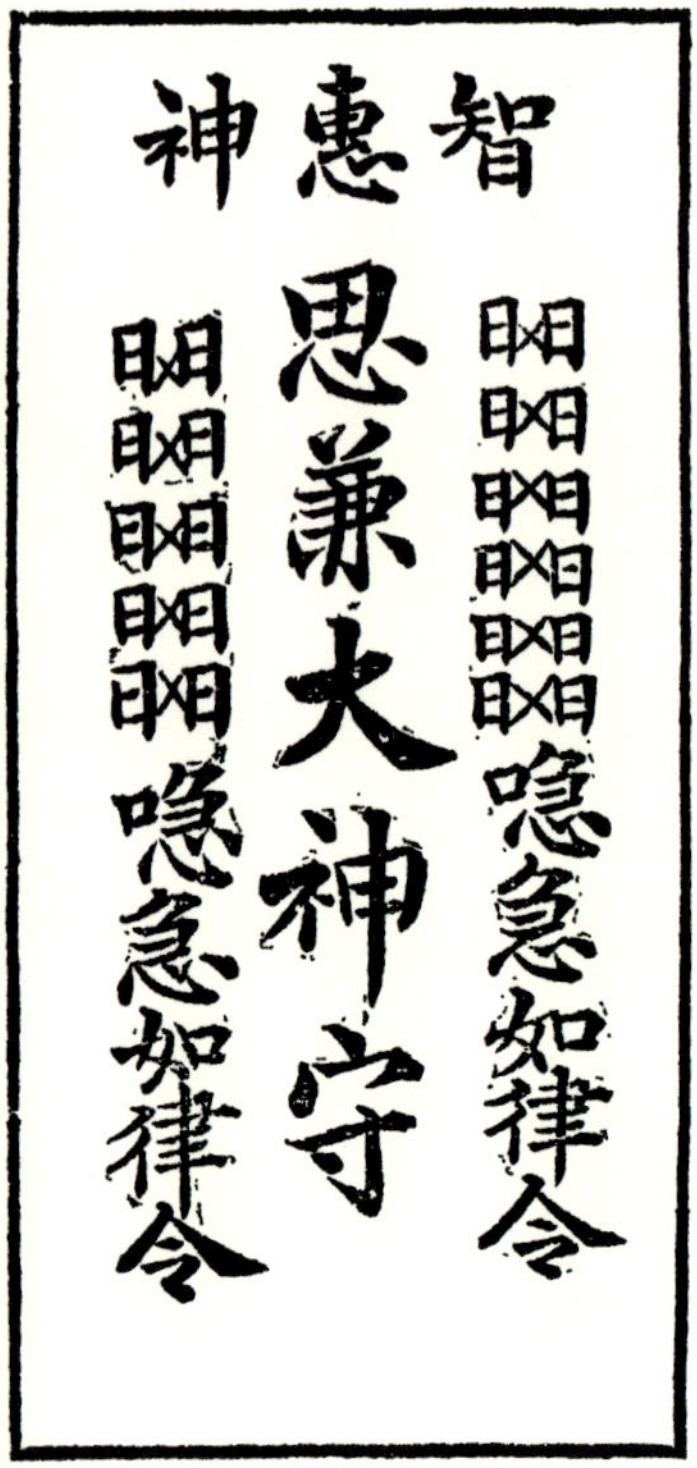

此符《このふ》は懐中《くわいちう》に持《も》つ可《べ》し

相場諸勝負必勝法

相場及諸《さうばおよびもろ〳〵》の勝負事《しようぶごと》は、其《その》一刹那《せつな》の時機《じき》に於《お》ける運氣《うんき》と精氣《せいき》の優劣《いうれつ》に依《より》て決《けつ》するものである、夫《それ》で常《つね》に運氣《うんき》を旺盛《わうせい》にし、精神力《せいしんりよく》を嵩《たか》め、神秘力《しんぴりよく》を以《もつ》て他《た》を壓迫《あつぱく》し抑制《よくせい》せねばならぬ、夫《それ》には祈《き》禱及神符《たうおよびしんぷ》の靈驗《れいげん》を仰《あふ》がねばならぬ、其祈《そのき》禱法《たうはふ》を示《しめ》せば左《さ》の如《ごと》し。

護身法《ごしんはふ》九字《じ》無所不印《むしよふいん》 《あ》 外五古印《そとごこいん》 《ばん》 八葉印《えふいん》 《きん》 金剛合掌《こんがうがつしやう》

南無《なむ》本覺法身本有如來自性心壇內護《ほんかくはふしんほんいうによらいじしやうしんだんないご》摩道場《まだうぢやう》 次《つぎ》に神歌《しんか》

千早振我心《ちはやふるわがこゝろ》よりなすわざを何《いづれ》の神《かみ》が外《よそ》に見《み》るべき　七難即滅《なんそくめつ》ばさらだどうばん

合掌《がつしやう》して　をんきりなくそわかを唱《とな》へをほびやくこびやくはくびやくそわか　十遍《べん》

我頼《われたの》む人《ひと》の願《ねがひ》を照《てら》すなよ浮世《うきよ》に殘《のこ》す三ッのともしび

第一

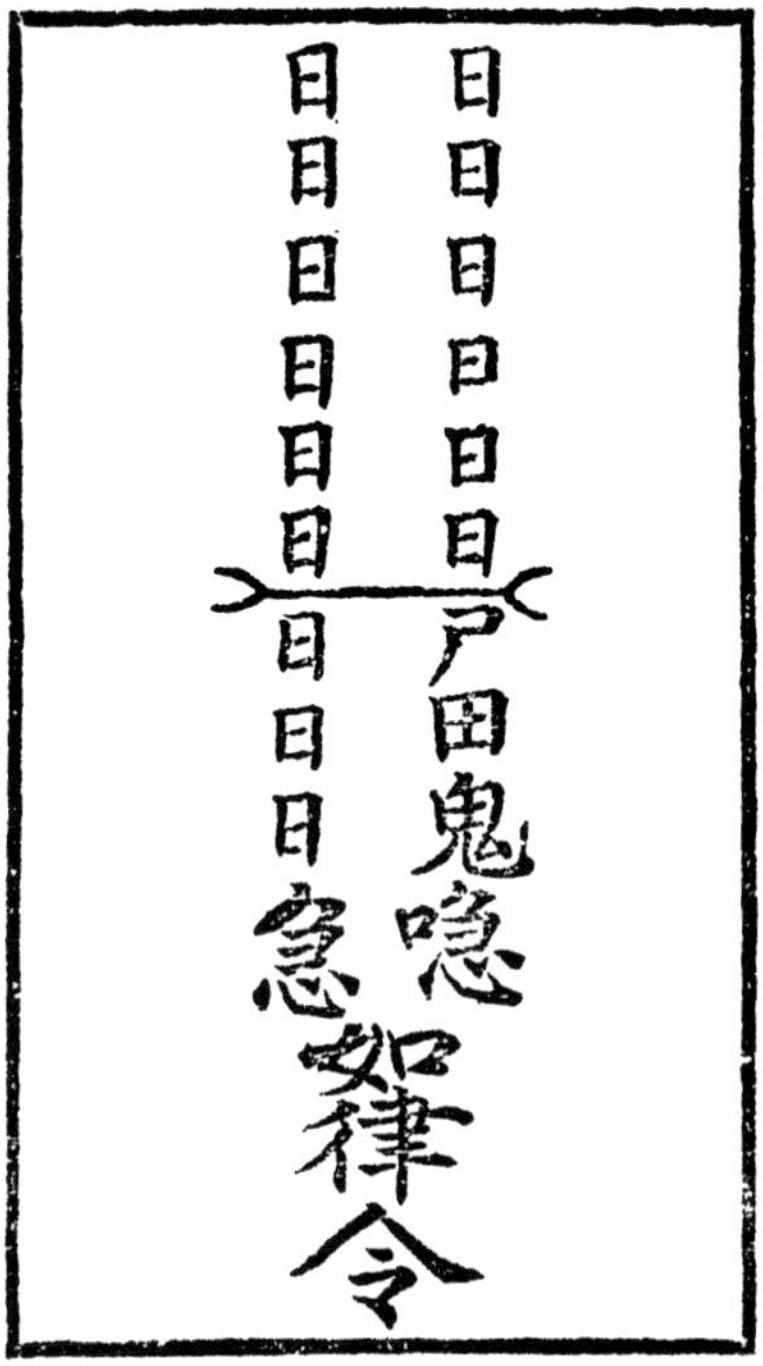

第二

壽

福

神

太田大神守

此《こ》の神符《しんぷ》を二個《こ》宛作《づゝつく》り、一は神棚《かみだな》に納《をさ》めて祈念《きねん》し、一は常《つね》に懷中《くわいちう》すべし。

剣難砲弾除の秘符

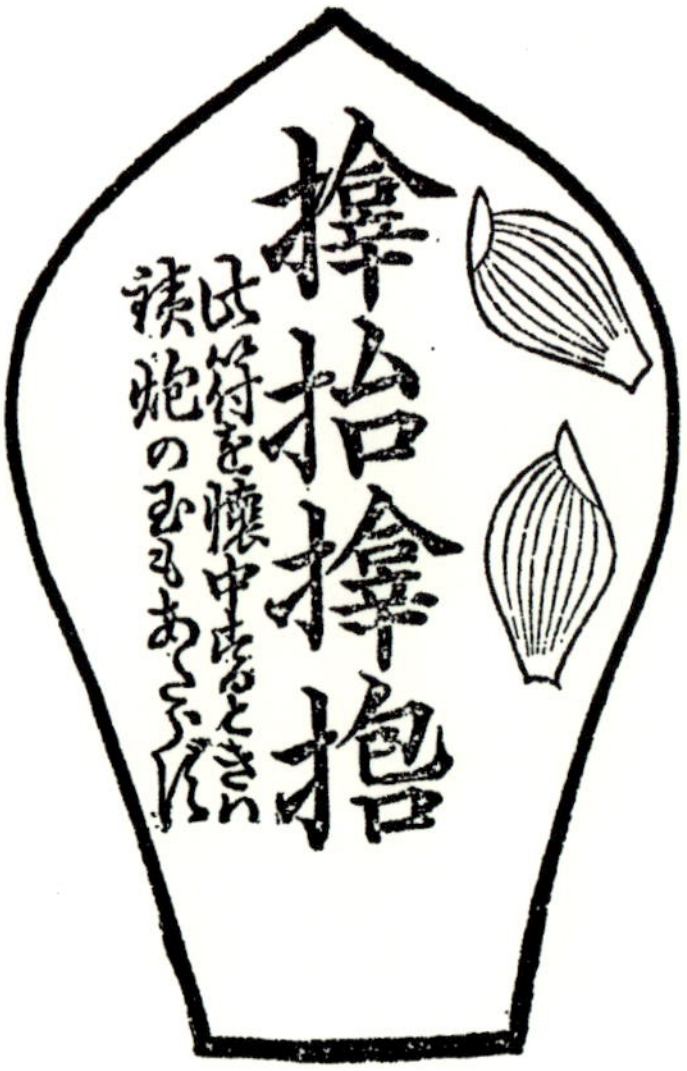

軍人《ぐんじん》は固《もと》より何人《なんぴと》も此符《このふ》を所持《しよち》すれば不時《ふじ》の災難《さいなん》を免《まぬか》る

軍人怪我除の守

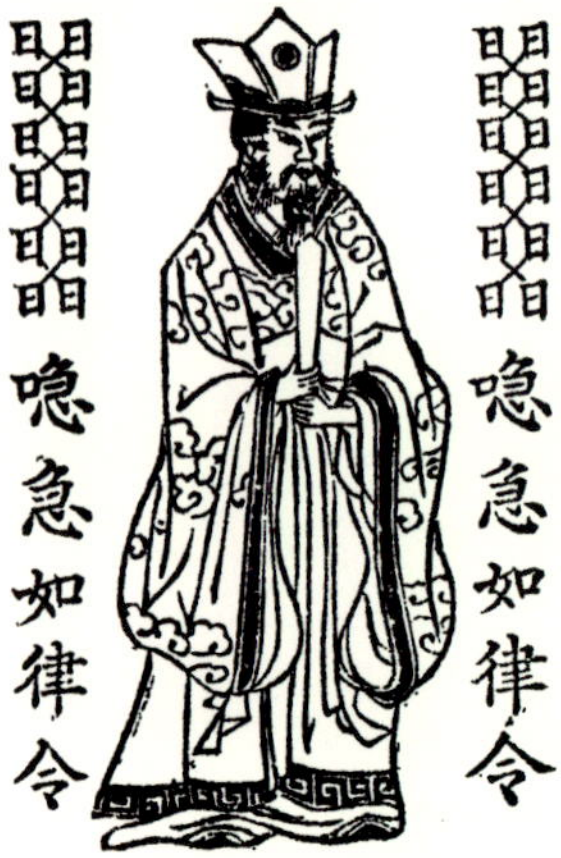

臨　天照皇大神宮　毘沙門天王
兵　正八幡大明神　十一面観世音
闘　春日大明神　如意輪観世音
者　加茂大明神　大聖不動明王
皆　稲荷大明神　愛染大明王
陣　住吉大明神　正観世音
列　丹生大明神　阿彌陀如來
在　日天子　彌勒菩薩
前　摩利支天尊　文珠菩薩

七大神の守

道中安全守神　大山祇之大神
火災除の大神　軻輛究智命
水難除の大神　水速女之神
軍艦を守る大神　舟玉之大明神
飲食を守る大神　稲蒼魂命
壽福を守る大神　太田大明神
病難除の大神　大巳貴命

土金加持の秘法

砂《すな》一升《しやう》二合《がふ》に金紙《きんがみ》を小《ちいさ》く切交《きりま》ぜ盆《ぼん》に盛《も》り之《これ》を祓清《はらひきよ》めて土金祝詞《どごんのりと》を一遍讀《ぺんよみ》ては此《こ》の砂《すな》一勺《しやく》ほどつゝ鉢《はち》へうつして砂《すな》のつきるまで如是《かくのごと》くに祈禱《きたう》すべし之《これ》を土金加持《どごんかぢ》といふなり祈禱終《きたうをは》れば其砂《そのすな》を屋敷《やしき》にまきちらすべし如此《かくのごとく》せば一切《さい》の祟禍凶方災《たゝりわざはひけうはうさい》を除《のぞ》き即《すなは》ち土中《どちう》の金氣《きんき》凝《こは》りて繁榮《はんえい》すること疑《うたがひ》ひなし。

掛巻毛《かけまくも》 畏岐《かしこき》 天照皇大神《あまてらすすめおほかみ》猿田彦大神《さるたひこのおほかみ》五行大神《いつらのおほかみ》屋船二柱《やふねふたはしら》 大神《おほかみ》天津神《あまつかみ》國津神《くにつかみ》八百萬大神等乃《やほよろづおほかみたちの》 大前爾《おほまへに》 愼《つゝし》美敬比《みうやまひ》 畏美畏美《かしこみかしこみ》 白佐久《まうさく》 此家内《これのやのうち》下津岩根爾《したついはねに》 昆虫乃《はふむしの》 災害無久《わざはひなく》 高天原波《たかまのはらは》 青雲乃《あをくもの》 靄久極美《たなびくきはみ》 天之血垂鳥乃《あめのちたれどりの》 災《わざはひ》無久《なく》 立並多流《たてならびたる》 柱乃《はしらの》 傾久事奈久《かたむくことなく》 堀固米多留《ほりかためたる》 桁梁戸窓木交動鳴事無久《けたうつはりとまどきかいうごくなることなく》 打締多留《うちしめたる》 釘乃《くぎの》 緩事《ゆるむこと》 葺重多留《ふきかさねたる》 草乃噪《くさのそゝく》事無久《ことなく》 地震災無久《ちのわざはひなく》 凶岐《あしき》 方位乃《はうゐの》 祟障除計《たゝりしりぞけ》 給比《たまひ》 天《て》 今毛《いまも》 往前波《ゆくさきは》 病時疫發留事無久《やまひのおこることなく》 火災比《ひのわざはひ》 盜人乃《ぬすびとの》 障無久《さはりなく》 家門《いへかど》高久《たかく》 家業《いへなりはひ》 廣久《ひろく》 子孫乃《うみこの》 八十續爾《やそつゞきに》 連加志女《つゞかしめ》 給比天《たまひて》 夜之守里《よるのまもり》 日之守爾《ひのまもりに》 護幸比給登《まもりさきはひたまへと》 畏美白須《かしこみまうす》

加持《かぢ》終《をはり》て後《のち》に家内《かない》一同《どう》祓《はら》ひ淸《きよ》めて退散《たいさん》

金持《かねもち》の屋敷《やしき》の土《つち》や田地《でんち》の土《つち》を取《と》りて竈《かまど》を塗《ぬ》れば富貴《ふうき》になると云《い》ふのは此《こ》の土金加持《どごんかぢ》より出《い》でたる俗《ぞく》説《せつ》なり、此《こ》の土金加持《どごんかぢ》は靈驗極《れいけんきは》めて著《いちじろ》し。

十種神寶禁厭歌

此の神歌は病人をまじなふ時に唱ふるなり

天照神《あまてらすかみ》の命《みこと》の御《み》たましろ敬《うやま》ひ伊津區《いつく》をきつかみかみ

物阿玖麻能落留古登奈久《ものあくまのおちることなく》へつかがみ幸《さひは》ひ給《たま》へ身《み》のおはりまで

磨美加久八握《とぎみがくやつか》のつるぎ八十禍《やそまが》をきりては布理能神《ふりのかみ》の御多家維《みたから》

日能家美能光《ひのかみのひか》り照《て》りそふいくたまは幾代經留止毛《いくよへるとも》曇《くも》らざりけり

麻加理奈波十種《まかりなばとくさ》唱《となへ》て一多備波元《ひとたびはもと》のうつゝの身《み》とはなりまし

阿奈多奴志事《あなたぬしこと》たるたまの緒《を》の長《なが》くそ續《つゞ》くしきはくしたま

道返能玉《ちがへしのたま》の光《ひかり》は芦原《あしはら》の千比呂《ちひろ》のちまたふみもたかへず

尾羽針《をはばり》にをとらぬ稜威《いづ》の蛇《へび》の比禮《ひれ》近《ちか》くな寄《よ》りぞ禽獸鳥虫《けものとりむし》

皇神之傳《すめかみのつた》へめでます蜂《はち》の比禮《ひれい》萬《よろづ》のまがら寄來《よりくる》なゆめ

阿耶志介爾物《あやしげにもの》の障波種種之比禮《さはらばくさくさのひれ》取《と》り持天拂布布理部登《もちてはらふふりべと》

澳津鏡《おきつかゞみ》
邊津鏡《つつかゞみ》
八握劍《やつかのつるぎ》
生玉《いくたま》
反死玉《まかるがへしのたま》
足玉《たるたま》
道返玉《ちかへしのたま》
蛇比禮《をろちひれ》
蜂比禮《はちのひれ》
品品物比禮《くさぐさものひれ》

惡人調伏の法

惡人を呪咀するの法なり

菅《すげ》にて人形《にんぎやう》を作《つく》り年《とし》と氏名《しめい》を書《か》くべし神佛《しんぶつ》の前《まへ》にて加持《かぢ》するとき魂魄《こんぱく》を入《い》るに口傳《くでん》あり。

をんをりきりていめいりていめいわやしやれいそわか

二十遍《ぺん》づゝ唱《とな》ふべし。

自分信心《じぶんしんじん》の神《かみ》の眞言《しんごん》廿一遍《ぺん》づゝ心經《しんぎやう》七卷《くわん》觀音經《くわんおんぎやう》三卷《くわん》をんあにちやそわか百遍《ぺん》唱《とな》へ祈禱《きたう》して人形《にんぎやう》をきりやくべし燒《や》く所《ところ》に〓《カイ》字《じ》かくなり燒《や》かずに捨《すて》る法《はふ》もあり人《ひと》を狂氣《きやうき》にするときは四辻《よつつじ》に埋《うづ》め人《ひと》を殺《ころ》さんとするには宮《みや》の下《した》に埋《うづ》め切《きり》は水中《すゐちう》に埋《うづ》め人中《ひとなか》をわるくするには火中《くわちう》に埋《うづ》め失物《うせもの》を出《だ》すには小臼《こうす》の下《した》に埋《うづ》め一太刀《ひとたち》に殺《ころ》すには墓地《はかち》に埋《うづ》むるなり。

呪咀返の秘法

若し人《ひと》に呪《のろ》はれたる時《とき》は左《さ》の秘符《ひふ》を呑《の》むべし。

右《みぎ》の秘符《ひふ》を白紙《はくし》に認《したた》めて清水《せいすい》にて呑《の》むときは却《かへつ》て先方《せんぱう》を呪《のろ》ひ返《かへ》す事妙《ことめう》にして神秘中之靈符《しんぴちうのれいふ》也《なり》。

○呪咀《じゆそ》に負《ま》けざる秘符《ひふ》

右《みぎ》の符《ふ》を呑《の》み置《お》くときは呪咀《じゆそ》せらるゝも負《ま》ける事《こと》なく却《かへつ》て先方《せんぱう》を呪返《のろひかへ》す事奇妙《こときめう》にして其効顯前法《そのかうげんせんはふ》の如《ごと》く實《じつ》に秘傳中《ひでんちう》の秘符《ひふ》なりとす。

神拜祭式 加持祈禱神傳 終

神通力修行の秘伝
神拝祭式加持祈祷神伝

平成十二年五月三十一日　復刻版初版発行
令和　五　年一月三十一日　復刻版第四刷発行

著　者　柄澤照覚

発行所　八幡書店
東京都品川区平塚二―一―十六
KKビル五階
電話　〇三（三七八五）〇八八一
振替　〇〇一八〇―一―四七二七六三

ISBN978-4-89350-287-2 C0014 ¥2800E